ISBN 978-0-332-25271-1
PIBN 10989164

see of 704

Sea Journal of Schooner King Entrepreneur
Capt Pothier   1826
Statement of Minister of Finance 1826
of Brazil   256 Pages
Expenditures or Budget for 1827 23 pp
Defence of the Comm'r of English Loan
26 pp   By Visc'. Barbacena 1826
8 pp   Reply to the Defence 1826
4 pp   a second reply ————
88 pp   Exposition of State of Public Finances
15 pp   Statem't of sec'd Respond for 1826
6 p 8 { D°   "   "   1827
         for another Year Balance of English Loan

34. pp { Exposition to the Legislature of the   } 1826
          Work Steamboat Co by
          F. Chagare their agent relative
          to Navig of Rivers Amaz or & branches

pp 22 { Project relative to Excise & Report of Monom sium
          By J L Silqueira Subm't to Emperor 1826
        Finances of the Senate from Feb 1824 to May 1826
        Project of Reform of Brazil Bank 1823

RECORDAÇÃO DOS DIREITOS

DO

IMPERIO DO BRASIL

A'

PROVINCIA CISPLATINA.

*Qua ratio me arbitrum constituit de futura
dedtione aut pace? Et si neutra expectetur,
jam licet obvesse quælibet advehere? Imò nun-
quam licet durante obsidione; et amici non est
causam amici perdere, vel quoquo modo dete-
riorem facere.*

Binkershoek Quæst. Jur. Publ. — Lib. I, Cap. II;

NO Periodico de Londres o *Times* de 28 de Março do corrente anno de 1826 se faz o annuncio seguinte „ A respeito do modo de terminar a contenda entre o Brasil e Buenos-Ayres, tem-se submettido hum expediente, que, se considera proprio, se ainda se não chegou á mui alto gráo de irritação, para conduzir á algum accomodamento. Sem dúvida a manutenção de Monte-Vidéo, primeiro pelos Portuguezes, e depois pelas Tropas Brasileiras, tem sido acompanhada de enorme dispendio de dinheiro. Vê-se pois, que, *se he admittida a reclamação de Buenos-Ayres á este territorio*, he justo requerer desta Republica a indemnisação pela despeza que se deveria fazer, no caso de ter ella, e não o Brasil, feito a Occupação; e que a base da Negociação *será o pagamento*, que Buenos-Ayres deva fazer da somma de dinheiro, que tal Occupação custou ao Brasil. Porém se o Governo Federativo o recusar, dis-se, que a retenção de Monte-Vidéo pelo Brasil receberá a Sancção do Governo Britannico,,

A vinda do Lord *Posromby* á esta Corte certifica, ou faz verosimil, o transcripto annuncio, e torna actualmente de summo interesse, tanto a *Lide Pendente* entre o nosso Governo e o de Buenos-Ayres, como a supposta Negociação de Mediador Officioso. Importa pois agora, mais que nunca, que no Publico, se excite *Recordação dos Direitos* do Imperio do Brasil, á Provincia Cisplatina, que o Governo de Buenos-Ayres tenta usurpar com postergação de todos os Direitos reconhecidos pelos mais egregios Publicistas, que tem tratado de *Lei das Nações.* Convém que seja o nosso Farol o claro lume de hum dos Classicos Escriptores do Direito das Gentes, o celebrado Jurisconsulto da Republica de Hollanda *Bynkershoek*, que nas suas — Questões de Direito Publico —, que citei na Epigraphe, dis " Que razão me constituio o arbitro da futura entrega, ou paz? *Durante o cerco*, não he licito levar cousa alguma aos sitiados; e não he de amigo perder a Causa do amigo, ou de qualquer modo deteriora-la. ,,

Sua Magestade Britannica na sua Falla do Throno na Casa dos Lords assim fez a Declaração Authentica — O Imperio do Brasil *he formalmente reconhecido* — Sem dúvida o teve em vista no *statu quo* da sua *integridade.* Como se de suppor que ora pertenda diminui-la? Impossivel.

Felizmente o Povo Brasileiro está convencido da Justiça da nossa Causa, á face do *Manifesto de Guerra*, formalmente declarada, á Facção predominante nas intituladas *Provincias Argentinas.* Porém não póde haver entre nós mais que huma opinião para continuar a resistencia aos injustos aggressores,

1

PARECER

Esta folha do titulo deve estar no Centro d'esta pagina

COMMISSÃO DE FAZENDA.

AVISO AO ENCADERNADOR.

Esta folha de titulo deve ser posta na frente da 1.ª parte.

PARECER

DA COMMISSÃO DE FAZENDA

DA CAMARA DOS DEPUTADOS

DA

ASSEMBLÉA GERAL LEGISLATIVA

DO IMPERIO DO BRASIL,

SOBRE

O RELATORIO DO MINISTRO E SECRETARIO DE ESTADO DOS NEGOCIOS DA
FAZENDA ENVIADO A' MESMA CAMARA; EM QUE SE EXPOEM O ESTADO
DA ADMINISTRAÇÃO, ARRECADAÇÃO E DESTRIBUIÇÃO DAS RENDAS NA-
CIONAES, E ORÇAMENTO DAS DESPEZAS PARA O ANNO DE 1827.

LIDO NA SESSÃO DE 18 DE AGOSTO DE 1826,

E PUBLICADO A 28 DO MESMO MEZ.

RIO DE JANEIRO,

NA IMPERIAL TYPOGRAPHIA DE PLANCHER, IMPRESSOR LIVREIRO DE
SUA MAGESTADE O IMPERADOR, Rua d'Ouvidor, N. 95.

1826.

PARECER

DA COMMISSÃO DE FAZENDA

DA CAMARA DOS DEPUTADOS

DA

ASSEMBLÉA GERAL LEGISLATIVA

DO IMPÉRIO DO BRASIL

RIO DE JANEIRO.

PARECER DA COMMISSÃO

DE FAZENDA DA CAMARA DOS DEPUTADOS DA ASSEMBLEA GERAL LEGISLATIVA DO IMPERIO DO BRASIL

Sobre o Relatorio do Ministro Secretario de Estado dos Negocios da Fazenda enviado á mesma Camara; em que se expoem o estado da Administração, Arrecadação, e Destribuição das Rendas Nacionaes, e Orçamento das Despezas para o Anno de 1827.

A COMMISSÃO DE FAZENDA examinou o Relatorio que a esta Camara enviou o Ministro Secretario de Estado dos Negocios da Fazenda sobre o estado do Thesouro, e Fazenda Nacional no fim do Anno de 1825, acompanhado do Orçamento da Despeza de 1826, a que depois accresceo o Orçamento do Anno futuro de 1827; segundo a requisição que a mesma Camara lhe fez a este respeito, por se não julgar com aquelle preenchido o preceito da Constituição, e para melhor tratar deste assumpto, dividi-lo-ha em Artigos.

PROPRIOS NACIONAES.

Mui demnuto e imperfeito he o quadro que da Propriedade Nacional se faz no dito Relatorio, como nelle mesmo reconhece o Ministro, quando ahi diz : « O documento Letra — G — mostra os Proprios Nacionaes desta Provincia, e das outras, » de que ha noticia ; faltando de algumas ; por se não terem cumprido as Ordens a » tal respeito. »

Na verdade custa a crer, que o defeito nesta parte chegue a tal excesso que debaixo da indicação da dita Letra — G — só appareça huma lista dos Bens Nacionaes existentes nesta Provincia , parte com avaliação, e parte sem ella ; outra lista dos Bens existentes em Santa-Catharina, onde faltão os de maior monta, que são cinco grandes Armações de Pesca das Baleias ; outra dos Bens existentes na Provincia de São-Pedro de Rio Grande do Sul ; outra dos existentes na Cisplatina sem nenhuma avaliação ; e outra finalmente, participando do mesmo defeito, dos Bens pertencentes á Provincia de Matto-Grosso : limitando-se as informações deste artigo a estas cinco Provincias sómente ; e ainda assim sem o calculo do valor das Propriedades.

Para nesta parte satisfazer como cumpria á Exposição do Ministro, era indispensavel, que por ella fosse a Camara inteirada da quantidade, e qualidade dos Bens da Nação existentes em todas as Provincias do Imperio ; e do seu valor individual ; se andão todos encorporados, e assentados nos livros dos seus Proprios; se alguns, e quaes andão fora d'elles, e em letigio ; e finalmente quantos e quaes sejão aquelles que cumpre alienar por ser desnecessaria a sua conservação.

Nada disto porem se acha satisfeito, segundo fica dito ; em razão do que quazi nenhum conhecimento proveitozo aos trabalhos Constitucionaes da Camara d'ahi lhe pode resultar.

RECEITA E DESPEZA.

Depois dos Proprios segue-se tratar da Receita e Despeza do Thesouro. Porem as relações das Entradas nos differentes Cofres das Provincias, rezumidas em hum quadro de Receita segundo vem no Relatorio do Ministro, estão longe de fornecer os Conhecimentos necessarios para com certeza, ou ao menos com razoada aproximação se determinar qual seja a Renda ordinaria da Nação em todo o Imperio ; e o mesmo acontece pelo que respeita a sua Despeza. Por quanto supposto se diga ahi que a Receita monta a Rs. 13:439:525U867, e a Despeza seja de 12:838:331U438 Rs. resultando do Balanço destas duas quantias hum saldo a favor da Receita importante de hum milhão e quinhentos mil cruzados; todavia não pode a Commissão informar á esta Camara qual seja o anno a que este quadro se refere ; pois que sendo o processo seguido neste trabalho o somar-se as entradas dos Cofres das diversas Provincias constantes de Balanços de epocas diversas, e desenconradas; he elle antes huma amalgama desses mesmos Balanços, do que a demonstração exacta do estado actual da correnteza da Receita, e Despeza do Thesouro.

Na verdade ninguem poderá dizer, que a soma do Balanço da Provincia do Ceará do anno de 1822, com os das Provincias do Rio Grande do Norte, Pará, e Goyaz, do anno de 1823; os das Provincias do Espirito-Santo, Sergipe, Parahiba do Norte, e Minas Geraes, no de 1824, e os das mais Provincias no de 1825, se possa considerar como operação capaz de demonstrar o estado da Renda Publica, e sua Despeza no fim deste ultimo anno. Alem de que observa mais a Commissão que nesses mesmos Balanços vem acredtitádas como Receita ordinaria muitas parcellas que constituem Renda eventual ; as quaes convem estremar; e por isso, depois de as ter comparado, e attendido ao calculo, se persuade não exceder a Receita ordinaria da Renda Publica do Imperio a 10:000:000URs. computada mesmo sobre a hypothese dos referidos Balanços que o Ministro tomou por base da sua Exposição a este respeito ; e isto na proporção seguinte :

Da Provincia do Rio de Janeiro................Rs. 4:000:365U760

Espirito-Santo..................   50:439U237

Bahia.................. .... 1:598:143U688

Sergipe......................,.   25:747U278

Alagoas....................,.,   100:329U951

Da Provincia de Pernambuco...................Rs. 1:242:706U958
        Parahiba...................... 72:900U968
        Rio Grande do Norte............ 21:552U908
        Ceará........................ 81:249U776
        Piauhy....................... 53:607U410
        Maranhão..................... 742:808U987
        Pará......................... 275:116U170
        Santa-Catharina............... 29:203U941
        Rio Grande do Sul............. 496:491U346
        Cisplatina.................... 417:742U075
        São-Paulo.................... 197:850U480
        Minas Geraes................. 314:685U401
        Goyaz....................... 25:533U791
        Matto Grosso................. 75:903U562

Todavia não se segue d'aqui que haja hum Deficit para a Despeza ordinaria computada pelo Ministro em 12:838:331U438 Rs., por que tambem nesta occorrem parcellas extraordinarias, como por exemplo de transporte de Allemaens para o Imperio, pagamento de divida atrazada, etc.; as quaes sendo deduzidas, como cumpre, darão huma soma muito menor, que iguale, ou por ventura seja menor da 10:000:000U Rs. em que se tem orçado a Receita ordinaria.

DIVIDA ACTIVA.

A Divida Activa constante das Relações que o Ministro envia á Camara, he de 5:365:363U543 Rs. segundo a seguinte divizão de Provincias, e epocas.

Do Rio de Janeiro... em 1825...................Rs. 285:997U412
  Bahia............ em 1819................... 112:088U685
  Pernambuco....... em 1817................... 257:961U841
  Parahiba.......... em 1824................... 58:671U366
  Rio Grande do Norte em 1823................... 8:318U370
  Ceará............ em 1825................... 185:190U915
  Piauhy........... em 1824................... 348:319U360
  Maranhão......... em 1825................... 363:219U060
  Pará............. em 1817................... 205:511U842
  Rio Grande do Sul.. em 1825................... 434:611U076
  Cisplatina......... em 1825................... 17:024U150
  São-Paulo........ em 1825................... 128:369U745
  Minas............ em 1824................... 2:778:825U803
  Goyaz........... em 1819................... 153:186U018
  Matto Grosso...... em 1821................... 28:167U700

                        Soma... Rs. 5:365:363U543

É por pertencer o calculo á annos desencontrados, segundo assim se indica, não pode ao certo concluir-se qual seja o computo de que o Thesouro he Credor.

DIVIDA PASSIVA.

Neste Artigo continua a mesma incerteza de calculo, por serem igualmente desencontrados em annos os diversos Balanços das Provincias; dando-se como baze da actual Divida Passiva á diversos computada em 14:900:682U643 (não se incluindo nesta a do Emprestimo contrahido em Londres) os seguintes Elementos:

Divida do Rio de Janeiro	em 1825	Rs.	12:064:765U589
Item de Pernambuco	em 1817		57:681U327
Item da Bahia	em 1819		404:217U949
Item da Parahiba	em 1824		8:931U640
Item do Rio Grande do Norte	em 1823		79:898U806
Item do Ceará	em 1822		2:556U995
Item do Maranhão	em 1819		51:757U759
Item do Pará	em 1817		342:158U627
Item de Santa-Catharina	em 1823		45:356U053
Item do Rio Grande do Sul	em 1825		244:147U036
Item da Cisplatina	em 1825		354:318U325
Item de São-Paulo	em 1825		211:473U43x
Item de Minas Geraes	em 1825		89:125U443
Item de Goyaz	em 1819		158:853U331
Item do Matto Grosso	em 1821		785:439U331
	Total	Rs.	14:900:682U643

Não he porem esta a Divida Nacional. Saldos de sete differentes annos não podem servir para realizar-se o calculo do estado veridico presente.

Accresce mais, que alem de que todos estes debitos podem ter soffrido muitas alterações, são elles mesmos ou falsos, ou suppostos. Dizem as observações transcriptas em'quasi todas as Relações : ═ Não pode ser esta somente a divida, porque esta Provincia queixa-se do seu grande debito: Esta Provincia nada diz do seu debito ; mas queixa-se de que elle he superior aos seus meios. ═ Tratando de Montevideo explicão-se deste modo : Este debito he supposto á vista das grandes exigencias do Visconde da Laguna, o que obrigou o Thesouro a remetter-lhe ja 100:000Uooo Rs. por conta ; o que não teve effeito, por que elle os applicou a outros fins. E apezar de todas estas irregularidades, apezar de principios tam incoherentes, diz o Ministro da Fazenda no seu Relatorio : que se toda a Divida Activa fosse cobravel, viria a Divida Geral do Brasil a ser unicamente de 9:400:000Uooo : proporição que elle julgou mui bem combinada ; mas que não he provavel. A' vista pois das irregularidades expostas prescinde a Commissão de alongar as suas observações a respeito da Divida Passiva do Brasil ; esperando, que lhe sejão transmittidas noções mais coherentes, e tratará da

DIVIDA PASSIVA DO RIO DE JANEIRO.

Importa esta Divida na quantia de Rs. 12:064:765U589
te o fim do anno proximo passado.

Emprestimo contrahido em Londres, reduzido ao Cambio de
56 ½ medio entre o actual, e o par . . . . Rs. 15:727:786U666

Item de Portugal de dous milhoes esterlinos reduzidos ao
mesmo Cambio . . . . Rs. 8:533:333U333

Total 36:325:885U588

Deixando porem de parte os Emprestimos de Londres, que devem ser considerados, como Divida Geral do Brasil, e não como Divida especial do Rio de Janeiro, expõe-sub á consideração da Camara a natureza da Divida do Rio de Janeiro.

Procede esta Divida dos grandes supprimentos feitos pelo Banco; dos emprestimos contrahidos em 1796, e 1823 ; das Somas tiradas dos Cofres de Auzentes; dos Sequestros das propriedades Portuguezas; e outros Objectos, na proporção seguinte:

Emprestimos, e seus juros . . . . Rs. 9:084:017U693
Generos, e effeitos a diversos 2.377:447U142
Papeis correntes para serem pagos 90:457U209
Bens sequestrados à Portuguezes 346:538U091
Divida antiga em Sedulas 71:928U628
Ordenados, pensões, tenças, etc. etc. 94:376U826

Total . . . . Rs. 12:064:765U589

A Commissão não entra, nem julga que se deve entrar na analyse desta Divida ; está contrahida, cumpre paga-la : mas entendendo que não occorre para o seu pagamento outro meio senão o de alguma operação de credito ; porque ainda que se diga, que o crescimento do commercio, e industria, que a boa fiscalização das Reudas, e a bem entendida economia nas despezas, farão crescer consideravelmente o rendimento Publico, tambem he certo que accrescem em proporção as necessidades do Estado; offerecerá á esta Camara hum Projecto de Ley para esta dita operação de credito ; e a este respeito guiar se-ha pelos mais luminosos principios da Economia Politica. Consistirá ella na circulação do credito, que segundo a definição de hum celebre Economista he huma nova riqueza que accresce a riqueza real. Esta circulação de credito não sera por meio de huma nova divida, que se va contrahir, para com o seu recebido producto satisfazer os actues credores, he sim fazendo de certo modo reviver, e reproduzir-se hum capital já consumido, representando-se a divida em novos titulos dados pelo actual Governo; annexando-se.

lhes hum juro pela demora do pagamento, os quaes possão facilmente entrar na circulação, e ser empregados nas transacções do Commercio. Para este fim suppora a Commissão, que o Governo pagará neste corrente anno por conta da Divida actual..Rs. 464:765:589

Que daria ao Banco....................................... 200:000:000

Soma................ Rs. 664:765:589

Vem a divida do Rio de Janeiro a reduzir-se á quantia de onze mil e seis contos de réis; mas como o Banco terá feito os Suppprimentos extraordinarios de guerra no valor de dous mil contos de réis, tornar-se-há a divida de treze mil e seis centos contos de réis, dos quaes deduzindo-se quinhentos e oitenta contos de réis; que a Nação tem como em depozito naquelle estabelecimento, ficará pouco mais ou menos a divida da Provincia em treze mil e vinte contos de réis. E como este calculo possa falhar em algunía parte, ou em fim porque seja necessario que o mesmo Banco faça ainda no futuro anno algum supprimento ao Governo, a Commissão tomará por termo da sua operação a quantia de quatorze mil contos de réis.

Proporá por tanto a Commissão que se formem os Grandes Livros da Divida Publica, e o de fundos, e rendas: que se consolide o Capital nominal de quatorze mil contos de réis, e sobre elle se estabeleça huma Renda de 5 por cento, com a amortização progressiva de hum por cento. Esta renda será deduzida dos rendimentos da Alfandega, sem que todavia esta deducção deva fazer-se sensivel, porque he pouco maior, do que aquella que por esses mesmos rendimentos já está applicada ao Banco. Perfeitamente conhecerá a Camara as vantagens que resultão em geral á Nação, e ao Governo de consolidar-se, e pagar-se por este modo a divida actual: á Nação, porque não será preciso sobrecarrega-la de tributos, porque ainda que se torne necessaria a imposição de algum para coadjuvar a renda amortizante; todavia será hum imposto temporario, que cessará cessando a causa: ao Governo, porque ficará assim alliviado do diario cuidado do pagamento dos seus credores, e livre de suas vehementes puneções. Tão bem não he menos vantojozo aos credores, e aos capitalistas: á aquelles porque não terão os seus fundos empatados, sem perceber utilidade alguma, entretanto que pagarão interesses pelas somas tomadas em compensação daquellas, com que não pode girar: a estes porque se lhes franquêa hum novo genero de riquezas.

Finalmente estabelecido o Credito Nacional a que esta operação vai dar principio, achará o Governo no systema dos emprestimos com amortização, huma fonte riquissima de recursos nas occaziões de urgencia.

A Commissão poderá na formação dos assignados para a emissão, ou circulação adoptar hum de dous modos, ou mencionando o Capital, ou mencionando a renda: ella preferirá o segundo methodo, porque deste modo tem sempre na sua mão a taxa do credito publico. Como a qualquer devedor he lícito solver-se da sua divida, se huma inscripção de cincoenta mil réis de juros annuaes se vender no mercado por setecentos mil réis, a Nação tem direito a resgatá-lo, offerecendo oitocentos, ou novecentos mil réis. Deste modo o credito publico sobe acima do preço corrente, e a Nação sem injustiça, póde ganhar hum decimo, ou hum novo do Capital; porque o Credor era senhor de guardar a sua apolice, ou receber o seu embolço; entretanto que pelo methodo contrario, seria esta operação impossivel, ou teria o ar de huma bancarota parcial.

A Commissão chamará para o novo systema de consolidação os emprestimos de 1823, e 1819: os emprestimos para a Fabrica da Pólvora, e Colonisação dos Suissos, e as cedulas da divida antiga. Quasi todas estas dividas estavão vencendo a título de juros, e annuidades os mesmos 6 por cento, que vão perceber por esta operação: logo não ha maioria de dispendio, e ha a muito attendivel vantagem de centralisar, e simplificar os pagamentos, extinguir a diversidade dos títulos, acabando até com os documentos do antigo Governo; e de não haver outra base fundamental da divida senão o Grande Livro. E porque se não diga que este desvio que se dá as rendas da Alfandega fará huma falta consideravel para a occurencia das despezas diarias, a Commissão repetirá; que não existe este desvio, porque sómente se emprega com methodo, o que se consumia com irregularidade, e corta-se o arbitrio na escolha dos sugeitos a quem se fazem os pagamentos. A Camara resolverá a respeito.

EMPRESTIMO CONTRAHIDO EM LONDRES.

Agora se entrará a tratar do grande objecto do emprestimo de Londres. O Governo contrahio em Agósto de 1824 hum Emprestimo de Tres Milhões de Libras Esterlinas; o qual foi approvado nesta Corte por Decreto de 30 de Dezembro do mesmo anno. Tres pontos se offerecem neste assumpto á consideração da Camara. 1.º A necessidade de approvar este emprestimo. 2.º O Exame de suas condições. 3.º A fiscalização do seu consumo.

Quanto á 1.ª parte, o Credito, e Honra Nacional estão interessados na approvação desta transacção: e persuade-se a Commissão que perante a Honra Nacional callão-se todas as outras ponderações.

Quanto ao 2.º ponto tem a Commissão a dizer, que este emprestimo foi contrahido por duas differentes formas: a saber hum milhão esterlino com as casas de Bozeth, Farquhar, Crawford, Wilson, et Companhia a seseuta e cinco por cento; e dous milhões esterlinos com a casa de Nathan Rotschild a oitenta e cinco por cento; vindo por tanto a regular todo o emprestimo a oi-

tenta e hum e dous terços moeda, por cem libras fundo. Consequentemente
recebeo o Brazil Lib. Est. 2:999:945, — »--- e constituio-se devedor de Lib. Est.
3:686:200: — «--- de que paga o juro de 5 por cento, e hum de amortização, effei-
tuando-se a semestres, e em Londres o pagamento deste juro ; o qual, juntamente
com a amortização, importão annualmente em Libras 221:172 , que reduzidas ao
Cambio de 56 e hum quarto , medio entre o actual de 45 , e o par , monta Réis
943:667U200.

Não está ao alcance da Commissão conhecer se era possivel obter-se hum
emprestimo com condições mais favoraveis , ou se os Negociadores Brasileiros ex-
haurirão todos os seus esforços neste assumpto : ella passará tão sómente á
circunstanciar estas condições para dar o precizo conhecimento á Camera.

A 1.ª terça parte do emprestimo tomado pelas Cazas de Farqhuar et Companhia foi exhibido em dez pagamentos ; a saber :

A 20 de Agosto de 1824 .... 10 por cento.
 21 » Setembro .... 10 por cento.
 14 » Outubro .... 10 por cento.
 19 » Novembro .... 5 por cento.
 21 » Dezembro .... 5 por cento.
 20 » Janeiro de 1825 .... 5 por cento.
 18 » Fevereiro .... 5 por cento.
 18 » Março .... 5 por cento.
 28 » Abril .... 10 por cento.
 17 » Maio .... 10 por cento.

A estes Negociantes foi permittido tomar a segunda parte , e terceira do mesmo emprestimo : e no caso de as quererem realizar , tomarião os fundos da
segunda parte a 85 por cento , e os da terceira a 87.

Os Contrahentes tiverão nesta transacção o beneficio de huma deducção de
tres libras por cada cem de fundo ; o premio de 5 por cento sobre todos os
adiantamentos , que fizessem a respeito dos prazos convencionados , não pagando couza alguma por quaesquer somas vencidas , e conservadas em suas
mãos. Além disso concedeo-se huma Commissão de quatro por cento da soma liquida do emprestimo, da qual pertenceria a metade aos Negociadores Brasileiros , e metade aos mutuantes. Estes pelo encargo da direcção das operações
do fundo de amortização , e pagamento dos dividendos perceberão mais 1 por
cento da soma dos interesses annualmente pagos por conta do emprestimo,
e hum terço de corretagem sobre todas as compras feitas para o fundo de
amortização. Em attenção a tão relevantes serviços, os Negociadores Brasileiros
prometérão empregar toda a sua influencia com o Ministerio Brasiliense para
que fossem estes Senhores empregados na compra dos effeitos , e generos , que
se embarcarem por conta do Governo , assim como em todo , e qualquer ou-

tro serviço procedido do dito empréstimo, percebendo por isso extraordinariamente as seguintes Commissões

Dous e meio por cento sobre as compras, ou vendas de quaesquer mercadorias recebidas, ou embarcadas.

Hum por cento sobre a compra, ou venda de ouro, ou prata.

Hum dito sobre as Letras de Cambio, recebidas ou remettidas.

Meio por cento sobre todos os seguros de Embarques de generos.

Meio por sobre cento todos os seguros de embarques de ouro.

Em consequencia de todas estas alcavalas foi o liquido desta primeira parte do emprestimo; = O seguinte:

Fundos entregues em assignados Lib. Est. 1:333:300
Prejuizo da differença da moeda a fundos Lib. Est. . 333:325
Premio do andiantamento feito . . . . 14:221—7—4
Idem do prompto pagamento das apolices que receberão os mutuantes. 39:999
Commissão de quatro por cento sobre Lib. 999:975. 39:999 . . . . 427:544—17—4

Liquido Lib. Est. 905:755—2—8

O segundo emprestimo foi contrahido com a casa de Rostschild, e com quasi as mesmas condições; havendo só a differença da vantagem da venda dos Assignados, e o pagamento de tres por cento de qualquer soma pertencente ao Governo, que existir em sua mão, ou seja essa provuniente dos pagamentos por conta do emprestimo, ou dos fundos que se remetterem para o pagamento dos juros pelo tempo, que mediar entre a sua liquidação, e os ditos pagamentos.

He notovel neste negocio a Commissão de dous por cento, que tiverão os Negociadores Brasileiros, e que se fundamenta nas seguintes palavras da Portaria de 5 de Janeiro de 1824 do Ministro, e Secretario de Estado dos Negocios da Fazenda, o Visconde de Maricá. == Tão bem ficão auctorizados para convencionar-se sobre as Commissões respectivas de todos os actos relativos ao mesmo emprestimo em todo o tempo da sua duração, segundo os usos, e estilos observados geralmente em semelhantes transacções, podendo tomar nelles aquella parte que lhes possa, ou deva competir na qualidade de Negociadores Commissarios, ou Agentes, cooperando activamente para elle se effeituar.

A Commissão não sabe se o Ministro tinha bastante poder para auctorizar este procedimento. Os interesses que os dous Commissarios perceberão montando pouco mais ou menos a 59:998—10 Chel. Est., custarão logo á Nação 72:000 Lib. Est., e ha de custar o seu pagamento final bem perto de,

Primeira Parte III.

180:000 Lib. , que pelo cambio já mencionado, não he menos de hum milhão , e novecentos e vinte mil cruzados.

Que os Negociantes Inglezes percebessem todas essas Commissões estipuladas, está na ordem das negociações, porque era livre ao Governo do Brasil aceitar o emprestimo , ou não aceitar, mas que os agentes Brasileiros , Grandes Funccionarios da Nação , por ella pagos, e remunerados , e honrados exijão huma Commissão pelo serviço , em que os empregou a Nação , que os pagava, e honra , parece extraordinario , e antipatriotico ; e por isso a Commissão de Fazenda deixando de emittir a sua opinião a este respeito , chama sobre elle a consideração da Camara.

Ao pagamento deste emprestimo forão hypothecadas as rendas das Alfandegas do Rio de Janeiro , Bahia , Pernambuco , e Maranhão , sendo clausula expressa = que se mandaria aos administradores deste ramo no Rio de Janeiro , que estabeleção hum fundo particular dos direitos ali recebidos , e tão bem dos outros portos de mar , e não se consentiria nunca fazer-se outra qualquer applicação para os fins geraes do Governo , até que seja remettida huma soma adequada ao pagamento dos interesses deste emprestimo ; cuja soma exesirá sempre adiantada na Cidade de Londres. O Ministro Secretario da Fazenda Visconde de Maricá enviou huma circular ás Provincias obrigadas, ordenando-lhes a remessa para Londres de sessenta mil Lib. Est. pelas rendas de suas Alfandegas , devendo achar-se metade desta quantia em aquella Cidade no 1.º de Abril , e metade no 1.º de Outubro de cada anno. No Relatorio do actual Ministro a esta Camara achão-se os seguintes palavras . — Resta-me ponderar que o pagamento do juro , e Capital do emprestimo contrahido em Londres , e do que acresceo em consequencia da convenção de Agosto de 1825 com Portugal já se acha providenciado não somente com = os fundos ali existentes , mas com a remessa de 240:000 Lib. Est. annualmente , e com a remessa de vinte e quatro mil quintaes de Páu Brazil , que devem ir das Provincias de Pernambuco , Alagoas , Parahiba , e Rio Grande do Norte , e com os diamantes brutos , que sobrarem do trabalho da Fabrica. = Parecendo com estas expressões prescindir da ingerencia da Camara em tal negocio , entende a Commissão que nenhuma medida tem a propôr a este respeito , deixando-se sobre a Responsabilidade do Ministro a solução respectiva : entretanto ponderará sómente , que muito convem saber-se , que fundos existentes são estes , com que conta o Ministro ; porque se elles são restos do emprestimo , e com elle he que conta pagar os juros , certamente não se poderá descobrir cousa mais triste do que pedir dinheiro a juros , e com bastante sacrificio , e sem tirar partido deste emprestimo , empregar parte delle no pagamento de seus juros. A Commissão não pode persuadir-se que isto assim seja , e a ser não poderá deixar de fazer esta perguuta — Era , ou não era urgente a necessidade deste emprestimo ? Se era por que se não applicou ; se não era, por que se pedio ? E já que se pedio, não sendo necessario , porque se não emprega utilmente ?

Resta o terceiro ponto , que he a applicação do emprestimo.

As contas dirigidas pelo Thesouro apresentão o seguinte estado.

Recebido no Thesouro em metaes Lib Est.	568:003—15— 7
Em Letras	467:057—19— 8
Gasto com a remessa da Colonização Estrangeira ...	22:604— 6— 1
Em generos para os Arsenaes	22:480—13—11
Em vasos para a Marinha de guerra	64:000— »— »
Com a Legação Brasileira	8:273— »— »
Com o seguro das remessas	16:799— »— »
Commissões relativas ao Emprestimo	52:455— 1— 7
Compra de apolices destinadas ao pagamento do Capital e juros	107:340— 5— »
Pagamento de juros do emprestimo	102:699— 1—11
Premio do andiantamento do emprestimo de Forghuar	14:221—17— 4
Dito de prompto pagamento	39:999— »— »
Soma	1:485:935— 8— 9.
Existente no fim de 1825	1:514:004—11— 3
	2:999:940— »— »

Não sabe a Commissão todavia se existe, ou não este dinheiro, por que em fim são já passados sete mezes :

A Commissão tambem não pode avançar juizos sobre estas despezas, por que sendo enunciadas em globo pouco lugar dão a huma analise escrupulosa.

Dos fundos recebidos no Thesouro , que montão a Lbs. 1:035:062, e que produzirão Rs. 4:469:630U789, derão-se em pagamento de capital e juros ao Banco Rs. 2:644:633U452: e entrarão nas despezas geraes, e corretagem Rs. 1824:967U337. Quem pode deixar de notar que se pessio dinheiros na Europa com grandes sacrificios , e não menos risco do credito Nacional , para se pagarem no Brasil parte dos juros , que se devião ao Banco , a quem a demora não hera sensivel , nem onerosa pela compensação que o Thesouro da Nação lhe faz cedendo-lhe o dividendo de ═ 500 ═ contos annualmente , e por que demais se poderia com elle haver feito alguma operação de credito.

EMPRESTIMO, E TRANSACÇÕES COM O BANCO.

A Commissão não pode deixar de lastimar a perda da Fazenda Nacional occazionada pelo desleixo dos Ministros da Fazenda, que tem servido desde o anno de 1818, no que respeita ás transacçõos do Thesouro com o Banco, com o qual seria hoje menor o empenho do mesmo Thesouro, se tiverão comprido com a Ley segundo lhes incumbia. Em primeiro lugar observa a Commissão que sendo estabelecidos pelo Alvará com força de Ley de 20 de Outubro de 1812 varios Impostos sobre a Nação Brasileira, para do seu annual producto, entrar esta com mil contos de réis em Acções na Caixa do sobre dito Banco; fazendo-se o pagamento desta quantia por prestações annuaes de 100 contos de réis no espaço de 10 annos consecutivos, e com condição de se partilhar entre os Accionistas particulares somente o dividendo dos primeiros 500 contos, que entrassem nos primeiros cinco annos, percebendo o Thesouro depois, e em commum com todos os Accionistas a competente quota dos outros 500 contos, que entrassem nos ultimos cinco annos; e determinando a mesma Ley, que no caso de não chegar annualmente a renda dos ditos Impostos nesta Provincia a prefazer os ditos 100 contos de réis annuaes, os completasse ao Banco a Caixa do Thesouro: nada menos se fez do que isso, pois que só se entrou por parte da Fazenda Nacional para aquelle estabelecimento, com 576:000URs. rezultando daqui, que em vez de perceber o Thesouro desde o anno de 1822 o dividendo de 500 Acções, só percebe o de 76, e como tenhão orçado a 16 por 100 os lucros daquelle estabelecimento segundo consta, he a perda effectiva do Thesouro por falta de cumprimento de Ley n'este artigo 67:840URs. annuaes ou 271:360U000 em quatro annos, contando com o anno corrente; aos quaes se accrescentarmos a quota do Dividendo proporcional ás entradas de 100 contos em cada anno nos de 1818, até 1822, importantes pelo mesmo calculo de 16 por 100 em 240:000URs. teremos importar em 511:360U000 os prejuizos cauzados a Nação pela sua Administração da Fazenda desde 1818 nesta parte somente.

A isto accrescenta-se, que o mesmo Banco se acha disfructando huma caza dos Proprios Nacionaes em que tem a sua Contadoria e Cofre; e da qual se não acha acreditado á Nação nenhuma Renda; e esta de posse de outra em que se gastárão nove contos, para ahi se estabelecer a Administração do Correio; e que essa quantia não apparece encontrada no seu credito ao Thesouro de que percebe hum quantioza juro todos annos.

ORÇAMENTO DE DESPEZAS PARA O ANNO DE 1827.

Grande, e mui grande he o Deficit que se calcula pelo Ministro haver na Receita para a sua Despeza no futuro anno de 1827; pois o computa em a quantioza soma somente nesta Provincia (porque das mais não ha Elemento por onde se possa estimar) em Rs. 5:150:133U446. A Commissão porem examinando os Orçamentos parciaes sobre que o Ministro fez o seu Calculo, conclue sem grande receio de errar, que tal Deficit se não verifica em grande parte, por ser resultado de despezas illegaes, e excésso nas despezas legaes. A primeira soma que se apresenta á consideração do Leitor, e he mister reduzir, he huma Folha Diplomatica de 210:800U000 Rs. Por ora não ha Ley que authorize tal dispeza ; e se persuade a Commissão, que quando-a houver , a muito , e muito menos reduzirá a Assemblea os gastos da Nação neste artigo ; por não ser consentaneo com a condição de hum Imperio nascente admittir rotinas de despendioza etiqueta seguida dos Governos Absolutos da antiga Europa , sustentando sem nenhuma utilidade da Nação hum apparatozo Estado de Missões a Potencias Estrangeiras, com as quaes nenhumas relações politicas ha a manter, pela sua situação geographica separada , e distanciada do nosso Continente.

« Occorre êm seguida a illegitima despeza de Ordenados aos Criados do Sr. Rey D. João Sexto de Portugal, que se deixarão ficar rezidindo no Imperio , e que, segundo consta dos Documentos que instruem o Relatorio , orção por quazi 20:000U Rs. annuaes , pois nenhum fundamento de Ley , ou de razão apparece para que a Fazenda Publica do Brazil mantenha Criados de hum Rey estranho , que não quizerão ir prestar os seus officios de famulado a seu Augusto Amo ; quando por esta razão nem este mesmo lhos mandaria abonar, a menos que os não aposentasse em seu serviço. Continúa a indevida computação do Orçamento, incluindo-se nelle huma despeza extraordinaria de 1:623:266U592 para a manutenção da Guerra do Sul com a Republica Argentina , quando a maior parte dessa despeza sendo proveniente da sustentação da força de mar, e terra , que desta Corte se tem divertido para ali, he por isso ja computada , e incluida como despeza ordinaria desta Provincia nos Orçamentos parciaes dos Ministros da Guerra , e Marinha, e que servem de baze ao dito Orçamento geral do Ministro da Fazenda , e não pode ser duplicada debaixo da indicação de despeza extraordinaria. Se a isto accrescer o cerceamento de 20:000U000 para transporte de Allemaens, por não ser despeza legal, e que possa continuar, visto como he defeza a admissão de Tropa Estrangeira no Imperio sem hum Decreto do Corpo Legislativo, segundo o art. 15, § 12 da Constituição : se accrescer-mais a isso o abatimento de 240:000U000 Rs. para a divida passiva atrazada, que em parte se deve pagar com o que se cobrar de quazi 286:000U000 Rs. de divida activa do Thesouro nesta Provincia ; em quanto a esse respeito se não puser em pratica alguma operação de credito para o amortizar como tem a Commissão indicado ; e se a consignação ao Banco se reduzir precizamente ao necessario para o pagamento do juro que se lhe deve, e não mais : se finalmente se proceder na devida fiscalização, e deminuição de outras despezas indevidas ; e por outra parte for melhorada , como he de esperar , a arrecadação das Rendas actuaes ; a muito menos virá a despeza : donde não nos será preciso gravar a Nação com novos tributos para acudir aos gastos correntes, que authorizados são por Ley ; pois em Governo Constitucional não ha arbitrio, nem pode haver em dispender o dinheiro da Nação.

Julga a Commissão ter satisfeito ao seu dever no exame e analyse que acaba de fazer Relatorio do Ministro da Fazenda, e conclue a respeito com o seguinte Parecer:

1º. Que se imprima , como está determinado, o mesmo Relatorio , accrescentado

Primeira Parte IV.

deste Parecer da Commissão, a fim de que por este meio seja esta Camara, e o Publico melhor inteirado do estado do Thesouro, e Administração das suas Rendas até ao prezente, e possa ajuizar para o futuro, do seu progressivo melhoramento debaixo do Systema Constitucional.

2º. Que se authorize a Commissão para fazer, e aprezentar a esta Camara hum Projecto de Ley sobre a consolidação da Divida antiga do Imperio; e sua devida amortização, segundo se tem indicado: e assim mais os seguintes Projectos. 1º. De extincção do Conselho da Fazenda, que não pode continuar a ter exercicio, segundo a Constitinição, art. 170; e todavia faz huma despeza annual a cima de 30:000U000Rs. 2º. Da extincção dos Lugares de Intendente do Ouro, e seus Officiaes nesta Corte, e Cidade de Bahia, como desnecessarios desde o anno de 1809, em que foi criado nesta Corte o Juizo Geral dos Contrabandos, e Extravios de Direitos, visto como em pura perda da Fazenda se tem conservado até agora, gastando-se inutilmente, como se tem gasto, com a sua indevida manutenção, a cima de 80:000U000. 3º. Da extincção da Administração da Extracção dos Diamantes por conta da Fazenda Nacional no Serro do Frio; vista a nenhuma utilidade, ou antes prejuizo, que pelas contas do Thesouro consta rezultar da sua continuação, comparada a despeza com o producto dos Diamantes extrahidos; dando-se nova forma a este ramo de Renda Publica, pela qual se torne lucrozo á mesma, como ja foi.

3º. Que cumprindo fixar annualmente por hum Decreto da Assemblea as Despezas Publicas, segundo o artigo 15, § 10 da Constituição, não he possivel faze-lo nesta Sessão com o devido conhecimento de cauza, por faltarem os Orçamentos das Provincias com cujas necessidades, e recursos de suas Rendas cumpre contar no Orçamento dessa despeza; mas verificando-se, como se verifica, pela Receita de 1825 desta Provincia ser ella de 6:580:112U166 Rs. e a sua Dispeza de 6:336:748U216 Rs., na qual se comprehendem muitos suprimentos a outras Provincias, e sendo essa despeza orçada em metade d'a que diz o Ministro se faz em todo o Imperio, talvez se possa ella fixar em 6500:000U Rs. para pagamento das despezas necessarias, e authorizadas por Ley sobre que se fará Projecto, se a Camara o determinar.

Paço da Camara dos Deputados., em 17 de Agosto de 1826.

J. G. LEDO. — M. J. DE SOUZA FRANÇA. —
NICOLAS HERRERA. — J. B. BAPTISTA
PEREIRA — JOÃO BRAULIO MONIS. — J.
DE REZENDE COSTA.

RELATORIO,

OU

EXPOSIÇÃO DO MINISTRO DA FAZENDA

SOBRE O ESTADO DA ADMINISTRAÇÃO RESPECTIVA.

EXPOSIÇÃO

Do Estado da Fazenda Nacional do Imperio do Brasil em fim do Anno de 1825, com o Orçamento da Renda, e Despeza, que poderá ter lugar no corrente Anno de 1826.

EM observancia do Artigo 172 da Constituição aprezento á Camara dos Deputados da Assemblea Legislativa, em qualidade de Ministro, e Secretario de Estado dos Negocios da Fazenda, e Presidente do Thezouro Nacional, a Exposição, que me foi possivel fazer, do estado da Fazenda Nacional do Imperio em o fim do anno de 1825, segundo as noções, que das differentes Provincias ha no Thezouro, acompanhada do Orçamento da Receita, é Despeza, que poderá ter lugar no corrente anno de 1826.

No Documento Letra — A — se mostra, que a entrada geral, que houve nos differentes Cofres, segundo os ultimos Balanços, que se tem recebido, foi de 13:439:525U867 Rs.

O Documento Letra — B — mostra que a despeza feita pelos mesmos Cofres em todo o Imperio foi de 12:838:331U438 Rs.

Da comparação destes dous Documentos se deduz, que houve de excesso da Receita sobre a Despeza effectiva a quantia de 601:194U429 Rs.

O Documento Letra — C — mostra a importancia das Dividas activas, e passivas das diversas Provincias do Imperio, subindo as activas á 5:403:362U543 Rs., e as passivas á 14:900:682U643 Rs., o que no cazo de serem cobraveis todas as Dividas activas, tornaria em 9:497:320U100 Rs. o total da Divida passiva, não comprehendida a dos Emprestimos contrahidos em Londres.

O Documento Letra — D — mostra, o que se recebe o em todo o anno de 1825 por conta da Divida activa demonstrada no ultimo de Dezembro de 1824.

O Documento Letra — E — mostra, o que se pagou em todo o anno de 1825 por conta da Divida passiva demonstrada no ultimo de Dezembro de 1824.

O Documento Letra — F — mostra a existencia dos Diamantes no fim do anno de 1825, com o Orçamento do seu valor.

O Documento Letra — G — mostra os Proprios Nacionaes desta Provincia, e das outras, de que ha noticia, faltando de algumas, por se não terem cumprido as Ordens expedidas a tal respeito.

O Documento Letra — H — mostra a operação do Emprestimo feito em Londres, e a quantia, que delle existia no fim do anno de 1825, bem como a providencia, que se deu, para segurar-se o exacto cumprimento deste Contracto, repartindo-se pelas quatro Provincias de Rio de Janeiro, Bahia, Pernambuco, e Maranhão, a somma, que se reputou necessaria.

O Documento Letra — I — he a exposição do estado da Fazenda, desde Julho de 1823, até fim de Dezembro de 1824, feita pelo Visconde de Maricá então Ministro e Secretario de Estado dos Negocios da Fazenda.

O Documento Letra — L — he a exposição, que fiz do estado da Fazenda Publica até o fim de Junho de 1823, e que apresentei em Setembro do dito anno, sendo então Ministro e Secretario de Estado dos Negocios da Fazenda.

O Documento Letra — M — comprehende huma exposição circunstanciada, e Tabellas das Rendas, e Despezas da Provincia de Minas Geraes ha pouco recebida. Se os Escrivaens das Juntas das outras Provincias tivessem feito hum semelhante trabalho, como exigi durante o meu primeiro Ministerio, seria agora facil o reconhecer-se o estado da Fazenda Publica de cada huma das Provincias, para se poderem dár as convenientes providencias; já mandei repetir semelhante ordem, remettendo-se exemplares á cada huma das Juntas de Fazenda, para facilitar a sua execução.

O Documento Letra — N — comprehende a exposição das Rendas ordinarias desta Provincia, com declaração da sua origem, e methodo de arrecadação. Convem notar-se que na exposição das Rendas de cada huma das Provincias — Documento Letra — A — se fez menção da origem, ou diploma do seu estabelecimento, segundo as noticias, que se podérão obter.

O Documento Letra — O — apresenta o Orçamento da Receita ordinaria, e extraordinaria, que poderá haver no corrente anno de 1826, e o Orçamento da Despeza, que se deverá fazer, segundo os Orçamentos recebidos das diversas Secretarias de Estado, e as relações dos Empregados Publicos, e mais pessoas, que tem vencimentos que já se podérão apromptar, ficando-se á espera das que faltão para serem enviadas.

A' vista destes Documentos, se reconhece quaes são as actuas rendas Nacionaes, suas origens, e importancia: qual foi a despeza ordinaria, e extraordinaria do anno passado de 1825 nesta Provincia, e em algumas outras, de que se receberão Balanços, suprindo os ultimos, que enviarão algumas Provincias : e quál a divida activa , e passiva, tendo nesta a maior parte o Banco do Brasil, sendo á sua importancia de 8:207:028U799 Rs., para cuja solução mandou ultimamente Sua Magestade o Imperador consignar a quantia de 50:000U000 Rs. mensaes , que se julgou bastante para o exacto pagamento do Juro , e para a lenta amortisação do Capital.

Igualmente se reconhece pelo Orçamento relativo ao corrente anno , que vem a faltar para as despezas apontadas a quantia de 4:014:944U151 Rs.

Esta falta será suprida pelo augmento da renda em consequencia de assidua vigilância, e adequadas providencias, e por algumas operações de credito, em quanto as Provincias não poderem ter as sobras, que se devem esperar do restabelecimento da sua Agricultura , e Commercio, e em quanto se não poserem em execução as sabias resoluções da Assemblea Geral.

Resta-me finalmente ponderar, que o pagamento do Juro, e Capital do Emprestimo contrahido em Londres, e o do que accresceo em consequencia da Convenção de 29 de Agosto com o Reino de Portugal, se acha providenciado não sómente com os fundos ali existentes , mas com a remessa de Lib. Est. 240:000 annualmente, alem de 24.000 quintaes de Páo Brasil , que devem ir de Pernambuco , Alagoas, Parahiba, e Rio Grande do Norte , e dos Diamantes brutos, que sobrarem do trabalho da Fabrica de Lapidação.

Rio de Janeiro, 27 de Junho de 1826.

VISCONDE DE BAEPENDY.

ENTRADAS ORDINARIAS,

E EXTRAORDINARIAS NOS COFRES DAS PROVINCIAS

DO IMPERIO DO BRASIL

Segundo os Balanços ultimos que da ordem dos quaes elles achão no Thesouro Nacional do Rio de Janeiro.

~~~~~~~~~

PROVINCIA DO RIO DE JANEIRO.
1825.

Pela demonstração da Receita em todo o anno de 1825. Documento N. 1;

Receitas Ordinarias............	4:12:890U079	4:412:890U079	
Ditas extraordinarias..........	1:898:603U766	1:898:603U766	
Saldo do anno de 1824......	268:418U331	6:580:112U166	6:580:112U166

DITA DO ESPIRITO SANTO.

Por Orçamento dos Obras e nos fins dos annos de 1824 a 1825. Documento N. 2............... | | 17:726U994 | 17:726U994

DITA DA BAHIA.
1825.

Pelos Balancetes Documento N. 3. | | | 1:644:413U934

DITA DE SERGIPE.

Pelo Balanço recebido. Documento N. 4.................. | | 34:477U127 | 34:477U127

DITA DAS ALAGOAS.

Pelo Balanço recebido. Documento N. 5.................. | | 123:144U79 | 123:144U79

DITA DE PERNAMBUCO.
1825.

Pelos Balancetes Documento N. 6. | | | 1:436:726U565

DITA DA PARAHIBA DO NORTE.

Pelo Balanço ultimo recebido. Documento N. 7................ | | | 247:721U202

DITA DO RIO GRANDE DO NORTE.

Pelo Balanço recebido. Documento N. 8.................. | 2:22 | | 42:222U233

| | Rs. | 10:126:535U016 |

Trausporte............................	Rs.	16:126:535U016

DITA DO CEARA'.

Pelo Balanço de 1822, ultimo recebido. Documento N. 9......................		133:784U466

DITA DO PIAUHY.

Pelo Balanço de 1825. Documento N. 10.		72:558Uo37

DITA DO MARANHÃO.

Pelo Balanço de 1825. Documento N. 11.		767:837U338

DITA DO PARA'.

Pelo Balanço de 1823, ultimo recebido. Documento N. 12.......................		332:972U8o8

DITA DE SANTA CATHARINA.

Pelo Balanço de 1825. Documento N. 13...		29:203U941

DITA DO RIO GRANDE DO SUL.
1825.

Pelo Documento N. 14...................	516:823U757	
Saldo do anno de 1824	13:921U635	530:815U392

DITA CISPLATINA.
1825.

Pelo Documento N. 15.................	420:904U975	
Saldo que passou do anno de 1824......	35:186U060	456:091U025

DITA DE S. PAULO.
1825.

Pelo Balanço deste anno de 1825. Documento N. 16..........................	254:731U457	
Saldo do anno de 1824................	25:056U988	279:788U445

DITA DE MINAS GERAES.

Pelo Balanço de 1824, ultimo recebido. Documento N. 17....................	510:064U593	
Saldo de 1823.......................	20:665U593	530:730U186

DITA DE GOYAZ.

Pelo Balanço de 1823, ultimo recebido. Documento N. 18....................	54,685U723	
Saldo de 1822	1,990U587	56,676U310

DITA DE MATO GROSSO.
1825.

Pelo Documento N. 19.................	103,122U077	
....	14,410U826	11 7,532U903
	Rs.	13:439:525U867

LETRA A, N.º II.

RECEITA DA PROVINCIA DO ESPIRITO-SANTO,

De hum Anno , extrahida do Orçamento de 1824 a 1826.

~~~~~~~~~~~~~~~~~~~~~~~~

Nº.			
1.	Sisa , e meia Sisa....................................Rs.	»	1:927U749
2.	Dizimo do Assucar.............................	»	3:376U230
3.	Subsidio voluntario...........................	»	1:333U333
4.	Dito Literario	»	904U290
5.	Imposto de 80 réis em Canada d'Aguardente........	»	1:873U333
6.	Dizimo do Pescado................................	»	1:104U066
7.	Imposto de 8U000 réis em pipa d'Aguardente.......	»	800U846
8.	Dito de 5 réis em Libra de Carne verde...........	»	446U956
9.	Passagens de Rios................................	»	180U463
10.	Imposto á favor do Banco.......................	»	916U045
11.	Decimas dos Predios urbanos.....................	»	1:193U683
12.	Dizimo de Miunças.............................	»	2:034U401
13.	Sello do Papel , Heranças , e Legados............	»	719U873
14.	Proprios Nacionaes.............................	»	25U110
15.	Pensões de Engenhos , e Moletas.................	»	184U200
16.	Novos Direitos dos Officiaes da Justiça , e Cartas de Seguro...................................	»	90U648
17.	Corrêio.......................................	»	70U407
18.	Donativos de Officiaes de Justiça...............	»	545U352

Rs. 17:726U994

Contadoria Geral da 3ª. Repartição do Thesouro Publico, em 17 de Junho de 1826.

No Impedimento do Contador Geral ,

JOÃO CARLOS CORREA LEMOS.

RECEITA DAS VILLAS DE S. SALVADOR DOS CAMPOS DOS GOITA-CAZES, E S. JOÃO DA BARRA.

De hum Anno, extrahida das ultimas Relações dadas pelo Juiz de Fora respectivo.

N.os		Rs.
1.	Siza, e meia Siza do anno proximo passado........ Rs.	10:846U946
2.	Subsidio Literario.......................... »	5:675U012
3.	Agoardente Geritiba.......................... »	114U700
4.	Dizimo do Pescado.......................... »	905U000
5.	Imposto do 4U000 rs. em Pipa de Agoardente..... »	500U000
6.	Idem de 5 rs. em lib. de carne verde........... »	4:000U000
7.	Passagens de Rios.......................... »	414U032
8.	Imposto a favor do Banco.................... »	1:634U400
9.	Decima dos Predios urbanos.................. »	3:349U772
10.	Sello do Papel, Heranças e Legados........... »	2:868U708
11.	Imposto de 10U000 rs. que pagão as Tabernas... »	1:310U000
12.	Novos direitos dos Officios de Justiça......... »	30U998
13.	Correio.................................... »	983U200
14.	Rendimento do Sal.......................... »	75U475

Rs.   32:712U243

Contadoria Geral da 3.ª Repartição do Thesouro Publico, em 17 de Junho de 1826.

No impedimento do Contador Geral,

JOÃO CARLOS CORREA LEMOS.

TABELLA DAS LEIS, E ORDENS

Pelas quaes forão estabelecidas as Rendas da Provincia do Espirito Santo.

N.os 1 Siza, e meia Siza — Estabelecida pelo Alvará de 3 de Junho de 1809.
2. Dizimo do Assucar — Na ordem geral das Rendas do Estado, pode ser con-
Primeira Parte. VI.

siderada a sua antiguidade pela Bula do Papa Julio III. de 4 de Janeiro de 1551, que a secularisou.

3. Subsidio voluntario — Estabelecido pela Camara para pagar por importação cada pipa de Agoardente do Reino 8U000 rs. dita de Vinho 4U000 rs. Alqueire de Sal 80 rs. , e por exportação cada arroba de fio de Algodão 2 rs. arroba de Assucar 20 rs. , e rede de Algodão 40 rs. em consequencia da Carta Regia, que lhe foi expedida em 23 de Outubro de 1646 e da Provissão de 7 de Outubro de 1655 , do Conde de Atouguia Governador, e Capitão General do Estado do Brasil.

4. Subsidio Literario — Pela Carta de Ley de 10 de Novembro de 1772.

5. Imposto de 80 rs. em canada de Agoardente — Idem pela Camara para pagar 80 rs. cada canada de Agoardente da terra vinda da Cidade da Victoria, e seu termo, em consequencia da Carta Regia que lhe foi expedida em 23 de Outubro de 1646, e da Provissão de 7 de Outubro de 1655 , do Conde de Atouguia Governador e Capitão General do Estado do Brasil.

6. Dizimo do Pescado — Veja-se N.º 2.

7. Imposto de 8U000 rs. em Pipa de Agoardente — Estabelecido por Alvará de 30 de Maio de 1820.

8. Dito de 5 rs. em libra de carne verde — Idem por Alvará de 3 de Junho de 1809.

9. Passagens de Rios — Instituido pelos Donatarios da Provincia passando depois que a venderão á Coróa para a massa geral dos rendimentos Nacionaes.

10. Imposto a favor do Banco do Brasil — Estabelecido pelo Alvará de 20 de Outubro de 1812.

11. Decima dos predios urbanos — Idem pelo Alvará de 27 de Junho de 1808.

12. Dizimo das miunças — Veja-se o N.º 2.

13. Sello do Papel , Heranças , e Legados — Estabelecido por Alvará de 17 de Junho de 1809.

14. Proprios Nacionaes — Estabelecido em 1806 pelo Governador d'esta Provincia Manoel Vieira de Albuquerque Tovar em parte do terreno que occupava a cerca do Collegio dos extinctos Jesuitas.

15. Pensões de Engenhos — Instituido pelos Donatarios desta Provincia nas Fabricas de Assucar , e Agoardente , e da mesma forma que o rendimento das Passagens foi encorporado na massa dos rendimentos Nacionaes.

16. Novos direitos de officios de justiça e Cartas de Seguro — Instituida pelo Regimento de 11 de Abril de 1661.

17. Corréio — Por Alvará de 20 de Janeiro de 1798.

18. Donativos de officios de Justiça. Por Decreto de 11 de Mayo de 1722. Contadoria Geral da terceira Repartição do Thesouro Publico, em 17 de Junho de 1826.

No impedimento do Contador Geral

JOÃO CARLOS CORREA LEMOS.

TABÉLLA DAS LEIS, E ORDENS

Pelas quaes forão estabelecidas as Rendas das Villas de S. Salvador dos Campos,
e S. João da Barra.

━━━━━━━━━━━━━━━━

N.º 1. Siza e meia Siza — Pelo mesmo que se observa na Provincia do Espirito Santo .... N.ᵒˢ 1.

2. Subsidio Literario — Idem 4

3. Agoardente Geritiba — Ignora-se

4. Dizimo do Pescado — Idem 6

5. Imposto de 4U000 em Pipa de Agoardente — Por Portaria de 24 de Novembro de 1823 em virtude da Resolução de 4 de Feveaeiro de 1822 tomada em Consulta do Conselho da Fazenda de 23 de Janeiro do dito anno.

6. Idem de 5 rs. em libra de carne — Pelo mesmo que se observa na Provincia do Espirito Santo. 8

7. Passagens de Rios — Idem 9

8. Imposto a favor do Banco — Idem 10

9. Decima dos Predios — Idem 11

10. Sello dos Papeis, Heranças e Legados — Idem 13

11. Imposto de 10U000 que pagão as Tabernas — Vejá-se o N.º 8.

12. Novos direitos dos officios de Justiça — Pela mesmo que se observa no Provincia do Espirito Santo 16

13. Correio — Idem 17

14. Rendimento do Sal — Ignora-se

Contadoria Geral da terceira Repartição do Thesouro Publico em 17 de Junho de 1826.

No impedimento do Contador Geral

JOÃO CARLOS CORREA LEMOS.

RECEITA DA PROVINCIA DA BAHIA EXTRAHIDA DOS BALANCETES MENSAES DO ANNO DE 1825.

N.		
1	Rendimento d'Alfandega	763.565U469
2	Sello da dita	14.681U213
3	Capataxia	2.369U480
4	Direitos de 1U400 rs. por Escravo	5.657U000
5	Passaportes d'Embarcações	3.478U080
6	Ancoragem , visitas , e arqueações	35.828U000
7	Sello dos papeis , Decimas de Heranças e Legados	10.783U202
8	Imposto de 400 rs. por arroba de Tabaco	178U500
9	Rendimento do Correio	2.023U877
10	Dizimos Nacionaes	198.184U798
11	Dito do Pescado , Miunças e Gado	53.967U905
12	Subsidio do Assucar , Tabaco , e Algodão	174.996U423
13	Dito Literario	8.358U898
14	Dizima da Chancellaria , e outros rendimentos da dita	5.363U033
15	Cartas de Seguro , Provisões e Alvarás	367U560
16	Donativos de Officios meias annatas e terças partes	6.670U796
17	Dito das caixas d'Assucar , e rolos de Tabaco	18.295U780
18	Imposto a favor do Banco	6.781U686
19	Dito de 8U000 rs. em pipa d'Agoardente	13.965U197
20	Dito de 80 rs. em canada de dita	9.004U234
21	Dito de 20 rs. em alqueire de farinha e arros	257U820
22	Dito de 5 rs. em libra de carne verde	34.989U731
23	Dizima do Tabaco, Agoardente e mais generos de consumo . . .	17.250U044
24	Agoardente da terra e vinho de mel	9.601U948
25	Senhoriagem da moeda Provincial	53.840U150
26	Decima dos Predios	47.156U221
27	Siza , e meia siza	26.682U711
28	Direitos de Illuminação	5.528U842
29	Imposição para a Imperial Capella	2.444U990
30	Proprios Nacionaes	23U800
31	Foros	120U869
32	Direitos de habilitação de Policia	899U390
33	Bens sequestrados a Portuguezes	16.132U757
34	Subscripção para a Marinha	500U000
35	Execução do Juizo dos Feitos da Fazenda	4.022U040
36	Emolumentos que pertenção ao Secretario do Governo	846U158
	Restituições	683U879
	Donativo offerecido pelo Povos de Cahité	1.500U370
	Alcances de Pagadores	600U000
	Sobras de Pagadores , Thesoureiros , e Recebedores	11.843U221
	Diversas Receitas	5.672U692
	Rendimento de 2 por cento pertencente á Provincia de	
	Sergipe	370U931
	Dizimos da dita 40.667U710	
	Subsidio do Assucar , Tabaco , e Algodão 15.957U040	

$$57.015U681$$

$$1.614.976U445$$
Saldo do anno de 1824 . 29.437U489

$$1.644.413U934$$

Contadoria Geral da terceira Repartição do Thesouro Publico em 17 de Junho de 1826. — No impedimento do Contador Geral — *João Carlos Correa Lemos*.

TABÉLLA DAS LEIS, E ORDENS,

Pelas quaes forão estabelecidas as Rendas na Provincia da Bahia.

N.os
1. Rendimento d'Alfandega. — Consiste em diversas Imposições, a saber: Direitos de 24, e 15 por cento, Subsidio de Molhados, Donativo Voluntario, Reexportação, Consulado de 2 por cento, Direitos de 10U000 rs., e 9U000 rs. por Escravo.

Donativo Voluntario. — Este rendimento teve principio, quando a Capital do Reyno de Portugal pelo terremoto do 1.º de Novembro de 1755 o Senhor Rey D. José I., escrevendo á Camara da Bahia, participando esta noticia, e que esperava, que os Povos o ajudassem para a reedificação da Capital do Reyno: o que consta da Carta Regia de 16 de Dezembro do dito anno de 1755. Convocada a Camara no dia 7 de Abril de 1756 espontaneamente se comprometterão a dar 3 milhões de cruzados pelo espaço de 30 annos: sendo esta Contribuição lançada nos generos seguintes: Carne de vaca, Azeite doce, de Peixe, Agoardente da terra, e Escravos da Costa da Mina. Pela Carta Regia de 27 de Maio de 1757 se determinava que esta Contribuição fosse imposta na entrada das Fazendas vindas á Alfandega; por ser o direito mais suave aos Povos, ainda que não chegasse para prefazer a Contribuição annual de cem mil cruzados, do que resultou pagarem na Alfandega 2 por cento as fazendas secas. Tendo-se preenchido com excesso os tres milhões desta offerta; e occorrendo o fatal acontecimento da queima do Palacio d'Ajuda no anno de 1795, foi prorogada a cobrança deste Donativo por mais 10 annos para a reedificação do Palacio por Carta expedida pela Secretaria de Estado dos Negocios da Marinha em data de 24 de Abril de 1795.

Subsidio dos Molhados. — Estabelecido pela Camara no termo de Convenção celebrado em 13 de Julho de 1652, e approvado pela Carta Regia de 15 de Dezembro de 1644; ficando desde então reduzido a Contracto, até que se mandou fazer a sua arrecadação por conta da Fazenda pela ordem de 18 de Agosto de 1785.

N. B. Não vem classificado no Balanço as mais Imposições, que a cima se faz menção, arrecadarem-se n'Alfandega, e menos se pode colligir nada sobre a sua primitiva pela pouca ou nenhuma noticia que ha desta Provincia, sendo preciso extrahir estas de notas particulares, porém como he natural que sejão as mesmas que se arrecadão n'Alfandega desta Corte, de que ha de haver a necessaria noticia na segunda Contadoria onde pertence a sua arrecadação.

2. Sello d'Alfandega. — Foi regulado este Imposto pelo Foral d'Alfandega de Lisboa do anno de 1646 Capitulo 36, e mandado observar pela Provisão do Conselho Ultramarino de 7 de Agosto de 1720.

Primeira Parte. VII.

N.ᵒˢ

3. Capatazia. — Estabelecida por Alvará de 25 de Abril de 1818 §. 14.
4. Direitos de 1U400 rs. por Escravos. — Ignora-se a Ley.
5. Passaportes da Embarcações. — Deve constar pela Secretaria da Marinha.
6. Ancoragens, Visitas, e Arqueações. — O Alvará de 25 de Abril de 1818 §. 11 faz menção desta Renda; com tudo não cita a Ley do seu estabelecimento. Por Provisão de 15 de Março de 1825 se determinou a diversas Provincias do Norte posessem em execução o Alvará de 15 de Março de 1810 sobre a Ancoragem.
7. Sello dos papeis, Decima de Heranças, e Legados. — Pelo mesmo que vai declarado na Provincia do Espirito Santo em sua Tabella N.º 13.
8. Imposto de 400 rs. em arroba de Tabaco. — Estabelecido pelo Alvará de 28 de Mayo de 1808.
9. Rendimento do Corréio. — Pelo mesmo que vai mencionado na Provincia do Espirito Santo. .... N.º 17.
10. Dizimos Nacionaes. — Idem .... N.º 2.
11. Dito do Pescado, Miunças, e Gado. — Idem .... N.º 6.
12. Subsidio do Assucar, Tabaco, e Algodão. — As duas primeiras Imposições não consta a ordem do seu estabelecimento, e a do Algodão foi estabelecida por Carta Regia de 18 de Setembro de 1799, e consiste em 160 rs. por arroba, e pela Carta Regia de 28 de Julho de 1808 se ordenou o pagamento de 600 rs. por arroba.
13. Subsidio Literario. — O mesmo que consta na Provincia do Espirito Santo. .... N.º 4.
14. Dizima da Chancellaria. — Estabelecida pela Ordenação do Reyno, e Regimento de 16 de Janeiro de 1589, e Alvará de 25 de Setembro de 1655.
15. Cartas de Seguro, Provisões, e Alvarás. — O mesmo que consta na Provincia do Espirito Santo. .... N.º 16.
16. Donativos de Officios, meias anuatas, e terças partes. — O mesmo que na Provincia do Espirito Santo. .... N.º 18.
17. Donativo das Caixas de Assucar, e Rolos do Tabaco. — Estabelecido por Carta Regia de 4 de Fevereiro de 1662.
18. Imposto a favor do Banco. — O mesmo que na Provincia do Espirito Santo .... N.º 10.
19. Dito de 8U000 rs. em Pipa de Aguardente. — Idem .... N.º 7.
20. Dito de 80 rs. em canada de Aguardente. — Idem .... N.º 5.
21. Dito de 20 rs. em alqueire de Farinha. — Ignora-se o seu estabelecimento.
22. Dito de 5 rs. em libra de carne. — O mesmo que na Provincia do Espirito Santo .... N.º 8.
23. Dizima do Tabaco, Agoardente, e mais generos do consumo da terra. — Teve principio pelo termo de Convenção da Camara celebrado em 13 de Julho de 1652, e por Carta Regia de 31 de Março de 1713 passou a ser administrada pela Fazenda : foi ratificada pela Carta Regia de 16 de Setembro de 1709.
24. Agoardente da terra, e vinho de mel. — Teve a mesma origem que o antecedente, e sua confirmação foi igualmente comprehendida na Carta Regia de 10 de Setembro de 1709.
25. Senhoragem da Moeda. — Estabelecida por Carta Regia de 22 de Maio de 1694.

N.os
26. Decima dos Predios. — O mesmo que na Provincia do Espirito Santo. N.º 11.
27. Siza, e meia Siza. — Idem.. N.º 1.
28. Direitos de Illuminação. — Deve constar pela Policia.
29. Imposição para a Imperial Capella. — Estabelecida por Alvará de 20 de Agosto de 1808 sobre as Igrejas das Ordens do Brasil, Africa, e Ilhas, que são obrigadas a pagar annualmente huma nodica pensão para a Fabrica da dita Capella, conforme a lotação de cada huma.
30. Proprios Nacionaes. — Não consta a Ley a similhante respeito.
31. Fóros. — Sendo por Sismarias foi estabelecido por Carta Regia de 20 de Janeiro de 1699, e 28 de Setembro de 1700.
32. Direitos de habilitação de Policia. — Deve constar pela Policia.
33. Beus soquestrados a Portuguezes. — Estabelecido por Decreto de 11 de Dezembro de 1822.
34. Subscripção para a Marinha. — Idem de 24 de Janeiro de 1823 e Plano annexo ao mesmo, e consiste em 800 rs. mensaes por cada individuo que queira subscrever huma, ou mais acções.

N. B. Não se menciona os mais Artigos de Receita do N.º 35 inclusive em diante, por serem extraordinarios.

Contadoria Geral da Terceira Repartição do Thesouro Publico, em 17 de Junho de 1826.

No impedimento do Contador Geral

JOÃO CARLOS CORREA LEMOS.

N. 4.

RECEITA DA PROVINCIA DE SERGIPE, DO ANNO DE 1824, EXTRA-HIDA DO BALANÇO DO MESMO ANNO, ULTIMO, QUE TEM VIN-DO DESTA PROVINCIA.

N. 1 Sello do Papel, Heranças, e Legados .... Rs. 1,314U907
2 Siza, e meia Siza... 728U395
3 Novo Imposto para o Banco 214U040
4 Consulado 3U840
5 Imposto de 8U000 reis em pipa de Agoardente 353U380
6 Consignação havida pelas Comissões dos portos de embarque da Provincia.. 593U565
7 Idem pelas Camaras da Provincia 1,006U484
8 Imposto de 5 reis em libre de carne verde..................... 3,562U369
9 Subsidio Litterario 762U408
10 Licenças de alambicar 1,016U664
11 Dizimos de Miunça 1,785U000
12 Direitos Nacionaes havidos pela Bahia 8,151U576
13 Donativo para a Marinha 660U000
14 Dizimo do Assucar 820U000
15 Finta velha, e Donativo que se fez por Ordem do Governo 2,841U490

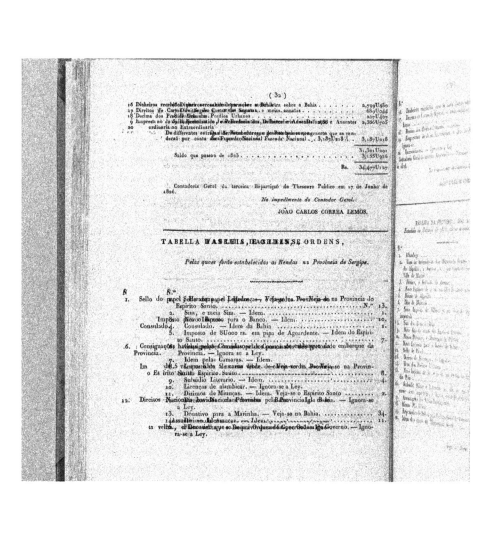

16 Dinheiros recebido 2,799U430
17 Direitos de Carta 68U044
18 Decima dos Predios Urbanos 207U407
19 Emprest no do 2,386U705
20 ordinaria ao Extraordinaria

De differentes entradas 3,187U218

Saldo que passou de 1825 .... 3,321U201
                                                    3,155U926

Rs.   34,477U127

Contadoria Geral da terceira Repartição do Thesouro Publico em 17 de Junho de 1826.

No impedimento do Contador Geral.

JOÃO CARLOS CORREA LEMOS.

TABELLA DAS LEIS, ALVARÁS, E ORDENS,

Pelas quaes forão estabelecidas as Rendas na Provincia de Sergipe.

N.
1. Sello do papel .... — Veja-se na Provincia do Espirito Santo. .... N.° 13.
2. Siza, e meia Siza. — Idem.
    Imposto novo para o Banco. — Idem. .... 10.
Consulado 4. Consulado. — Idem da Bahia .... 1.
5. Imposto de 8U000 rs. em pipa de Aguardente. — Idem do Espirito Santo. .... 7.
6. Consignação .... embarque da Provincia. Ignora se a Ley.
7. Idem pelas Camaras. — Idem.
    Im .5 .... da Provincia do Espirito Santo. ...... 8.
9. Subsidio Literario. — Idem. .... 4.
10. Licenças de alambicar. — Ignora-se a Ley.
11. Dizimos de Miunças. — Idem. Veja-se o Espirito Santo ..... 2.
12. Direitos Nacionaes .... pela Provincia da Bahia. — Ignora-se a Ley.
13. Donativo para a Marinha. — Veja-se na Bahia. .... 34.
14. .... — Idem. .... 11.
    ta velha, ... do Governo. — Ignora-se a Ley.

N.º
16. Dinheiros recebidos para se sacar Letras sobre a Bahia. — Idem.
17. Direitos de Cartas de Seguro, e mais Annatas. — Veja-se no Espirito
     Santo .... , 18.
18. Decima dos Predios Urbanos. — Idem. .... , 11,
19. Emprestimo do Juizo Ecclesiastico e dos de Defuntos, e Auzentes.
     Ignora-se.
20. Extraordinaria. — Ignora-se a Ley.
Contadoria Geral da terceira Repartição do Thesouro Publico, em 17 de Julho
de 1826,

No Impedimento do Contador Geral,

JOÃO CARLOS CORREA LEMOS.

RECEITA DA PROVINCIA DAS ALAGOAS
Extrahida do Balanço de 1823, ultimo enviado desta Provincia.

N.º
1.	Alfandega .... Rs.	5:069U758
2.	Casa de Arrecadação dos Direitos de Dizimo e Subsidio do Algodão, e Asucar, e 2 por cento de Consulado na Villa de Maçaió	61:964U657
3.	Dizimo, e Subsidio do Assucar	1:047U695
4.	Novo Imposto de 5 rs. em libra de carne verde	2:517U408
5.	Dizimo do Algodão	42U573
6.	Dito de Miunças	11:701U958
7.	Novo Imposto de 8U000 rs. em pipa de Agoardente importada	1:400U000
8.	Siza dos Bens de Raiz	1:356U387
9.	Meia Siza da venda dos Escravos Ladinos	446U205
10.	Novos Direitos, e Donativos de Officios	935U400
11.	Novo Imposto para o Banco do Brasil	489U600
12.	Sello do Papel	906U568
13.	Decima de Heranças, e Legados	1:228U073
14.	Idem dos Prédios Urbanos	1:154U331
15.	Novo Imposto de 30, e 40 rs. em canada de Agoardente do Paiz	37U840
16.	Subsidio Militar e Literario de 160 rs. em arroba de carne seca importada, e 320 rs. em cabeça de gado vacum	1:3U305
17.	Ancoragens dos Navios Estrangeiros	659U000
18.	Monte Pio Militar	24U000
19.	Reposições de Soldos pela Vedoria Geral da Gente de Guerra	958U011
20.	Idem dos ditos na Thesouraria Geral	12U960

Rs. 91:955U693

N.

Transporte Rs. 91:955U693

21. º. Recebimentos por Conta de varias letras sacadas sobre o Co-
    brador dos Direitos Publicos desta Provincia em Pernambuco
22. Ditos por ordem do Governo da Provincia 2:918U994
23. Donativo Voluntario 5:412U304
24. Subscripção para a Marinha 4:322U391
2. Emprestimo feito pelo Juizo de Auzentes 42U960
   2:000U000

106:652U842,

Saldo que passou ao anno de 1823. ....   16:492U453

Total 123:144U795

Contadoria Geral da Terceira Repartição do Thesouro Publico , em 17 de
Junho de 1826.

No impedimento do Contador Geral

JOÃO CARLOS CORREA LEMOS.

TABELLA DAS LEIS, E ORDENS,

Pelas quaes forão estabelecidas as Rendas na Provincia das Alagoas.

N. 1   Alfandega — Pelo mesmo que foi estabelecido na Provincia da Bahia.   N. 1
2.   Caza da arrecadação. — Quanto aos a por cento de Consulado de sahida foi esta-
     belecido pelo Alvará de 25 de Abril de 1818 , e quanto ao mais ignora-se.
3   Assucar. — Pelo mesmo que foi estabelecido na Provincia do Espirito Santo. N. 2
4   Novo Imposto de 5 reis em libra de carne verde. — Idem na Provincia do Espi-
     rito Santo.   N. 8
5   Disimo do Algodaõ. — Idem na Provincia do Espirito Santo.   N. 2
6   Disimo de Miunças. — Idem na Provincia do Espirito Santo.   N. 2
7   Novo Imposto de 8U000 em pipa de Agõardente. — Idem.   N. 7
8 e 9   Siza dos bens de raiz , e meia siza nos escravos etc. — Idem na Provincia do Es-
     pirito Santo.   N. 1
10   Novos Direitos , e Donativos de Officios. — N. B. Os Novos Direitos pelo Regimento
     de 11 de Abril de 1661 , e os Donativos pela Provisaõ do Conselho Ultramarino de
     23 de Setembro de 1723.
11   Novo Imposto para o Banco do Brasil. — Pelo que foi estabelecido na Provincia do
     Espirito Santo.   N. 13
12 e 13 Sello do papel , Heranças e Legados. — Idem.   N. 13
14   Decima dos Predios urbanos. — Idem.   N. 11
15   Imposto de 30 e 40 reis em canada de Agoardente do Paiz. — Por Carta Regia de
     18 de Março de 1801 , entaõ pertencente á Pernambuco.
16   Subsidio Literario , e Militar das carnes. — Quanto ao Literario veja-se na Provin-
     cia do Espirito Santo N. 4 , e quanto ao Militar ignora-se a Ley. Sabe-se sim que
     foi estabelecido em toda a Provincia de Pernambuco entre os annos de 1630 e 1654
     por cartas Regias de 19 de Maio de 1654 , e de 9 de Outubro de 1655 , e de 22 de

Novembro de 1670 manda arrecadar estes subsidios, que consta de 160 reis por arroba.

17 Ancoragens dos Navios. — Pelo mesmo que foi estabelecido na Provincia da Bahia. N. 6
24 Subscripçaõ para a Marinha. — Idem na Provincia da Bahia. . . . N. 34
N. B. Os numeros de 18 a 23, e 25 saõ Receitas extraordinarias, e por isso naõ consta de ordens a este respeito.

Contadoria Geral da terceira Repartiçã do Thesouró Publico, em 17 de Junho de 1826.

No impedimento do Contador Geral—*João Carlos Correa Lemos.*

RECEITA

DA PROVINCIA DE PERNAMBUCO DO ANNO DE 1825 EXTRAHIDA PELOS BALANCETES DO MESMO ANNO.

wwwww

N.		
1	Dizimo das Miunças	27.022U686
2	Dito dito do Pescado	400U000
3	Dito dito do Algodaõ	114.244U659
4	Dito dito do Assucar	96.595U426
5	Dito do dito da preterita Administraçaõ	32.682U459
6	Dito do Subsidio Literario	31.791U437
7	Dito do Novo Imposto de 5 rs. em libra de carne verde de vaca .	43.556U647½
8	Dito do Subsidio Militar das carnes verdes	1.206U600½
9	Dito dito das carnes secas	15.466U016
10	Dito do Imposto de 8U000 rs em pipa de Aguardente do consumo . .	31.000U665
11	Dito do dito de 30 rs. por canada de Aguardente da terra . . .	8.133U334
12	Dito do Subsidio de Aguardente que se exporta	2.043U300
13	Dito do dito do Algodaõ	175.015U449
14	Dito do dito do Assucar	37.330U083
15	Dito da pensaõ de 80 rs. por caixa, e 40 rs. por feixe de Assucar .	1.045U760
16	Dito do Imposto de 50 rs. por couro salgado	7.853U650
17	Dito do dito de 20 rs. por saca de Algodaõ	1.210U420
18	Dito da propina de ¼ por cento para a obra Pia	1.087U816
19	Dito da dita da Polvora	30U000
20	Dito das passagens dos Rios da Provincia	1.333U332
21	Dito da Redizima do Peixe, e Sal	225U000
22	Dito de behida das Gurupas	467U000
23	Dito d'Alfandega	483.320U610
24	Dito do Sello das Fazendas	9.420U060
25	Dito dos Emolumentos do Officio de Porteiro d'Alfandega . . .	110U630
26	Dito dito da extincta Meza da Balança	3.041U170
27	Dito da contribuiçaõ dos guardas de embarque	3.598U610
28	Dito de Reditos da Policia	2.986U000
29	Dito dos Direitos dos Escravos vindos dos Portos, onde naõ ha Alfandegas	14.886U000
	. . . .	1,147.115U320

		Transporte	1,147.115U320
60	Rendimentos dos Direitos dos Escravos embarcados para o Sul do Rio de Janeiro		340U800
31	Rendimentos dos ditos de Passaportes da Policia		101U400
32	Dito do Sello dos Papeis		2.607U513
33	Dito das Heranças e Legados		9.097U613
34	Dito dos Novos Direitos das Cartas de Seguro		110U400
35	Dito dos ditos ditos de Previsões do Desembargo do Paço		131U800
36	Dito dos ditos ditos dos Officios		1.448U860
37	Dito do Donativo de Officios		757U750
38	Dito Novo Imposto para o Banco		1.404U800
39	Dito de Gabella		18U100
40	Dito de Foros de Terras		625U049
41	Dito de Laudemios das Terras		610U505
42	Dito da Decima dos Predios Urbanos		28.21U5a3
43	Dito da Siza		25.477U913
44	Dito da meia Siza		2.135U211
45	Dito do Correio		1.905U855
46	Dito dos Direitos da Chancellaria da Relação		72U765
47	Dito dos Direitos dos Passaportes das Embarcações, e Portarias concedidas pela Secretaria do Governo		3.545U840
48	Dito de ancoragem, e toneladas dos Navios		11.500U000
49	Dito dos Emolumentos que d'antes pertencião ao Secretario do Governo		3.169U280
50	Dito de Escravos arrematados pelo Juizo de cativos		2.164U762
51	Dito da Capella do Porto de Galinhas		155U099

EXTRAORDINARIOS.

52	Dito do Dizimo do Algodão da Parnahiba		12.113U667
53	Dito do Subsidio dito dito		11.565U636
54	Dito do Dizimo dito do Ceará dito		1.214U461
55	Dito do Subsidio dito dito		305U299
56	Dito do Dizimo dito do Rio Grande do Norte		366U052
57	Dito do Subsidio dito do dito		3a5U145
58	Dito das Propriedades Portuguezas		29.030U611
59	Dito da Propriedade da companhia do Alto Douro		1.302U860
60	Dito dos Fundos da Companhia Geral extincta d'esta Provincia . .		45.992U269
61	Dito do Donativo voluntario		2.514U332
62	Dito Emprestimos para as despezas Publicas		1.000U000
63	Dito dos bens dos Defuntos e Auzentes		3.782U934
64	Dito da propriedade do Hospicio de Jerusalem		2.178U959
65	Por conta do alcance do Ouvidor da Comarca do Certão		2.574U804
66	Dito de alcances de Almoxarifes		800U000
67	Dito venda de polvora arruinada		800U000
68	Desconto de Ordenados		17U500
69	Reposição de jornaes d'Artifices no Trem que desertárão		247U370
70	Aluguel de hum ancorote pela Intendencia da Marinha		8U000
71	Rendas d'armazens da Fazenda Nacional		253U000
72	Reposição de 2 Leiras enforcadas à favor da Junta da Fazenda Publica do Ceará que não forão pagas		2.400U000

			1,361.302U178
	Saldo que passou do anno de 1824		75.544U387

| | | Soma | 1,436.726U565 |

Contadoria Geral da terceira Repartição do Thesouro Publico, em 17 de Junho de 1826.

No impedimento do Contador Geral — *João Carlos Corrêa Lemos.*

TABELLA DAS LEIS, E ORDENS, PELAS QUAES FORÃO ESTABELE-
CIDAS AS RENDAS DA PROVINCIA DE PERNAMBUCO

N. 1 Dizimo das Miunças═Procede da percepção geral dos Dizimos em todo o Brasil.
, 2 Dito do. Pescado ═ Idem
3 Dito de Algodaõ ═ Idem
4 , e 5 Dito de Assucar ═ Idem
6 Subsidio Literario ═ Por Ley de 10 de Novembro de 1772.
7 Novo Imposto de 5 reis em libra de carne verde ═ Por Alvará de 5 de Junho de 1809
8, e 9 Subsidio Militar das carnes verdes , e secas ═ Vide Tabella das Alagoas N. 16.
10 Imposto de 8U000 reis em pipa de Agoardente ═ Por Alvará de 30 de Maio de 1820.
11 Dito de 30 reis em canada de Agoardente do paiz ═ Vide Tabella das Alagoas N. 15
12 Subsidio da Agoardente que se exporta ═ Por Carta Regia de 24 de Novembro de 1695.
13 Dito do Algodaõ ═ Vid Tabella da Bahia N. 12.
. 14 Dito do Assucar ═ Idem.
15 Pensaõ de 80 reis por caixa, e 40 reis por feixe d'assucar que se exporta═Instituida pelo
Donatario que foi desta Provincia Duarte Coelho Pereira , pelo Foral de 12 de Agosto de 1675.
16 Imposto de 5 reis em couro algodoado em cabello═Por Carta Regia de 18 de Março de 1801.
17 Dito de 20 reis por saca de algodaõ ═ Ignoraße o seu estabelecimento.
18 Propina de 1 por 100 para Obra Pia ═ Por Alvará de 10 de Abril de 1692.
19 Dita da Polvora ═ Por Provisaõ do Conselho Ultramarino de 28 de Outubro de 1681.
20 Passagens dos Rios ═ Por Carta Regia de 4 de Novembro de 1654.
21 Dizimo do Peixe ═ Por Carta Regia de 4 de Novembro de 1654.
22 Rendimentos das Bebidas das Garapas ═ Estabelecido pela Camara do Olinda que a ad-
ministrou até 1727.
23, e 24 Alfandega ═ Por Carta Regia de 4 de Fevereiro de 1711 ; e consta dos Numeros 1 , e 2
da Tabella da Bahia.
25 Emolumentos do Officio do Porteiro da Alfandega ═ Naõ ha declaraçaõ da Ordem , porém presume-se ser em cumprimento do Decreto de 12 de Novembro de 1822.
26 Ditos da extincta Meza da Balança ═ Idem.
27 Contribuiçaõ dos Guardas d'Embarque═Idem.
28 Reditos da Policia ═ Vide Tabella da Bahia N. 28 , e 31.
29 Direitos de escravos dos Portos , onde naõ ha Alfandega ═ Carta Regia de 10 de Janeiro de 1699.
30 Ditos de ditos embarcados para o Sul do Rio de Janeiro═Por Aviso de 5 de Setembro de 1814.
31 Ditos de Passaportes da Policia ═ Ignora-se , deve constar pela Intendencia Geral da
Policia.
32, e33 Sello dos Papeis , Heranças , e Legados ═ Por Alvará de 17 de Junho de 1809.
34, e35 Novos Direitos de Alvaras etc. ═ Por Ley de 11 de Abril de 1661.
36 Ditos d'Officios ═ Idem.
37 Donativos de ditos ═ Por Decreto de 11 de Maio de 1722.
38 Imposto a favor do Banco do Brasil ═ Por Alvará de 20 de Outubro de 1812.
39 Rendimentos da Cabella ═ He do Regimento da Chancellaria.
40 Foros de Terras ═ Por Carta Regia de 20 de Janeiro de 1699, e 28 de Septembro
de 1700.
41 Laudemio ═ Naõ ha declaraçaõ.
42 Decima dos Predios Urbanos ═ Por Alvará de 27 de Junho de 1808.
43, e44 Siza , e Meia Siza ═ Por Alvará de 3 de Junho de 1809.
45 Rendimento do Correio ═ Por Alvará de 20 de Janeiro de 1798.

Segunda Parte. IX.

46 Dizima da Chancellaria ═ Vide Tabella da Bahia N. 14.
47 Direitos de Passaportes de Embarcações ═ Idem N. 5.
48 Ancoragem de Navios ═ Idem N. 6.
49 Emolumentos, que dantes pertenciaõ aos Secretarias do Governo═ Idem N. 36.
50 Rendimentos dos escravos arrematados pelo Juizo dos Captivos═ Naõ ha dechraçaõ ; porém presume-se ser em cumprimento do Alvará de 2 de Junho de 1774.
51 Capellas do Porto das Galinhas ═ Naõ ha declaraçaõ
5na } Debaixo do Titulo de Receitas extraordinarias ═ Naõ existem nesta Contadoria declara-
57 } ções a este respeito.
58 Rendimento do Sequestro das Propriedades Portuguezas ═ Vide Tabella da Bahia N. 33.
59 a } Debaixo do Titulo de Receita extraordinaria ═ O mesmo como dos Numeros 5a , a 57.
62 a }
63 Bens de Defuntos , e Ausentes.
64 a } Debaixo do Titulo de Receita extraordinaria ═ O mesmo como dos Numeros 59 , a 62.
73 }

Contadoria Geral da terceira Repartiçaõ do Thesouro Publico , em 17 de Junho de 1826.

No impedimento do Contador Geral.

JOÃO CARLOS CORREA LEMOS.

Nº. 7.

RECEITA

DA PROVINCIA DA PARAHIBA DO NORTE, DO ANNO DE 1824,

Extrahida do Balanço do mesmo anno , ultimo que tem vindo desta Provincia.

Nºˢ.

1. Dizimo do Assucar.............................	2:347U503
2. Dº. do Algodão.............................	14:065U725
3. Dº. dos Gados , e Miunças......................	11:598U559
4. Dº. de Passagens do Rio Sonhos..................	221U664
5. Dº. do Gado de Evento........................	83U334
6. Dº. do Correio	35U050
7. Dº. da Pensão de 80 rs. por Caixa , e 40 rs. por Feixe de assucar que se exporta	63U120
8. Dº. da Pensão de 400 rs. por Caixa , e 200 rs. por Feixe de assucar	315U600
9. Dº. Dizima da Alfandega	2:743U231
10. Dº. Donativo da dita.	3:331U943
11. Dº. Novos Direitos dos Officios , Cartas do Seguro , Alvarás de Fiança...........................	189U846

Segue Rs. 34:995U575

	Transporte Rs.	34:965U575
12.	Dº. Donativo dos Officios...........................	46U500
13.	Dº. da Propina de 1 por cento para a Obra Pia...........	110U289
14.	Dº. dita para Munição de Guerra.....................	196U953
15.	Dº. Sello do Papel , Heranças , e Legados..............	1:200U334
16.	Dº. Siza..	846U052
17.	Dº. Meia Siza....................................	541U891
18.	Dº. Imposto de 5 rs. em Lib. de Carne verde...........	2:633U333
19.	Dº. dito de 8U rs. em pipa de Agoardente..............	63U460
20.	Dº. Subsidio de 600 rs. por ar. de Algodão.............	31:246U601
21.	Dº. dito Literario das Carnes........................	263U860
22.	Dº. da Pensão Ecclesiastica para a Capella Imperial.......	275U000
23.	Dº. da Renda da polvora............................	481U120

EXTRAORDINARIO.

24.	Diversas Receitas Extraordinarias......................	22:422U150
25.	Dita Reposições..................................	9:560U153
26.	Donativo para as Despezas da Guerra..................	12U500
27.	Venda do Páo Brasil...............................	40:000U000
28.	Do extincto Subsidio Militar das Carnes................	28U980

Rs... 144:924U751

Saldo que passou do anno de 1823...................... 102:786U451

Rs... 247:711U202

Contadoria Geral da Terceira Repartição do Thesouro Publico, em 17 de Junho de 1826.

No impedimento do Contador Geral,

JOÃO CARLOS CORREA LEMOS.

TABELLA DAS LEIS, E ORDENS,

Pelas quaes forão estabelecidas as Rendas na Provincia da Parahiba do Norte.

Contadoria Geral da terceira Repartição do Thesouro Publico, em 17 de Junho de 1826.

No impedimento do Contador Geral,

JOÃO CARLOS CORREA LEMOS.

No. 8.

RECEITA
DA PROVINCIA DO RIO GRANDE-DO NORTE

Do anno de 1823, extrahida do Balanço do mesmo anno, ultimo que tem vindo desta Provincia.

N.os.

1. Dizimos de Miunças , Lavouras , Pescado, Rapaduras, Agoardente, Canas , Sal , e Gado........................Rs.	12:728U154
2. Correio..	8U800
3. Páo Brasil...	10:600U000
4. Passagens da Ribeira...................................	117U000
5. Alfandega...	3:364U900
6. Imposto de 5 rs. em Lib. de Carne verde................	290U250
7. Subsidio Literario.....................................	141U900
8. Propina de 1 por cento para a Obra Pia.................	30U384
9. Novos Direitos das Cartas de Seguro....................	40U800
10. Imposto de 8U rs. em pipa d'Agoardente................	957U440
11. Decima..	251U483
12. Siza..	498U764
» Meia Siza..	148U034
13. Sello do Papel , Heranças , e Legados.................	559U954
14. Sismarias...	219U860
15. Imposto para o Banco.................................	166U400
16. Em Deposito...	137U593
17. Alcances..	207U332
18. Emprestimo á Junta....................................	9:065U282
19. Extraordinaria..	82U860
Rs...	39:618U190
Saldo que passou do anno de 1822........................	2:604Uc43
Rs...	42:222U233

Contadoria Geral da terceira Repartição do Thesouro Publico , em 17 de Junho de 1826.

No impedimento do Contador Geral,

JOÃO CARLOS CORREA LEMOS.

TABELLA DAS LEIS, E ORDENS,

Pelas quaes forão estabelecidas as Rendas na Provincia de Rio Grande do Norte

N⁰ˢ.   N⁰ˢ.

1. Dizimos. — Pelo mesmo motivo que se cobrão na Provincia do Espirito Santo.. 2
2. Correio. — Idem.. 17
3. Páo Brasil. — Venda que fez a Junta approvada pelo Thesouro.
4. Passagem da Ribeira. — Ignora-se.
5. Alfandega. — Pelo mesmo que na Bahia........................ 1
6. Novo Imposto de 5 rs. em Lib. de Carne. — O mesmo que na Provincia do Espirito Santo.................................. 8
7. Subsidio Literario. — Idem.................................. 4
8. Propina de 1 por cento para a Obra Pia. — Idem que na Provincia de Pernambuco.. 18
9. Novos Direitos das Cartas de Seguro. — Idem que na Provincia do Espirito Santo.. 16
10. Imposto de 8U rs. em pipa de Agoardente. — Idem............ 7
11. Decima dos Predios urbanos. — Idem........................ 11
12. Siza dos Bens de Raiz e meia Siza da Venda dos Escravos Ladinos. — Idem.. 1
13. Sello dos Papeis, Decima de Heranças. — Idem.............. 13
14. Foros de Sismarias. — Idem de Pernambuco................. 40
15. Imposto em auxilio do Banco. — Idem no Espirito Santo....... 10

N. B. De 16 a 19 não consta de Leys a este respeito.

Contadoria Geral da terceira Repartição do Thesouro Publico, em 17 de Junho de 1826.

No impedimento do Contador Geral ,

JOÃO CARLOS CORREA LEMOS.

N°. 9.

RECEITA

DA PROVINCIA DO CEARA', EXTRAHIDA DO BALANÇO DO ANNO

DE 1822.

Nᵒˢ.

1.	Dizimo do Algodão......................Rs.	14:672U092
2.	Ditos Nacionaes..............................	29:717U734
3.	Direitos do Algodão..........................	17:125U555
4.	Sello do Papel, Heranças, e Legados............	1:185U085
5.	Siza dos bens de raiz.........................	1:480U637
»	Meia Siza dos Escravos Ladinos................	542U280
6.	Imposto de 5 rs. em lib. de Carne verde.........	272U765
7.	Subsidio das Carnes..........................	734U168
8.	Alfandega..................................	8:633U445
9.	Novos Direitos de Officios de Justiça............	51U325
10.	Terça parte dos ditos.........................	133U561
11.	Donativos dos ditos..........................	200U714
12.	Subsidio da Agoardente da terra...............	4:224U130
	Subsidio Literario..........................	191U391
13.	Ancoragem.................................	303U600
14.	Imposto sobre os Couros, e Sollas...............	661U669
15.	Decima dos Predios urbanos...................	1:119U625
16.	Extraordinaria..............................	2:661U848

Rs... 83:911U624

Saldo do anno de 1821............................ 54:872U842

Rs... 138:784U466

Contadoria Geral da terceira Repartição do Thesouro Publico, em 17 de
Junho de 1826.

No impedimento do Contador Geral,

JOÃO CARLOS CORREA LEMOS.

TABELLA DAS LEIS, E ORDENS,

Pelas quaes forão estabelecidas as Rendas na Provincia do Ceará.

N. B.. O numero 16 he extraordinario, e por isso não se sabe de Ordem a este respeito.

Contadoria Geral da terceira Repartição do Thesouro Publico, em 17 de Junho de 1826.

No impedimento do Contador Geral ,

JOÃO CARLOS CORRÊA LEMOS.

N. 10.

RECEITA

DA PROVINCIA DO PIAUHY DO ANNO DE 1825, EXTRAHIDA DA DE-
MONSTRAÇAM DA RECEITA, E DESPEZA DO MESMO ANNO.

N. 1 Dizimo do gado da Ribeira do Caninde 4.500U000
 Idem do Piauhy 3.553U444
 Idem dos Agrestes 349U200
 Idem do Italim, Guaribas, e Riachaõ 2.307U603
 Idem das Berlengas 2.475U213
 Idem do Sambito 458U333
 Idem de Itaháeira 2.164U912
 Idem da Gurguéa 1.021U238
 Idem de Campo Maior 1.436U521
 Idem de Caratheua 1.662U144
 Idem de Marvaõ 2.192U393
 Idem da Freguezia de Jeromenha 4.082U466
 Idem de Parnaguá 1.468U935 27.671U782

MIUNÇAS.

 Da Freguezia de Jeromenha 294U000
 Idem de Valença 269U823 563U823

2 Subsidio Nacional de Oeiras 280U099
3 Novo Imposto da carne verde idem 104U846
4 Subsidio Literario idem 822U405
5 Sello do papel idem 316U970
 Decima das Heranças idem 205U941
6 Siza dos bens de raiz idem 992U054
 Meia Siza dos Escravos ladinos idem 184U040
7 Decima dos Predios urbanos idem 1.793U910
8 Novo Imposto de 8U000 rs. por pipa de Aguardente . . 379U752
9 Da Administraçaõ do Correio 101U330
10 Do Algodaõ do Dizimo arrecadado nas passagens do Porto
 seco 5.009U813
11 Novos Direitos dos Officios, e Cartas de Seguro . . . 92U731
12 Do 1 por cento para a obra pia dos Contractos arrematados 25U690
13 Da Chancellaria 2U526
 Producto dos bois, alforrias de escravos, e alcances de
 vaqueiros das Fazendas Nacionaes 13.839U760
 Do arrendamento do Officio de Escrivaõ de Orfaõs de
 Oeiras 375U000
            14.214U760 38.548U332

Transporte . . . 14.214U760   38.548U33a

Receita extraordinaria 5a8U858
Rendimento um deposito 309U460
Emprestimos feitos ao cofre da Thesouraria Geral . . . 13.348U095   28.401U173

                                          66.949U505

                 Saldo do anno de 1824 . .   5.608U532

                              Rs.   72.558U037

Contadoria Geral da terceira Repartiçaõ do Thesouro Publico, em 17 de Junho de 1826.

No impedimento do Contador Geral — *João Carlos Correa Lemos.*

TABELLA DAS LEIS, E ORDENS,

Pelas quaes foraõ estabelecidas as Rendas na Provincia do Piauhy.

~~~~~~~~~~~~~~~

N. 1 Dizimos — Pelo mesmo que consta na Provincia do Espirito Santo na sua Tabella. N. 2
    2 Subsidio Nacional — Estabelecido por Carta Regia de 31 de Março de 1693.
    3 Novo Imposto da carne verde — Pelo mesmo que se acha declarado na Provincia do Espirito Santo. N. 8
    4 Subsidio literario — Idem N. 4
    5 Sello de papel, Heranças, e Legados — Idem. N. 13
    6 Siza dos bens de raiz, e meia siza dos escravos — Idem. N. 11
    7 Decima dos Predios urbanos — Idem. N. 14
    8 Imposto de 8U000 rs. em pipa de Agoardente — Idem. N. 5
    9 Correio — Idem. N. 17
   10 Algodaõ do Dizimo — Foi separado dos mais Dizimos por Provisam de 20 de Novembro de 1810.
   11 Novos Direitos de Officios — Pela mesma rasaõ que se cobra na Provincia do Espirito Santo. N. 16
   12 De 1 por cento para obra pia — Idem em Pernambuco. N. 18
   13 Rendimento da Chancellaria — O mesmo que consta na Provincia da Bahia. N. 14

Contadoria Geral da terceira Repartiçaõ do Thesouro Publico, em 17 de Junho de 1826.

No impedimento do Contador Geral — *João Carlos Correa Lemos.*

No. 11.

RECEITA

DA PROVINCIA DO MARANHÃO,

rahida do Balanço resumido de 1825, ultimo que tem vindo da mesma Provincia.

. Dizimos...	15:250U092
. Do. do Algodão.................................	156:203U659
. Imposto do dito................................	255:006U885
. Subsidio Imperial..............................	4:060U000
. Imposto de 5 rs. em lib. de carne verde........	8:881U060
. Alfandega......................................	230:434U262
. Sello das Fazendas.............................	4:711U280
. Ancoragem......................................	5:172U000
. Toneladas......................................	1:878U040
. Guindaste......................................	1:156U860
. Marcas...	198U720
. Decima dos Predios urbanos.....................	15:371U819
. Novos Direitos de Officios, e Seguros..........	1:032U687
. Correio..	209U600
. Sizas..	6:707U594
. Sello dos Papeis, Heranças, e Legados..........	9:343U160
. Venda da Polvora...............................	2:223U360
. Chancellaria...................................	U840
. Contribuição para a Junta do Commercio.........	6:826U670
. Barcaça do Arsenal.............................	38U400
. Emolumentos da Secretaria do Governo...........	1:175U080
. Alcances da Thesouraria........................	2:468U991
. Extraordinarias................................	14:488U438
Rs...	742:838U987
Saldo que passou de 1824........................	24:998U351
Rs...	767:837U338

Contadoria Geral da terceira Repartição, em 17 de Julho de 1826.

No impedimento do Contador Geral,

JOÃO CARLOS CORREA LEMOS.

TABELLA DAS LEIS, E ORDENS,

pelas quaes se estabelecerão as Rendas na Provincia do Maranhão.

N.ᵒˢ
1. Dizimos. — Veja-se na Tabella da Provincia do Espirito-Santo . . . .
2. Imposto do Algodão. — Idem da Bahia . . . .
3. Subsidio Imperial. — Idem do Piauhy . . . .
4. Imposto de 5 rs, em lib. de carne verde. — Idem d'Espirito Santo . . . . .
5. Dizima da Alfandega. — Idem da Bahia . . . .
6. Sello da mesma. — Idem dita . . . .
7. Ancoragem. — Idem dita . . . .
8. Tonelladas. — Pelo § 11 do Alvará d'25 d'Abril d'1818 . . . .
9. Guindaste. — Por Provizão da Junta em 1814 . . . .
10. Marcas. — Por Decreto de 2 de Março 1797 . . . .
11. Decima dos Predios urbanos. — Veja-se na Tabella d'Espirito Santo . . . . .
12. Novos Direitos d'Officios, e seguro. — Dita, dito . . . .
13. Correio. — Dita, dito . . . .
14. Siza, meia siza. — Dita, dito . . . .
15. Sello do Papel, Heranças, e Legados. — Dita, dito . . . .
16. Venda de Polvora. — Dita da Parahiba do Norte . . . .
17. Chancellaria. — Dita da Bahia . . . .
18. Contribuição para a Junta do Commercio. — Por Alvará de 15 de Junho de 1809.
19. Barcaça do Arsenal.
20. Emolumentos da Secretaria do Governo.   } Ignorão-se as Leys.
21. Alcances de Thesoureiros.
22. Extraordinarios.

Contadoria Geral da terceira Repartição do Thesouro Publico, em 17 de Junho d'1826.

No impedimento do Contador Geral,

JOÃO CARLOS CORREA LEMOS.

No. 12.

RECEITA

DA PROVINCIA DO PARA',

Extrahida do Balanço de 1823, ultimo que enviou-se desta Provincia.

Noˢ
1. Dizimos de Miunças, Algodão, Arroz, e Gado vacum, e cavallar . 85:417Uᵒ
2. Decima dos Predios urbanos. 4:599U3

Segue Rs. 90:016U3

No.		Transporte Rs.····	90:016U347
3.	Terça das Camaras..		5:152U975
4.	Novos Direitos , e Alvarás.............................		272U037
5.	Chancellaria..		14U003
6.	Sello do Papel...		3:037U475
7.	Siza...		2:693U739
—	Meia Siza..		7:070U875
8.	Alfandega...		42:045U946
9.	Dous por cento d'exportação...........................		8:407U174
10.	Tonelladas , e Ancoragem..............................		1:582U040
11.	Imposto do Algodão......................................		9:094U798
12.	Subsidio Literario...		5:235U620
13.	Imposto de 5 rs. em lib. de carne verde		9:940U205
14.	Contribuição para a Junta do Commercio................		777U456
15.	Direitos dos Escravos vindos da Costa d'Africa........		15:610U500
16.	Imposto de 800 rs. nos ditos para a Policia da Coste...........		1:028U000
17.	Dito de 600 rs. nos ditos para dita......................		771U000
18.	Prestação da Provincia do Maranhão...................		32:977U624
19.	Imposto para o Banco.....................................		7:614U424
20.	Venda da Polvora..		2:278U088
21.	Propina de 1 por cento para a Obra Pia.................		462U951
22.	Direitos de Sahida dos Escravos vindos da Costa d'Africa....		6:090U000
23.	Correio..		847U180
24.	Meio Real em lib. de carne verde.......................		898U240
25.	Pesqueiro de Joannes		3:558U083
26.	Fazendas do Areri , e S. Lourenço		9:841U521
27.	Cacoal de Villa Franca		4:091U505
28.	Alcances dos Almoxarifes e Pagadores		814U352
29.	Emprestimos sem premio para as urgencias do Estado		8:301U760
30.	Offertas gratuitas para o dito		11:776U181
31.	Viveiros de especiarias		836U780
32.	Dobro da moeda de prata , e cobre que se carimbou		124U880
33.	Receitas extraordinarias		21:071U031
34.	Rendimento da Caixa dos Depositos		13:985U914

	Soma	322:073U708
Saldo que passou do anno de 1824		10:899U100
	Rs.	332:972U808

Contadoria Geral da terceira Repartição do Thesouro Publico, em 17 de Junho de 1826.

No impedimento do Contador Geral ,

JOÃO CARLOS CORREA LEMOS.

Segunda Parte. XII.

TABELLA DAS LEIS, E ORDENS;

Pelas quaes foraõ estabelecidas as Rendas na Provincia do Pará.

N.ᵒˢ   N.ᵒˢ

1 Dízimo. — Pelo mesmo motivo que se cobra na Provincia do Espirito Santo, como se vê da Tabella   2

2 Decimas dos Predios Urbanos. — Idem   11

3 Terças das Camaras. — Ignora-se a Ley.

4 Novos Direitos do Cartas de Seguro etc. — Pelo mesmo que na Provincia do Espirito Santo.   16

5 Chancellaria. — O mesmo que na Provincia da Bahia   14

6 Sello dos papeis etc. — Pelo mesmo motivo da do Espirito Santo   13

7 Siza e meia siza. — Idem   1

8 Rendimento d'Alfandega. — O mesmo que na Bahia   1

9 2 por cento d'exportaçaõ. — O mesmo que na Provincia das Alagôas   2

10 Tonellada, e Ancoragem. — O mesmo que na da Bahia   6

11 Imposto do Algodaõ. — Idem   12

12 Subsidio Literario. — O mesmo que na Provincia do Espirito Santo   4

13 Serraria. — Ignora-se a Ley.

14 Contribuiçaõ para a Junta do Commercio. — O mesmo que na Provincia do Maranhaõ   18

15 Rendimentos de Escravos vindos da costa d'Africa. — Naõ declara que direitos saõ.

16 Ditos de 800 rs. para a Policia.   } Ignora-se a Ley.

17 Ditos de 600 rs. para a dita.   }

18 Prestações á Junta pela Provincia do Maranhaõ. — Pela Provisões deste Thesoro de 20 de Fevereiro de 1824 dirigida á Junta do Maranhaõ, e nesta mesma data se communicou á do Pará.

19 Novo Imposto a favor do Banco. — O mesmo que na Provincia do Espirito Santo.   10

20 Venda da Polvora. — O mesmo que na da Parahiba do Norte   23

21 1 por cento para Obra Pia. — O mesmo que na Provincia de Pernambuco . . .   18

22 Dereitos de sahidas dos Escravos vindos da costa d'Africa. ═ Ignora-se a ley.

23 Correio Geral. — O mesmo que na Provincia do Espirito Santo   17

24 Meio Real na carne verde. — Ignora-se a Ley.

25 Pesqueiro de Joannes. — Ignora-se a Ley.

26 Fazendas do Arari S. Lourenço. — Idem.

27 Cacoal de Villa Franca. — Idem.

31 Viveiro d'especiarias. — Idem.

N. B. Dos números 28, 29, 30, 32, 33, e 34, saõ Receitas extraordinarias, e por isso naõ se sabe de ordem a este respeito.

Contadoria Geral da terceira Repartiçaõ do Thesoro Publico, 17 de Junho de 1826.

No Impedimento do Contador Geral.

JOÃO CARLOS CORREA LEMOS.

N.º 13.

SANTA CATHARINA

Demonstração dos Artigos da Receita, que houve em todo o anno de 1825, pelo Balanço, que acompanhou o Officio da Junta da Fazenda respectiva de 21 de Abril do corrente anno.

N.ᵒˢ		Rs.	
	Sizas .... Rs.		3:113U572
1.	Foros de Marinha		278U554
	Dizimos		11:112U432
	Subsidio Literario de Agoardente , e cabeças		2:000U000
	Donativos de Officios		414U013
	Carne verde de Vacca		1:773U332
	Sellos de papeis Forenses , e Legados		1:198U107
2.	Passagens de Rios		846U596
	Correios		56U724
	Cinco por cento na venda das Embarcações		285U400
	Imposto para o Banco sobre Lojas , e Tabernas		1:798U800
	Direitos de Importação		2:073U926
	Proprios Nacionaes		96U000
	Ancoragem de Navios Estrangeiros		493U000
	Decima dos Predios Urbanos		1:859U291
	Novos Direitos		2U970
	Direitos cobrados na Villa de Lages		170U920
	Meios Soldos , e Sellos das Patentes Militares		196U422
	Imposto sobre Embarcações		328U000
	Direitos de Consulado		773U782
	Propinas		310U600
	Laudemios		7U460
	Reposições		14U040

Rs. 29:203U941

Artigos , que se suprimem da Receita acima , e que se presume não fazerem Renda da Provincia.

Remessas do Thesouro , e saques sobre o mesmo	85:121U902	
Auzentes	201U549	
Rendimento extraordinario	30U400	

Segue 85:353U851   29:203U941

Emolumentos das Patentes Militares pertencentes ás Secretarias de Estado da
Guerra, e Supremo Conselho 6oU4:

Contadoria Geral da segunda Repartição, em 20 de Jur

JOÃO JOZÉ RODRIGUES

SANTA CATHARINA

*Tabella das Leis, e Ordens pelas quaes se arrecadã
desta Provincia.*

1. São cobrados annualmente desde 1780; on 178
    ções vindas da respectiva Junta, e não consta da
    tabelocimento.
2. São dos seguintes Rios Embaü, Barra dá Lagu
    e Cubatão. A do primeiro teve principio no anno
    dem do Vice-Rey, que então era do Estado do I
    vada a sua arrematação por Ordem Regia de 23.
    a do segundo não consta de quando teve princip
    e quarto tiverão principio em 1791, ou 1792, não
    por que Ordem.

Contadoria Geral da segunda Repartição, em 25 de Ju

JOÃO JOZÉ RODRIGUI

N.º 14.

RIO GRANDE DO SUL.

Demonstração do Rendimento do anno de 1825, dos artigos abaixo declarados da dita Provincia, conforme a Tabella que acompanhou o seu Officio de 28 de Abril do corrente anno.

N.º 1.	Do Quinto dos Couros em pé administrado ..... Rs.	238:268U232
2.	De Dizimos idem	83:827U405
3.	De Passagens dos animaes idem	35:053U000
4.	De diversos rios do interior da Provincia	2:711U631
5. {	Da Alfandega de Porto Alegre	14:509U039
	Da dita do Rio Grande	47:867U725
6. {	Dos Direitos da Ponte de Porto Alegre	666U000
	Dos ditos do Rio Grande	732U000
7.	Do Imposto de 16U000 rs. por anno nas Tabernas	2:828U470
	De Donativos de Officios de Justiça	1:300U915
	De Novos Direitos	409U415
8.	Do Rincão do Rio Pardo	250U670
	Do Rincão do Saican	833U334
	Da Fazenda sequestrada ao fallecido Padre Cruz	40U000
	Do Assougue da Aldéa que foi dos Povos Guaranís ..	4U000
	Do Potreiro sito d'aquem d'Azenha da Cidade de Porto Alegre	5U000
	Da Decima de Predios Urbanos	4:951U539
	Do Subsidio Literario	4:554U106
	Do Correio	2:704U725
	De Sizas	34:040U237
	De Carne verde	9:634U867
	Do Sello de Papel	7:762U636
	Das Seges, Lojas, e Embarcações	3:538U400

Rs. 496:491U346

Artigos, que se suprimirão da Tabella acima, e que se presume não fazerem renda da Provincia.

Remessas feitas do Thesouro, de cobre recunhado	2:442U740
Emprestimo feito do Cofre de Ausentes ..	8:540U284
Do Cofre de Depositos	2:236U559
Do dito de Subscripções voluntarias ...	269U435

Segue 13:489U018   496:491U346
Segunda Parte. XIII.

Transporte Rs. 13 .... Rs 496:491U018   496:491U346
Rendimento Extraordinario 20:332U3o3   20:332U411

Total Rendimento que dava a Tabella 6:623U793 ....   516:823U757

Contadoria Geral da segunda Repartição, 2 de Junho de 1826.

RODRIGUES VAREIRO.

<hr>

RIO GRANDE DO SUL

*Tabella das Leis, e Ordens, pelas quaes Remataõ as Rendas desta
Provincia*

N.º 1.   Esteve o em principio depois de 16 de Novembro de
1736, porque era você Brigadeiro José Silva Paes,
Cofundando elle que fundou elle Commissaõ ao Espmissario da Expedi-
çaõ presente em Carta por Carta do Prove-
dor da Fazenda Roxeiro, Roxuldo em resposta a disposta que o dito Noronha deu ao Mestre de Campo Camino Coutinho, man-
dando-o informar sobre os quaes cobrava o Quinto
dos Couros.

Idem, que se cobrava em conformidade das Constituiçoes Pontificias, relativas aos mesmos Dizimos das Almas, e mais partes ultrama-
rinas, e ora pelo Decreto de 26 de Abril de 1821.

Idem, naõ consta o em principio o seu estabelecimento; e só se sabe que
o Direito de presentemente pagaõ os Potros pagaõ os Potros, e Mulas
ao subir da serra, tinha sido originariamente im-
posto sobre os Potros, que vinhaõ das Campanhas de Castella; e como
se percebiaõ os mesmos direitos dos que eraõ criados nos Campos de
Viamaõ, requererão os Povos para que destes se naõ pagassem Direitos
sobre o que o General Gomes Freire d'Andrade, por hum despacho
datado em 11 de Janeiro de 1747 mandou dar fiança até decisaõ de
S. Magestade, e naõ consta qual fosse.

4.   Idem, foi criado pela extincta Junta da Fazenda, e por ella rema-
tado pela 1.ª vez a Jozé Carlos da Silva, pelo triennio de 1797 a 1799,
como consta do Termo de Arremataçaõ, e Condiçoes, que se achaõ
registadas nos Livros da mesma Junta.
Foi mandada crear por Provizaõ Regia de 8 de Agosto de 1800, dirigida ao
Excellentissimo original se achará na antiga
Secretaria do Governo, de 8 de Agosto de 1804,
em execuçaõ do Officio do Ministro, Estado dos Negocios da Fazenda por Edital dirigido ao Governador
Presidente daquella em 8 de Mayo de 1803.

6.   Naõ se sabe o anno em que teve principio, nem por quem foi cria-

do e só consta por tradição, que depois que se reconquistou a Villa do Rio Grande aos Hespanhoes no anno de 1776, offerecerão os Proprietarios das poucas Embarcações, que então ali havião pagarem 6U000 rs. por cada huma das que sahissem daquella Villa, então Capital daquelle Governo com o fim de haver nella huma ponte, ou trapiche feito á custa da Fazenda Real, e por ella reedificado, cujo tem continuado até agora.

7. Foi imposto na conformidade da Ordem do Excellentissimo Conde de Aguiar, dirigida á Camara daquella Villa de Porto Alegre em 22 de Mayo de 1802, e principiou a cobrar-se do 1.º de Julho do mesmo anno em diante.

8. Não se sabe o anno certo, em que foi reservado este Riução, consta unicamente por tradição, que o Excellentissimo Gomes Freire de Andrade depois que se retirou de Missões, o fizera reservar para pasto, e conservação da Cavalhada do Regimento de Dragões, onde ainda hoje existe não obstante achar-se arrendado, pois que o seu arrendamento foi estipulado com a condição expressa de se conservar nelle a Cavalhada Reyuna.

Contadoria Geral da segunda Repartição aos 20 de Junho de 1826.

JOÃO JOZÉ RODRIGUES VAREIRO.

Nº. 15.

CIS-PLATINA.

Demonstração dos Artigos de Receita, que houve em todo o anno de 1825, pelos Mappas que acompanharão o Officio do Visconde da Laguna de 2 de Mayo d ocorrente anno.

Nº.		Rs.
1.	Importação Maritima	321:934U600
2.	Dita Terrestre	9:304U725
3.	Exportação Maritima	39:373U350
4.	Dita Terrestre	9:155U825
5.	Alcavala de Cavezou	401U950
6.	Comisos	209U025
7.	Outras Thesourarias	417U450
	Fazenda em commum	16:832U925
	Consulado	10:538U100
	Composturas de Pulperias	2:528U000
	Composições de Terras	1:215U550
	Dizimos	460U000
	Hospital da Misericordia	4:289U300
	Extraordinaria de Guerra	1:080U775

Rs. 417:742U075

Artigos que se supprimem da Receita acima por se presumir que não fazem a Renda da Provincia.

Depositos .... Rs.   288U000
Bens de Defuntos 2:874U900   3:162U900

Rs. 420:904U975

Contadoria Geral da segunda Repartição , em 20 de Junho de 1826.

JOÃO JOZÉ RODRIGUES VAREIRO

CISPLATINA.

Tabella dos Direitos e Impostos , que actualmente formão parte das Rendas do Estado Cisplatino , e se cobrão nas Thesourarias de Monte-Video , Maldonado e Colonia nas deferentes classes do giro Maritimo e Terreste do Commercio em geral, sujeitos aos Regulamentos que regem desde o anno de 1826 e aos novamente dispostos pelo Illustrissimo e Excellentissimo Capitão General Visconde da Laguna havendo a prevenção de que nas Alfandegas de Maldonado e Colonia , como Portos menores não ha a faculdade de desembarcar effeitos com o intuito de ali serem depositados por ser isto privativo do Commercio desta Capital.

N. 1. *Impostos Maritimos.*

Toda a roupa feita e calçado de couro , seda ou outros generos, pagaõ 40 p. % sobre o valor da tarifa , 1 p. % de consulado, ¼ p. % contribuição para o Hospital.

Todos os fructos, generos, e effeitos manufacturados, vinagre , cerveja , incluso as perfumarias, remedios , drogas , e moveis, pagaõ 25 p. % sobre o valor da tarifa , 1 p. % de consulado, ¼ p. % contribuição para o hospital.

Toda a classe de vidros, louça, vasos e cristal lavrado, porcelana etc., inclusa a naõ vidrada pagaõ 15 p. % sobre o valor da tarifa , 1 p. % de consulado, ¼ p. % contribuiçaõ do hospital.

N. B. Estes direitos se cobraõ por ordem de 4 de Fevereiro de 1817.

Toda a classe de effeitos , fructos , generos e liquidos que se introdusém para serem levados a outros portos desta provincia e saõ depositados nos Armazens desta Allandega naõ pagaõ direitos alguns naõ excedendo o seu deposito a 6 mezes , que se contaõ do dia do seu desembarque 1 mas excedendo, a este tempo, naõ os podem remover sem pagarem os direitos acima ditos.

N. B. Estabelecido por ordem de 15 de Dezembro de 1817, e corroborado em 15 de Fevereiro de 1819.

Os azeites e oleos , pagaõ 30 p. % sobre 3 pesos (2400 rs.), valor que se dá a cada huma arroba , 1 p. % de consulado, ¼ p. % contribuiçao para o hospital , e paga mais 4 reales (400 rs.), por cada huma arroba, bem entendido arroba Hespanhola de 25 libras.

Agoaardentes das fabricas das provincias deste vasto Imperio pagão 30 p. % sobre 42 pesos valor que se dá a cada huma pipa; 6 pesos de extraordinario de guerra, 1, p. % de consulado, ½ p. % para o hospital, dando-se ao introductor, como beneficio, 10 p. % de abatimento sobre o dito valor.

Herva Matte de Paraguay paga 25 p. % sobre 16 reales, valor, que se dá a cada huma arroba de 25 libras; 1 p. % de consulado, ¼ p. % de hospital, e mais 2 pesos de extraordinario em cada terço da porção entrada.

Tabaco do dito Paraguay, por cada arroba de 25 libras, paga 25 p. % no valor de 5 pesos, 1 p. % de consulado, ¼ p. % para o hospital, e mais 4 reales em cada huma arroba para o extraordinario de guerra.

N. B. Estes direitos cobraõ-se por ordem de 13 de Outubro de 1818.

Todos os fructos e effeitos, inclusos os artificios, que vem de Buenos Ayres, e de outras provincias de Entre-Rios, e Perú, pagaõ os mesmos direitos de 25 p. %; 1 p. % de consulado, e ¼ p. % de hospital; sujeitos á tarifa, como se viessem de fabricas estrangeiras.

N. B. Por ordem de 17 de Septembro de 1819 se cobraõ taes direitos.

Sal paga por cada huma fanga, 4 p. % no valor de 20 reales somente com o nome de introducção.

N. B. Direitos antigos.

Agoaardentes, vinhos brancos e tintos, e mais licores estrangeiros, sem distincção, conduzidos em navios nacionaes, e estrangeiros, pagaõ na proporção seguinte :

1 Pipa, commum, ou de conta, de agoardente, 6 pesos 4 reales 50U000
1 « « « « « de vinhos, 27 pesos 4 reales 22U000
1 Duzia de garrafas com dito, 2 pesos 1U600
1 « « « com licores, 3 pesos 2U400

Agoardente em garrafas, ou frascos, pagaõ os direitos correspondentes a huma pipa, gozando os introductores de 10 p. % de abatimento, como dito fica; cobrando-se igualmente a por % de consulado, e ¼ por % para o hospital; dando-se aos ditos generos os seguintes valores :

1 Pipa de vinho clarete . . . . 60 pesos 48U000
1 « « Bourdeos . . . . 52 . . . . . 4 . . . . 42U000
1 « « Branco . . . . 90 . . . . 72U000
1 « « Agoardente de Havana . . . 75 . . . . 60U000
1 « « « de França . . . . 127 . . . . 102U000
1 « « Genebra de Hespanha . . . 108 . . . . 84U000
1 Frasqueira de genebra . . . . 4 . . . . 4 . . . . 3U600
1 Caixa com 12 garrafas de vinho Champanha 17 pesos 4 reales 6U000
1 Dita, com igual numero de garrafas, e com vinho de Bourdeos, 30 reales . . 3U000
1 Dita, com dito seca, e com vinhos brancos, e licores, 36 reales 3U000

N. B. Por ordem de 4 de Fevereiro, e 9 de Março de 1821, continuando o dito abatimento de 10 p. %.

A Fanga de Trigo, conduzido de quaesquer portos do ultramar, a Buenos Ayres; pagão 2 reales a barrica da fariṅha do mesmo genero de a qq., paga 3 pesos, e 1 p. % de consulado, ¼ p. % de hospital.

N. B. Por ordem de 14 de Fevereiro de 1821.

Toda a classe de madeira estrangeira paga 25 p. %; 1 p. % de consulado, ¼ p. % para o hospital, sobre o valor da tarifa.

N. B. Não se menciona a ordem por onde se exigem estes direitos.

Toda a classe de madeiras, vigas, pernas, e cossoeiras, etc., producção de quaesquer portos do imperio do Brasil, conduzidas em barcos nacionaes; pagão 8 p. % sobre o valor da tarifa; porem sendo conduzidas em barcos estrangeiros, pagaõ 12 p. %, 1 p. % de consulado, ¼ p. % de hospital.

As madeiras em geral producção desta provincia oriental, saõ livres de contribuição alguma.

As carnes salgadas, ou embarricadas, conduzidas de quaesquer portos do ultramar a Buenos Ayres, pagaõ 25 p. % sobre o valor da tarifa ; 1 p. % de consulado, ¼ p. % de hospital.

N. B. Por ordem de 22 de Fevereiro de 1821.

Toda a embarcação seja nacional ou estrangeira, que venha de portos do ultramar, a descarregar neste paga, durante a sua descarga, 8 reales diarios, a titulo de ancoragem, que guardada a estada (que se lhe poem a bordo), custo tanto pagaõ, quando, e logo que principiaõ a carregar; cuja somma entra na massa commum do Thesouro.

Segunda Parte. XIV.

N. B. Cobraõ-se por ordem de 9 de Março de 1821.

Todos os fructos, generos, agoasardentes, e mais producções do Imperio do Brasil, sem excepção de artigo algum conduzidos em navios estrangeiros, pagaõ mais ametade dos direitos impostos que correspondem a cada artigo.

N. B. Por ordem de 4 de Janeiro de 1822.

A Herva Matte, que se verifique ser producçaõ de quaesquer portos deste Imperio, e que seja conduzida a esta cidade em barcos nacionaes, paga 12 ½ p. %, de direitos, 1 p. %, de consulado, ½ p. %, de hospital; dando-se lhe o valor de 12 reales a arroba de 25 libras; mas sendo conduzida em barcos estrangeiros, paga ametade mais destes direitos, que fazem 18 ¾ p. %,

N. B. Por ordem de 3 de Julho de 1822.

Notas.

Alem dos referidos direitos de importação, pagão a titulo de lingagem, ou armazem os seguintes.

Por cada huma pipa de liquidos 3 reales U3oo
Por cada hum barril de ditos ½ reale Uo5o
Por cada huma barrica de farinha 1 reale U1oo
Por cada hum caixão de genero, que se possa manejar a hombro ¼ reale . . . Uo5o
Por cada hum dito, ou fardo que se maneje com mais de huma pessoa, regula-se
 ½ reale por cada huma Uo5o
Por cada hum gigo de louça 2 reales U2oo
Por cada 4 ancoretas de azeitonas, ou azeite, ½ reale Uo5o
Por cada frasqueira de genebra, ou outro liquido, ½ reale Uo5o
Por cada caixaõ, pipa, barril etc., que conduza ferragem, ou outros generos de peso, ou balança, paga ½ reale por cada 7 arrobas : advertindo que esta contribuição não recahe na farinha, sal, e trigo, nem em outros generos, que se conduzem a granel, por não serem recolhidos em armazem, nem com elles despender couza alguma esta Alfandega.

N. B. Imposto antigo, e mandado seguir por ordem de 4 de Fevereiro de 1817.

São livres de todo o direito de Importação os seguintes :

Azougue, Salitre, Maquinas, Instrumentos de agricultura e sciencia, Livros impressos, Typo, e seus pertences, Polvora, Pedras marmores, Armas brancas, de fogo, e todas quaesquer outras em geral, Cevada, et Escravos etc.

N. B. Isto por ordem antiga.

N. 2. *Importação terrestre da Campanha, e mais portos desta Provincia.*

Os couros em pello pagão à entrada nesta cidade 4 p. %, no valor de 6 reales, e ¼ p. %, de consulado, ⅛¹ p. %, ou 25 rs. por couro para o extraordinario de guerra.

Sebo em rama, ou beneficiado em marquetas, paga 4 p. %, no valor de 6 reales por arroba de 25 libras , 1 p. %, de consulado.

Cal, couros de cavallo, e outras pelles, lans, crina, guampas etc., pagão 4 p. %, de entrada , 1 p. %, de consulado, ½ p. %, de hospital no valor da tarifa.

N. B. Direitos antigos e novamente mandados cobrar por ordem de 4 de Fevereiro de 1817.

N. 3. *Exportação Maritima.*

Couros em pello, pagão à sua sahida, 3o ¼ p. %, no valor de 8 reales, 1 p. %, de consulado.

Ditos de cavallo no valor de 3 reales, paga 5 ¼ p. %/₁₀ 1 p. %, de consulado, ¼ reale de extraordinario de guerra em cada hum couro.

Sebo em marquetas, ou rama, paga 7 ¼ p. %, no valor de 10 reales arroba de 25 libras, 1 p. %, de consulado.

Lans, crina, guampas, cascarilha, cacao, pelles de lobo maritimo, carneiro, tigre, e mais pelles inclusivemente os azeites de lobo, e baléa, pagão 7 ¼ p. %, nos valores da tarifa, e mais 1 p. %, de consulado.

N. B. Saõ estes direitos antigos, e novamente cobrados por ordem de 4 de Fevereiro de 1817, e 13 de Outubro de 1818.

Os fructos e generos, e toda a classe de liquidos, como vinho, agoardente, azeite etc., embarcado por baldeação para Buenos Ayres, Patagonia, ou outros portos de ultramar, paga somente

¼ p. %, sobre o valor da tarifa: porem para os portos desta provincia, pagaõ todos os direitos de importaçaõ. Os mesmos artigos sendo removidos dos armazens desta Alfandega dentro no periodo de 6 mezes, e reembarcados para os referidos portos de ultramar, pagaõ ¼ p. %, sobre o valor da tarifa, e mais os impostos correspondentes a lingagem ou armazem: sendo para portos desta provincia pagaõ todos os direitos de importaçaõ, assim tambem as lingagens.

N. B. Por ordem de 15 de Dezembro de 1817, e 15 de Fevereiro de 1819.

Os generos e effeitos de quaesquer classe que sejaõ, que por sua má qualidade, ou por outra causa se demoraõ nos armazens, e que por isso se naõ navegueou, ou vendaõ-se nesta provincia, e que seus donos ou consignatarios tratem de os fazerem reembarcar nos mesmos barcos para os portos de onde vieraõ, o podem fazer sem mais despeza que a de lingagens, ou armazem; regulando-se como dito fica; porem se fizer exportar em outros quaesquer barcos paga 4 p. %, de direitos no valor da tarifa; e mais as ditas lingagens, que se pagaõ quando tubem sura o destino de onde vieraõ.

N. B. Naõ traz nota alguma o por que isto se faz.

Mulas, e cavallos, pagaõ á sua exportaçaõ para quaesquer destinos 8 reales de direitos por cada huma cabeça, sem mais alguma contribuiçaõ.

N. B. Por ordem de 9 de Março de 1821.

São livres de todos os direitos de Exportação os seguintes:

Trigo, e farinha, sobra desta cidade, galleta, carne salgada em mantas, incluso as lingoas fabricadas nesta provincia, ditas em barricas, e salmoura, dito ditas em conserva de banha; azeites para luzes.

N. B. Por ordem antiga, e novamente mandada seguir em 14 de Fevereiro de 1821.

N. 4. Exportações terrestres para a campanha, e portos desta provincia, e mais portos de ultramar.

Todos os fructos, e generos, incluso as bebidas, e mais liquidos, que depois de comprados nos armazens, ou tendas desta cidade se exportaõ para a campanha, o pelo Rio, e outros portos e povoações desta provincia, só pagaõ os seus exportadores, o que corresponde ás lingagens, e mais 4 reales de guia, que se expede pela Alfandega, para assim o justificar.

Os ditos artigos comprados, como dito fica, e embarcados com direcçaõ a quaesquer portos do Imperio do Brasil, e outros portos de ultramar, nada pagaõ á sua sahida.

Os ditos artigos comprados por igual modo, e conduzidos a Buenos Ayres, ou outras provincias interiores, pagaõ 4 p. %, de sahida sobre valores da tarifa, com as de lingagens, e mais 4 reales de guia: porem se os generos que se exportaõ pertencem a individuos introductores naõ pagaõ mais que as lingagens, e 4 reales pela guia.

N. B. Por ordem antiga, e continuando a seguir pela de 4 de Fevereiro de 1817.

N. 5. Alcavalas terrestres, ou de vendas.

Todo o terreno ou campo, fora dos muros desta cidade, estancias, chacaras, casas, e escravos, que passaõ de huns a outros proprietarios, assim como as desta cidade, e as doações se satduni, pagaõ 4 p. % de alca sobre o valor das vendas.

Todo o terreno naõ beneficiado, sito dentro do circulo desta cidade, paga somente 2 p. % sobre o valor da venda.

Toda a propriedade fluctuante (botes para cima), com seus aparelhos, e massames, paga indistinctamente, sejaõ nacionaes, ou estrangeiros 4 p. %: porem qualquer embarcaçaõ estrangeira que passa a poder de nacionaes paga mais (alem da referida imposiçaõ) 6 p. % como se naturalizará.

N. B. Estes impostos saõ antigos, e mandou-se continuar por ordem de 23 de Septembro de 1819.

Impostos sobre armazens, e tendas de consumo.

Todas as tendas, e armazens de consumo desta cidade pagaõ 6 pesos por anno como a rasto do capital, que empregaõ no giro do seu negocio, e so ficaõ izentos desta contribuiçaõ os introductores, que abrem armazens de reserva para venderem por atacado os seus generos.

N. B. Por ordem de 15 de Dezembro de 1817.

N. 6. Comiso.

Todos os fructos, generos, fato, e mais artigos, que saõ aprehendidos por contrabando pelos guardas de vigia, embarcações de guerra, e de guarda costa; ou ou por tropa volante empregada no selo do extravio, saõ conduzidos á alfandega desta cidade, inventariados, taxados, e em publico Leilaõ vendidos, entregando-se ametade do producto da venda destas apprehençoes aos individuos apprehendedores, e a outra ametade, deduzidos os direitos de importaçaõ, e de exportaçaõ, que devem pagar os ditos generos, e custas do processo, se divide por seis partes, a saber : huma sexta parte para o Excellentissimo Capitaõ General, como superintendente Geral da Fazenda Nacional; outra sexta parte para o commandante do deposito com chefe da dita repartiçaõ, e as outras quatro sextas partes, entraõ para o cofre do thesouro embaixo do nome de renda de confiscos.

N. B. Por ordem de 1.º de Março de 1819, e 20 de fevereiro de 1821.

N. 7. *Memoria offerecida por Jacinto Figueiroa, para novos impostos que convem adoptar (depois de pacificada a provincia Cisplatina), para augmento das rendas da dita provincia, e soccorro ás suas despezas.*

Papel sellado. Este imposto (que valerá de 15 a 20U pesos por anno), só he para este estado, quando deveria ser geral, e em commum, em todos os instrumentos publicos, escrituras, e despachos, em virtude de hum privilegio, de que naõ existe noticia mais, que de haver cem annos.

Composiçoes e vendas de terras realengas. Este ramo que só rendeo nos ultimos 3 annos de 1822 a 1824, a insignificante somma de 67200 pesos, e o unico que poderia melhorar as vendas desta provincia, em quantia de grande consideraçaõ, se se podesse realizar (terra depressa desappareceo as presentes questões politicas), o aresto que se estava tratando com actividade, quando arrebentou a chama da revoluçaõ, e tomou sobre si o Governo a protecçaõ dos fazendeiros, lavradores, fabricantes, e outros estabelecimentos de utilidade communicom que se convidaria á fertilidade, e abundancia destes campos, fazendo-os capazes e produzirem em poucos annos abundantes carregamentos de carnes salgadas, lans, coiros, e outras especies, e ao mesmo passo que girasse huma communicaçaõ mercantil dentro da mesma provincia, e outros atractivos, seguramente chamariaõ a este porto todos os negociantes, capitalistas, e emprehendedores, que saberiaõ preferir esta mina á do Potosi. A administraçaõ dos meis ramos da Fazenda nesta repartiçaõ, e economia dos seus gastos, naõ pode indicar melhor do que indica na tabella junta.

TABELLA,

A que se refere a Memoria antecedente, e que demonstra os Impostos, e Rendas actuaes da Provincia Cisplatina, e o methodo que se emprega na cobrança, assim como o que tem rendido nos ultimos tres annos.

Ramos proprios da Fazenda Nacional.

Producto de dizimos : se arrecadaõ por meio de arrendatarios, que se mudaõ annualmente ou antes segundo o seu comportamento, e se paga em administraçaõ proposta pela jeia da Fazenda : e tem rendido-os de graõs nos ultimos 3 annos, 266U085 pesos 20 : 866U000.

Compostura de pulperias : se exigem estes direitos a respeito de 30 pesos apenas por cada huma a corre sua administraçaõ a cargo desta repartiçaõ, que faz a cobrança por meio de recebedores a quem pagaõ 6 p. % sobre as cobranças da cidade, e 30 p. % mes de fora com cujas deducções importaõ neste relativo triennio, 12U846 pesos 10 : 296U800.

Contribuições de terras : procedem seis valores das vendas, e descços de terras realengas sugeitas á ley do Livro IV, tomo 12, e as recopiladas, e tem rendido no presente triennio 61U008 pesos 4 : 966U000.

Officios vendaveis. Naõ tem tido lugar estas vendas por naõ haver até o presente vacante alguma, por fallecimento, ou renuncia nas tres secretarias pertencentes á Naçaõ nesta provincia achando-se por tanto preenchidos pelos antigos compradores.

Rendimento da cruzada. Naõ tem tido lugar esta contribuiçaõ, por se naõ receber Bullas desde o anno de 1812.

Novissimos. Os que correspondem, a S. M., sobre as ultimas quartas partes da cobrança de dizimos : se abonaraõ quando se ordene distribuiçaõ desses fundos; que por ora usa della o Estado.

Notas a attender-se.

1.ª Em consequencia da Real ordem de 23 de Fevereiro de 1805, se impoz huma contri buiçaõ temporaria sobre os legados, e heranças em successões transversaes, que excedem de 2000 pesos, pagando 1 p. % quando a mulher succedesse ao marido, e este á aquella a p. % quando a herança recahisse em parentes sem distincçaõ de gráo 1 á p. % quando passasse a individuos que naõ fossem parentes. Esta contribuição cessou desde o 1º de Janeiro de 1808. Posteriormente se determinou pelo Governo desta Capital (no principio de 1811), com o parecer das repartições respectivas impor por via de emprestimo, añançado sobre as rendas do Thesouro, 4 p. % de contribuição sobre os rendimentos de fintas e outros para suprir as urgencias daquella epoca, que terminou em principio de Março de 1814, que se recebeo soccorro de Lima. Os Impostos do Governo de Buenos Aires só tem recahido em Hespanhoes presentes, e ausentes. E depois da entrada das tropas Portuguezas, naõ se tem verificado Imposição nem pensões algumas.

2ª As tres Secretarias que se citaõ no ramo de Officios vendiveis, se achaõ compradas a saber a Publica e do Cabildo, por João Antonio de Magarinos, em principio de Março de 1793, por 6:800 pesos; a do Governo e arrecadações de bens de defuntos, por Fernando Ignacio de Marquez, no mez de Novembro de 1810, por 4:120 pesos; á da Alfandega e registo, por Bartholomeu Domingos Vianqui, por 6:200 pesos. A primeira recahio por morte do dito Magarinos, em seu filho D. Matheus, que actualmente a serve por serventuario, e as outras duas existem a cargo dos citados Marquez, e Bianqui. Estes Officios são renasciveis, porem com a clausula, de que os individuos em quem recahir a renuncia, haõ de pagar á Fazenda Nacional, na primeira renuncia ametade do rendimento do officio, e hum terço nas successivas.

A do Cabildo que foi arrematado por Manoel Barona, em 3:100 pesos cessou com a publicaçaõ da Constituiçaõ no anno de 1812 por cujo motivo cessaraõ tambem os seus destinos vitalicios, repondo-se aos compradores as quantias que por elles deraõ.

3ª Os dizimos das Indias pertencem a Corôa com dominio pleno absoluto, e irrevogavel, e se cobraõ em razaõ de 10 p. % sobre os graõs, Quinta, e Quatropia. A totalidade se divide como se demonstra no formulario N.º que envio para intelligencia, mostrando tambem no dito triennio (que se tem cobrado de graõs unicamente, e em todos os curatos); só tem produzido neste departamento, e Maldonado 261085 pesos, mas passará de 46 a 50U pesos por anno, logo que se pacifique a Provincia, e se principie a fomentar as producções e criações de gados.

4ª O ramo de compostura de pulperias naõ tem rendido mais de 12:846 pesos neste triennio, poderá subir a 18U pesos por anno, logo que se verifique a desejada pacificaçaõ e se melhore sua administraçaõ reduzindo-se a menos os 30 p. % que se pagiõ em recebedor de fora ou ponde-se em contracto por triennios.

5ª A administração de truxuda está annexa á da fazenda, em conformidade do determinado nos artigos 247 a 249 da ordem do Intendente, e só tinha produzido 3:500 e 4:000 pesos no tempo do penultimo Governo. = JACINTHO FIGUEIROA.

Contadoria Geral da segunda Repartiçaõ, em 20 de Junho de 1826.

JOÃO JOZÉ RODRIGUES VAREIRO.

N.º 16.

SÃO PAULO

DEMONSTRAÇÃO DOS ARTIGOS DA RECEITA

Que houve em todo o anno de 1825 pelo Balanço, que acompanhou o Officio da Junta da Fazenda respectiva de 28 d'Abril do corrente anno.

Donativos d'Officios	1:979U396
Novos Direitos de ditos	327U199
Direitos de Chancellaria	7U240
Passagens de Rios ......·...........................	5:272U052
Novos Impostos	11:666U665
Dizimos ....'................	56:622U631
Meios Direitos , e Direitos inteiros de Curitiba	12:096U702
Dizima das Madeiras	780U000
1. Contribuição Literaria da Marinha	16:841U665
Alfandega de Santos	17:634U306
Decima dos Predios Urbanos	4:530U778
Siza dos Bens de Raiz	8:087U874
Meia Siza dos Escravos ladinos	2:255U510
Taxa do Sello	5:126U210
Cinco rs. de Carne verde	3:849U815
Subsidio Literario	3:506U323
Propinas do 1 por cento para a Obra Pia	914U970
Ditas de 3 por cento que pertenceu aos Ministros da Junta e Officiaes da Contadoria	2:949U610
Dita de 4 por cento para Munições	3:895U471
Rendimento de moedas de cobre , que se cunhárão	20:145U400
Emolumentos do lugar de Secretario do Governo	2:005U780
Rendimentos dos Bens dos Jesuitas	94U080
Dito dos Correios	2:302U680
Dito do Banco do Brasil	3:448U660
Dito da Contribuição voluntaria para a estrada de Santos ..	5:850U080
Dito da Contribuição para a manutenção da Povoação de Guarapuava	5:661U470
	197:850U48_

Artigos que se supprimem da Receita, e que se presume não fazerem Renda da Provincia.

Meios Direitos da casa doada	25:661U507

Segue Rs. 25:661U507	197:850U48_

Transporte Rs. 26:561U507   197:859U480
Rendimento do Trem Nacional 930U880
Dito da Botica Nacional 28U140
Donativo gratuito para despezas da expedição
  da Tropa 100Uooc
Subscripção voluntaria a defeza do Imperio.. 661U670
Rendimemo extraordinario 29:498U780   56:880U977

Rs. 254:731U457

Contadoria Geral da segunda Repartição, em 20 de Junho de 1826.

JOÃO JOZÉ RODRIGUES VAREIRO.

SÃO PAULO.

NOTA UNICA SOBRE A SUA RECEITA.

N.o 1. Consiste no seguinte:

De cada arroba de assucar Uo4o
De dita de Café Uo8o
De dita de Fumo Uo8o
De dita de Toucinho, ou banha Uo4o
De cada hum Porco vivo U240
De cada arroba de Goma Uo6o
De cada alqueire da dita U100
De cada arroba de arroz Uo2o
De cada dita descascado Uo4o
De cada alqueire dito com casca Uo2o
De cada arroba de Algodão em rama Uo8o
De cada vara de pano de Algodão Uoo3
De cada alqueire de Feijão Uo3o
De dito de Milho ....o.... Uo1o
De dito de Congonha Uo8o
De cada Boi que sahir da dita Provincia para o Rio de Janei-
  ro, e que não tiver pago novo Imposto em Sorocaba por ser
  criado fora daquelle Registo U16o
De cada Potro, ou Besta que da mesma sorte não tiver pago
  novo Imposto em Sorocaba, pagará ao sahir da dita Pro-
  vincia para qualquer outra; a saber:
De cada Potro U200
De cada Besta U300

Nada mais consta sobre os outros Rendimentos.

N°. 17.

MINAS GERAES.

Demonstração dos Artigos da Receita que houve em todo o anno de 1824 pelo Balanço que acompanhou o Officio da Junta da Fazenda respectiva de 28 de Janeiro do corrente anno.

N°ˢ.

1.	Rendimento de Direitos d'Entradas....................	206:375U175
2.	D°. de Dizimos......................................	88:396U344
3.	D°. de Passagens	11:353U852
4.	D°. de Obra Pia	620U033
5.	D°. de Propinas para Munições de Guerra............	1:423U130
6.	D°. de Donativos d'Officios de Justiça..............	4:854U625
7.	D°. de Terças partes de ditos......................	5:452U113
8.	D°. de Novos Direitos de ditos, e de Cartas de Seguro...	2:089U992
9.	D°. do Correio	3:565U311
10.	D°. do Subsidio Literario..........................	5:058U821
11.	D°. do Subsidio Voluntario.........................	36:027U828
12.	D°. da Polvora	898U695
13.	Sizas de Bens de Raiz, e Escravos Ladinos..........	28:709U501
14.	Decima de Predios Urbanos..........................	5:440U342
15.	Sello..	4:364U776
16.	Dito de Heranças...................................	6:332U828
17.	Carne verde	1:694U588
18.	Imposto a favor do Banco...........................	1:490U000

Rs... 314:085U401

Artigos que se suprimem da Receita a cima, e que se presume não fazerem Renda da Provincia.

19.	Rendimento extraordinario..............	5:315U174	
20.	Permutas...............................	152:072U228	
21.	Bens d'Auzentes, e outras arrecadações.....	7:199U560	
22.	Terças das Villas da Companha, e Baependy.	1:506U470	
23.	Rendas da Provincia de Goyaz............	558U545	
24.	Depositos..............................	28:427U228	195:979U192

Rs... 510:064U593

Contadoria Geral da segunda Repartição 20 de Junho de 1826.

JOÃO JOSÉ RODRIGUES VAREIRO.

TABELLA DAS LEIS, E ORDENS,

Pelas quaes se arrecadão as Rendas da Provincia de Minas Geraes.

~~~~~~~~~~~~~~~~

1. Rendimento de Entradas. — Foi regulado por Provizão de
   20 de Dezembro de 1772, e consiste a saber :
   Por cada hum escravo pela primeira, e unica vez 3Uooo
   Huma besta, idem 3Uooo
   Huma arroba de generos secos 1U125
   Idem de molhados U375
   Cada hum barril que regula 2 arrobas de vinho, aguardente, vinagre, azeite, etc. U750
   Este mesmo direito de 750 rs. pagava huma bruaca de 2
   arrobas de sal, antes de ser abolido.
2. Dito de Dizimos. — Procede da percepção geral dos Dizimos em todo o Brasil ; e posto que se regulassem pelo Decreto de 16 de Abril de 1821, a Provizão de 13
   de Julho do dito anno suspendeo a sua observância.
3. Dito de Passagens, — São cobrados (não consta por que
   ordem)' nos lugares, onde ha portos pelos arrematantes
   ou Administradores, e pagão o seguinte :

Rio das Mortes, e Rio Grande.

Cada huma pessoa Uo80
Cada huma besta com carga ou sem ella U16o
Cada cabeça de gado.............................   U16o
Cada hum coiro U3oo

Rio verde, e Sapacohy.

Paga a Camara annualmente á Fazenda, cobrando para si
somente a quarta parte das quantias a cima. 524U190

Rio de S. Francisco, e annexos.

Cada pessoa Uo80
Cada huma besta com carga ou sem ella U120
Cada carga á cabeça Uo2o
Por 5o cabeças de gado U8eo

Rio Giquitinhonha e Arassuahy.

Cada pessoa Uo75

Terceira Parte .XVI.

Cada hum cavallo U150

Rio Mar de Hespanha, e Porto de C.ª

Cada huma pessoa U020
Cada hum animal vacum , ou cavallar com carga, ou sem ella U360
Cada porco em pé U080
4. Rendimento da Obra Pia. — Por Alvará do 1.º de Agosto
   de 1752 , e Provizão do Conselho Ultramarino de 29 de
   Novembro do dito anno.
5. Dito de Propinas para munições de Guerra. — Por Provizão
   do Conselho Ultramarino de 27 de Outubro de 1681 , e
   Carta Regia de 13 de Agosto de 1687.
6. Dito de Donativo de Officios. — Por Ordem do Conselho
   Ultramarino de 23 de Dezembro de 1723.
7. Dito da Terças partes de ditos. — Idem.
8. Dito de Novos Direitos. — Por Ley de 11 de Abril de 1661
   e Ordem do Conselho Ultramarino de 18 de Abril de 1741.
9. Dito do Correio. — Por Alvará de 20 de Janeiro de 1798 ,
   regulado pelo Decreto de 8 de Abril de 1805, e mais
   Instrucções ulteriores.
10. Rendimento do Subsidio Literaria. — Por Ley de 10 de
   Novembro de 1772 ; e Carta Regia de 17 de Outubro de
   1773 deu a sua execução nesta Provincia , e consiste a saber:
   De cada huma rez que se mata nos Assougues U300
   De cada barril de 2 arrobas de cachaça U120
11. Dito de Subsidio Voluntario. — Por assento das Camaras
   de Provincia , de 6 de Julho de 1756, em execução da
   Carta Regia de 16 de Dezembro de 1755 ; e consiste no
   seguinte :
   De cada hum escravo que entra pela primeira vez na Provincia 4U800
   De cada huma besta , idem 4U400
   De cada hum cavallo , idem 1U200
   De cada barril de Vinho de 2 arrobas U300
   De cada Frasqueira , idem U300
   De cada Taverna por anno 3U600
12. Dito da Polvora. — Por Carta Regia de 18 de Março de
   1801.
13. Dito da siza , e meia siza. = Por Alvará de 3 de Junho
   de 1809.
14. Dito da Dizima dos Predios. — Por Alvará de 3 de Junho
   de 1809.
15. Dito do Sello. — Por Alvará de 17 de Junho de 1809.
16. Dito de Decima de Heranças, e Legados. — Idem.
17. Dito da carne verde. — Por Alvará de 3 de Junho de 1809.
18. Dito do Imposto a favor do Banco. — Por Alvará de 20 de
   Outubro de 1812.
19. Dito Extraordinario. — Procede de restituições , custas de
   devedores , etc.

20. Permutas. — Por Alvará de 12 de Outubro de 1808.
21. Bens dc ausentes, e outras arrecadações. — Nada consta.
22. Terças das Villas da Campanha e Baependy. — Idem.
23. Rendas da Provincia de Goyaz. — Idem.
24. Depositos. — Dependem dc liquidações para se determinar
     a quem pertence a cobrança.

Contadoria Geral da segunda Repartição , em 20 de Junho de 1826.

JOÃO JOZÉ RODRIGUES VAREIRO

No. 18.

GOYAZ.

DEMONSTRAÇÃO DOS ARTIGOS DA RECEITA

*Que houve em todo o anno de 1823, pelo Balanço que acompanhou o Officio da
Junta da Fazenda respectivo de 26 de Novembro de 1826.*

N.º 1.	Dizimo em Geral	7:568U335
2.	Entradas	7:276U628
3.	Passagens de Rios	138U668
	Novos Direitos de Officios de Justiça	273U890
	Terças partes de ditos	454U573
	Donativos de ditos	487U910
	Chancellaria das Sentenças	8U260
	Novos Direitos de Cartas de Seguro	36U000
	Carne Verde	1:086U421
	Sello	456U570
	Correio do Arraial de meia Ponte	9U200
	Hum por cento de Contractos	68U828
	Rendimento dos Julgados do Araxá, e Desemboque ..	5:213U186
	Alcances de Thesoureiros	12U525
	Fundição do Ouro em pça barras por conta da Fazenda	
	Publica	821U244
	Subsidio Literario	466U539
	Decima de Predios	128U797
	Siza, e meia Siza	822U502
	Imposto para o Banco	202U725
		Segue 25:532U791

Transporte Rs. Transporte U791 25:532U791

Artigo que se supprimir que se espera que fix se presume que se presume não fazerem a renda que Provincia da Provincia.

Rendimento da Bulla da Bulla da Cruzada 555U974
Ausentes ... Ausentes 5:461U280
Thesouro Publico 400U000
Rendimento Extraordinario 12:538U733
Emprestimos particulares 7:215U328
Depósitos 2:299U617

Rs. 54:685U723

Contadoria Geral do Thesouro Nacional, em o de Junho de 1826. Junho de 1826.

JOÃO JOZÉ RODRIGUES VAREIRO.

GOYAZ.

TABELLAS DAS NOTAS RELATIVAS A' SUA RECEITA.

N.º 1 São pagos aos Administradores dos Districtos, a quem se dá de Commissão 1 por cento pela provença, e 10 por cento para cobrança.

2. São pagos em conformidade ao respectivo Administrador de cada arraial, de quem se dá 10 por cento de commissão, e consiste no seguinte:

Por arroba de fazendas seccas, e drogas de Botica 1U125
Por meia carga de huma besta de generos molhados U750
De cada escravo novo 3U000
De cada besta solta 3U000

3 São encarregados os Administradores das Rendas Publicas dos Julgados da Provincia do Recebimento dos Direitos de 10 por cento, do que entrão nos cofres, e cada hum dos Passadores por elles nomeados, dous terços do dito Rendimento pelo seu trabalho, e despeza, e consiste no seguinte:

De cada huma pessoa U040
De cada hum cavallo U080

De cada huma carga U020
De cangalha U010
4. Esta collecta he arrecadada por diversos Administradores , que
    vencem 10 por cento da cobrança , e consiste no seguinte :
De cada huma rex morta U320
De cada huma arroba de carne seca , vinda dos Subsidios da
    Provincia U096
De cada huma canada de Agoardente U010

N. B. Não consta de mais coisa alguma sobre os outros Rendimentos.

Contadoria Geral da segunda Repartição do Thesouro Publico 20 de Junho
de 1826.

JOÃO JOZÉ RODRIGUES VAREIRO.

N.º 19.

MATTO GROSSO.

DEMONSTRAÇÃO DOS ARTIGOS DA RECEITA

*Calculada em todo o anno de 1825 , pelo bolançete respectivo que acom panl.ou
seu Officio de 18 de Novembro do mesmo anno.*

Entradas geraes , e particulares .... Rs.   142U007
Subsidio Voluntario 169U883
Novos Direitos de Officios de Justiça 126U525
Donativos , e Terças partes de ditos 783U658
Subsidio Literario 356U534
Passagens dos Rios Cuiyabá e Paraguay 316U825
Rendimento do cunho da moeda de cobre 46:994U400
Dito do Quinto do Ouro na Casa da Fundição 530U478
Dito do Correio 272U991
Meio Soldo de Patentes Militares 22U540
Rendimento dos Dizimos 3:624U736
Decima 144U416
Sello 406U804

Segue Rs.   53:891U797
Terceira Parte. XVII.

	Transporte Rs.	53:891U7;
Siza ....*...		972U5ı
Carne Verde		775Uo.
Proprios Nacionaos		2:295U9ı
	Rs.	57:935U2;

Mais Receita até o fim do anno.

Dividas activas que se esperão cobrar	4:248U060	
Rendimento do cunho da moeda de Cobre	10:400U000	
Novos Impostos do Sello, Carne Verde , feito o calculo pelos seus tenues rendimentos nesta Cidade, sem se fallar na Siza , e Decima applicado para as despezas da Junta de Gratificação de Diamantes	391U643	
Novos Impostos da Villa do Diamantino	1:311U894	
Dizimos arrecadados pelo systema actual	480U030	
Correio , Passagens , e Subsidio Literario	1:136U658	17:968U2ʰ
		75:903U5ı

Artigos que se suprimem da Receita acima , e que se presume não fazerem Renda da Provincia.

Rendimento da Botica do Hospital Militar	264U295	
Vendas , e assistencias de generos dos Armazens ...	4:425U777	
Remessas feitas pelo Thesouro em cobre cunhado ,	2:704U080	
Emprestimo do Cofre de Ausentes	2:131U852	
Idem pelo Legado de Manoel Fernandes Guimarães	1:357U613	
Donativos para o desempenho da Provincia	5:634U133	
Ditos para augmento da Marinha Nacional	10:689U485	
Emolumentos das Patentes Militares pertencentes ás Secretarias de Estado de Guerra, e Supremo Conselho	11U280	27:218U51
	Rs.	103:122U07

N. B. Não se apresenta Tabella desta Provincia sobre Leis , ou Orden de estabelecimento de alguns de seus artigos , por não constar ; sendo os ma que vão mencionados geraes em todos as Provincias.

Contadoria Geral da segunda Repartição , em 20 de Junho de 1826.

JOÃO JOSÉ RODRIGUES VAREIRO.

LETRA = B.

DESPEZAS ORDINARIAS, E EXTRAORDINARIAS

Feitas pelos Cofres das Provincias do Imperio do Brasil, segundo os Balanços ultimos , que de cada huma dellas se achão no Thesouro Nacional do Rio de Janeiro.

Provincia do Rio de Janeiro. 1825		
Pela Demónstraçaó da Despeza em todo o anno de 1825 Documento N. 1 no Documento letra A.		
Despeza ordinarias 5,210.263U035		
Ditas extraordinarias 1,126.485U181		
	6,336.748U216	
Provincia do Espirito Santo.		
Despeza Documento N. 2 . . . . 66.000U000		
Provincia da Bahia.		
Despeza Documento N. 3 . . . . 1,595.872U207		
Provincia de Sergipe.		
Despeza Documento N. 4 . . . . 32.224U384		
Provincia das Alagoas.		
Despeza Documento N. 5 . . . . 104.614U586		
Provincia de Pernambuco.		
Despeza Documento N. 6 . . . . 1,321.060U718		
Provincia da Parahiba do Norte.		
Despeza Documento N. 7 . . . . 217.220U059		
Provincia do Rio Grande do Norte.		
Despeza Documento N. 8 . . . : 39.263U266		
Provincia do Ceará.		
Despeza Documento N. 9 . . , : : 104.749U610		
	9,817.753U046	

Transporte 9,817.753U946		
Provincia do Piauhy.		
Despeza Documento N. 10 . . . . 58.686U929		
Provincia do Maranhão.		
Despeza Documento N. 11 . . . . 749.523U746		
Provincia do Pará.		
Despeza Documento N. 12 . . . . . 312.186U319		
Provincia de Santa Catharina.		
Despeza Documento N. 13 . . . . 107.524U580		
Provincia do Rio Grande do Sul.		
Despeza Documento N. 14 . . . . 434.049U671		
Provincia Cisplatina.		
Despeza Documento N. 15 . . . . 437.414U750		
Provincia de S. Paulo.		
Despeza Documento N. 16 . . . . 265.174U889		
Provincia de Minas Geraes.		
Despeza Documento N. 17 . . . . 484.212U241		
Provincia de Goyaz.		
Despeza Documento N. 18 . . . . 54.833U546		
Provincia de Mato Grosso.		
Despeza Documento N. 19 . . . . 116.971U721		
Rs. 12,838.331U438		

LETRA B. = Nº. 2.

DESPEZA EM RESUMO DA PROVINCIA DO ESPIRITO SANTO EM HUM ANNO.

Civil	Rs.	9:074U933
Ecclesiastica		2:451U080
Militar		51:562U800
Armazem		3:338U520
	Rs.	66:427U333
Defecit		18:700U339
Receita		47:726U994

Procede a Receita a saber:

Rendimentos da Provincia	17:726U994
Remessa do Thesouro por anno	30:000U000
	47:726U994

He natural que á vista das Relações das Dividas desta Junta, que promette no seu Officio de 22 de Outubro de 1825, enviar com brevidade, o seu Deficit exceda a quantia de 18:700U339 pela acumulação das mesmas dividas dos annos anteriores pois que de 1823 em diante tem sido suprida por este Thesouro em consequencia dos seus Officios de 19 de Janeiro, 14 de Agosto, e 13 de Novembro de 1823, mostrando a falta de recursos para acudir ás suas despezas, e neste ultimo queixando-se da morosidade nas remessas, das Consignações de 1:000U000 rs. mensaes remetida da Villa de S. Salvador dos Campos o que deu motivo a lançar mão da quantia de 3:500U000 rs. que existia no cofre da Provedoria dos Ausentes do que resultou expedir-se Provisão a Junta em 20 de Dezembro para mandar hum Official receber neste Thesouro 3:000U000 rs. e Portaria ao Juiz de Fora para proseguir com a maior actividade na arrecadação das Rendas enviando as consignações determinadas. Em 3 de Janeiro de 1824 se expedio ordem á esta Junta para que promova a necessaria providencia para a recepção mensal de 2:500U000 rs. tendo-se determinado a suspensão da consignação de 1:000U000 rs. enviada da Villa de S. Salvador, achando-se presentemente a Junta na Administração, e Arrecadação das Rendas desta Villa, por Resolução de Consulta de 30 de Janeiro ultimo, communicada em Provisão de 9 de Fevereiro do corrente anno.

Contadoria Geral da terceira Repartição do Thesouro Publico, em 27 de Junho de 1826.

No impedimento do Contador Geral

JOÃO CARLOS CORREA LEMOS.

DESPEZA DAS VILLAS DE SÃO SALVADOR DOS CAMPOS DOS GOITACASES, E SÃO JOÃO DA BARRA,

Extrahida das Relações dadas pelo Juiz de Fóra respectivo.

Despeza Ecclesiastica	. . . . Rs.	1:055U680
» Civil	. . . .	400Uooo
» Literaria	. . . .	540Uooo
» Militar	. . . .	11:369Uooo
» Extraordiuario	. . . .	28U8oo
Saldo	. . . .	19:317U863
	Rs.	32:712U243

Contadoria Geral da terceira Repartição do Thesouro Publico, em 17 de Juho de 1826.

No impedimento do Contador Geral,

JOÃO CARLOS CORRÊA LEMOS.

LETRA B. — Nº. 3.

DESPEZA EM RESUMO DA PROVINCIA DA BAHIA,

Do anno de 1825, extrahida dos Balancetes do mesmo anno.

Civil	. . . . Rs.	199.521U163
Militar	. . . .	647.421U400
Marinha	. . . .	523.558U533
Extraordinaria	. . . .	225.371U111
	Rs.	1.595.872U207
Saldo que passou ao Corrente anno	. . . .	48.541U727
	Rs.	1.644.413U934

N. B. A Despeza Ecclesiastica vem incluída na Civil.
Pelos Balancetes anteriores se conhece existir nos Cofres desta Junta, em todos os mezes sido; com tudo não se pode exactamente mencionar, pela falta de Remessa de suas dívidas tivas, e passivas, sendo a ultima recebida até o anno de 1819, bem como os Orçamentos Receita e Despeza dos futuros annos. A falta de Balanços explicados dá igualmente jar á duvila a cima, pois que pelos Officios nada consta a semilhante respeito. Por oviso de 7 de Agosto de 1823, se participou á Junta a resolucão da Assembléa ral Constituinte e Legislativa deste Imperio, em que approvava a o emprestimo de

Terceira Parte. XVIII.

444-457U867 rs., de que deo parte o Governo desta Provincia em seu Officio de 17 de Julho do mesmo anno « abrira para satisfazer as extraordinarias Despezas originadas pela guerra » cujo emprestimo somente se realisou em parte.

Nas Despezas extraordinarias desta Provincia vai incluida a quantia de 60,845U389 rs. por conta do 1º pagamento das 60:000 lib. da quota do emprestimo contrahido em Londres, que esta Provincia tem annualmente de fazer em virtude da Provisaõ de 26 de Setembro do anno proximo passado.

Contadoria Geral da terceira Repartiçaõ do Thesouro Publico, em 17 de Junho de 1826.

No impedimento do Contador Geral,

JOÃO CARLOS CORREA LEMOS.

LETRA B. — Nº. 4.

DESPEZA DA PROVINCIA DE SERGIPE,

Do anno de 1824, extrahida do Balanço do mesmo anno, ultimo que tem vindo desta Provincia.

Ecclesiastica	Rs.	283Uooo
Civil		8:482U920
Militar		18:604U342
Extraordinaria		4:834U140
	Rs.	32:224U384
Saldo que passa para o anno de 1825		2:252U743
	Rs.	34:477U127

Contadoria Geral da terceira Repartiçaõ do Thesouro Publico, em 17 de Junho de 1826.

No impedimento do Contador Geral.

JOÃO CARLOS CORREA LEMOS.

Naõ existe nesta Repartiçaõ Officios pelos quaes se possa conhecer cousa alguma sobre esta Provincia.

LETRA B. — Nº. 5.

DESPEZA DA PROVINCIA DAS ALAGÔAS,

Do anno de 1823, extrahida em resumo do Balanço do mesmo anno, ultimo que veio desta Provincia.

Militar	Rs.	64:514U901

	Transporte Rs.	64,514U901
Marinha.		321049U560
Ecclesiastica		1.477U177
Civil		13.282U287
Extraordinarias.		3:290U661
	Somma Rs.	1141614U586
Saldo que passa ao Anno de 1824		8,530U209
	Rs.	123.144U795

Nesta Provincia nada mais consta a respeito do estado dos seus Cofres, e pelos Officios de 7 de Fevereiro de 1823 ; 6, et 12 de Abril de 1824, participa á Junta naõ poder satis- fazer os Empregados Publicos, e á mesma Tropa por falta de numerario, pedindo por isso permissaõ de poder vender alguma porçaõ de Páo Brasil para occorrer ás suas indispen- saveis Despezas o que lhe foi concedido por Portaria de 18 de Maio de 1824,

N. B. A citada ordem para vender Paó Brasil naõ declara quantidade, recommenda sim se limite a menor porçaõ possivel, quanto baste para accudir ás suas urgentes despezas. Por Provisão de 10 de Março do corrente anno se manda supprir esta Provincia com 120000U rs. annuaes pela Provincia de Pernambuco; e por outra da mesma data se determina entrega de 4.000 qq. de Páo Brasil aos correspondentes do Banco do Brasil, saccando sobre os mesmos 6.400U rs. para as despezas do Corte, por ordem de 27 de Abril do mesmo anno.

Contadaria Geral da Terceira repartiçaõ do Thesouro Publico, em 17 de Junho de 1826.

No impedimento do Contador Geral.

JOÃO CARLOS CORREA LEMOS.

LETRA B. — N°. 6.

DESPEZA EM RESUMO DA PROVINCIA DE PERNAMBUCO,

Do anno de 1825.

Ecclesiastica	Rs.	21.848U494
Militar		749.898U427
Marinha.		225.454U590
Civil		149.734U195
Literaria		14.683U323
Extraordinaria		159.441U689
	Rs.	1,321.060U718
Saldo que passa ao anno de 1826		115.665U847
	Rs.	1,436.726U565

Da Provincia de Pernambuco o que se pode conhecer do estado da Fazenda Publica pelos Officios da Junta, e do Presidente da Provincia hé o seguinte.

Nos Officios de 10 de Fevereiro, e 17 de Maio de 1823, representou a Junta da Fazenda a difficuldade de satisfazer as consignações ao Banco em consequencia do deploravel estado do Cofre.

Em Officio de 10 de Novembro de 1824, participa a Junta da Fazenda, que attendendo ao estado actual do Cofre, e á grande despeza que faz com a Divisaõ cooperadora dá boa ordem, e da Esquadra, naõ poder cumprir a Provisaõ de 26 de Outubro de 1822, que manda fazer o suprimento á Provincia do Rio Grande do Norte com as sommas que lhe for possivel.

Em Officio de 10 de Setembro de 1825, apresenta o Presidente da Provincia, huma cônta do que se deve pela repartiçaõ da Marinha da quantia de 71.616U794 rs., e pelo que respeita a Repartiçaõ do Commissariado dos Viveres, ainda o Commissario naõ tem apresentado as suas contas, e que era de presumir que se deva huma naõ pequena quantia, porem como tenhaõ decorrido 8 mezes hé de suppor que a Junta tenha pago estas quantias, visto que o Balancete de Fevereiro de 1826, apresenta hum saldo em 1275 Bilhetes das Alfandegas a vencer de 84.410U313 rs., em 48 Bilhetes das ditas que pende execuçaõ em Juizo de 10.212U447 rs., e 182 Apolices da Companhia extincta já amortisadas 36.560U rs.

Pela ultima Relaçaõ da Divida activa de 1817, mostra haver de dividas cobraveis a quantia de 213.612U317 rs., e da Relaçaõ da Divida passiva de mesmo anno a quantia de 57.681U327 rs. Nao vem contemplados nesta Relaçaõ os generos comprados tanto pela Repartiçaõ da Marinha como do Exercito.

Por Provisaõ de 26 de Setembro do anno passado, se determinou a Junta da Fazenda e remessa annual de 60.000 Lib. para pagamento do Emprestimo contrahido em Londres; por ordem de 10 de Março do corrente anno o suprimento de 12.000U ás Provincias da Parahiba, Rio Grande do Norte, Alagoas, e Ceará, para occorrer as despezas ordinarias destas Provincias, e por outra ordem tem esta Junta de remetter annualmente para Londres 4.000 qq. de Pao Brasil, fazendo delle entrega aos correspondentes do Banco residentes nesta Provincia.

Contadoria Geral da Terceira Repartiçaõ do Thesouro Publico, em 17 de Junho de 1826.

No impedimento do Contador Geral

JOÃO CARLOS CORREA LEMOS.

LETRA B. — N°. 7.

DESPEZA EM RESUMO DA PROVINCIA DA PARAHIBA DO NORTE,

Do anno de 1824, extrahida do Balanço do mesmo anno, ultimo que tem vindo desta Provincia.

Despeza Ecclesiastica . . . . Rs.	1:683U600
Dita Militar	155:045U163
Dita Civil	59:014U516
Dita Literaria	1:476U780
	Rs. 217:220U059
Saldo que passou ao anno de 1825	30:491U143
	Rs. 247:711U202

No Officio de 29 de Outubro de 1825 partecipa ter deixado de proceder a compra e corte do Páo Brasil por falta de numerario de seos cofres, e por não ter a Junta de Pernambuco soccorrido aquella com as somas exigidas em observancia da Resolução deste Thesouro. Não obstante mencionar Saldo ; que se não sabe se he effectivo, ou disponivel ; com tudo não procedeo á compra de Páo Brasil como menciona o dito Officio, e examinando-se a sua correspondencia, nada ha posterior a este respeito : Foi mandada supprir pela de Pernambuco com a quantia de 12:000U000 rs. annuaes por Provisão de 10 de Março do corrente anno; por outra da mesma data se determinou a entrega aos correspondentes do Banco do Brasil de 8U000 qq. de Páo Brasil sacando sobre os mesmos 12:000U000 rs. annuaes para as despezas do corte.

Contadoria Geral da Terceira Repartição do Thesouro Publico, em 17 de Junho de 1826.

No impedimento do Contador Geral

JOÃO CARLOS CORRÊA LEMOS.

LETRA B. — N°. 8.

DESPEZA EM RESUMO DA PROVINCIA DO RIO GRANDE DO NORTE,

Do anno de 1823, extrahida do Balanço do mesmo anno.

Ecclesiastica	Rs.	90U000
Civil		15:073U391
Militar		22:880U959
Extraordinaria		1:218U916
	Rs.	39:263U266
Saldo que passa para o anno de 1824		2:958U967
		42:222U223

A Junta desta Provincia tem por varias vezes exposto o desgraçado estado dos seus Cofres, já pelas commoções politicas, e já pela grande secca que ali tem soffrido.

E em taes circunstancias, tem-se visto obrigada a lançar mão de dinheiros de Auzentes pertencentes á Subditos Portuguezes, bem como dos Emolumentos das Patentes, que por isso não tem realisado estas entregas neste Thesouro, na conformidade das ordens que se lhe expedirão, e de algumas porções de Páo Brasil, certificando que a Receita não chega para a Despeza da Provincia, como se depreheude dos Officios de 5 de Março, 6 de Novembro de 1824, 16 de Março, 9 de Julho, 13 de Abril de 1825, e 25 de Fevereiro de 1826.

Esta Provincia foi mandada supprir por Pernambuco com a quantia de 12:000U000 rs. annuaes, em virtude da Provisão de 10 de Março deste an-

Terceira Parte. XIX.

no. Por outra da mesma data se determinou a entrega aos Correspondentes do Banco do Brasil de 8Uooo qq. de Páo Brasil, sacando sobre os mesmos 12:800Uooo rs. annuaes, para as despézas da Corte.

Contadoria Geral da terceira Repartição do Thesouro Publico, em 17 de Junho de 1826.

No impedimento do Contador Geral

JOÃO CARLOS CORREA LEMOS.

LETRA B. — N°. 9.

DESPEZA EM RESUMO DA PROVINCIA DO CEARA',

Do anno de 1822, extrahida do Balanço do mesmo anno, ultimo que tem vindo desta Provincia.

Ecclesiastica	Rs.	2:248U236
Civil		13:226U367
Militar		71:732U100
Remessa ao Thesouro		6:000Uooo
Extraordinaria		11:542U9o8
	Rs.	104:749U610
Saldo que passa ao de 1823		34:034U856
	Rs.	138:784U456

Por diversos Officios tem representado a Junta da Fazenda desta Provincia acharem-se exhaustos os seus Cofres já pela rigorosa secca, e commoções politicas, que tanto tem influido para a diminuição das suas rendas, e já pela falta de prompto pagamento dos seus devedores, pelo que depois de ter esgotado todos os recursos para accudir ás suas indespensaveis Despezas, se vio obrigada a fazer papel moeda importancia de 12:000Uooo rs. com a denominação de = Vales = como consta dos Officios de 18, e 22 de Março de 1826 ultimamente recebidos nesta Repartição.

Esta Junta foi mandada supprir pela de Pernambuco com a quantia de 12:000Uooo annuaes por Provisão de 10 de Março do corrente anno.

Contadoria Geral da terceira Repartição do Thesouro Publico, em 17 de Junho de 1826.

No impedimento do Contador Geral,

JOÃO CARLOS CORREA LEMOS.

LETRA B. — N°. 10.

DESPEZA EM RESUMO DA PROVINCIA DO PIAUHI,

Pertencente ao anno de 1825.

Militar	Rs.	43,653U575
Civil		13.479U191
Litteraria		688U857
Com as Fazendas Nacionaes , ...		586U886
Por conta de Emprestimos ao Cofre de Ausentes , e a hum Particular		278U420
	Rs.	58.686U429
Saldo existente no fim do anno de 1825		13.971U108
	Rs.	72.558U037

A Junta da Fazenda d'esta Provincia tem por varias vezes representado o misero estado dos seus Cofres, inteiramente exhaustos, e empenhados por haver sido o theatro de huma guerra devastadora, e por se ver obrigada a prompto pagamento dos soldos, e vantagens das Tropas Auxiliadoras, que por ali transitárão, nao só para manter o soçego d'ella, como tão bem para libertar a do Maranhão; o que, alem dos Ordenados dos Empregados Publicos, e outras indispensaveis despezas, a levárão á triste necessidade de lançar mão por emprestimo dos dinheiros que se achavão em differentes Caixas administradas pela mesma Junta, como dos de Ausentes, o que tudo melhor consta d'hum Officio de 4 de Março, 3 de Julho de 1824, e hum de 27 de Julho do anno proximo passado.

Contadoria Geral da Terceira Repartição, em 17 de Junho de 1826.

No impedimento do Contador Geral.

JOÃO CARLOS CORRÊA LEMOS.

LETRA B. — N°. 11.

DESPEZA DA PROVINCIA DO MARANHÃO,

Extrahida do Balanço resumido do anno de 1825, ultimo que tem vindo desta Provincia.

Ecclesiastica	Rs.	12:221U698
Civil		58:342U250
Militar		164:150U049
Marinha		259:836U933
Pagamento de Letras sacadas pelo Thesouro		87:123U466
Remessa á Junta da Fazenda do Ceará e pagamento de Letras . .		5:570U060
	Segue Rs.	587,338U456

		Transporte Rs.	587,338U456
Dita	Ditas, e idem, e outras despesas á do Pará		361,917U170
Illu	Illuminação da Cidade		1:407U520

Ao . . . lent . . . ao Maranhão, valor
exigido dos bens . . . como repartidores, que em
1823 . . . á Esquadra Nacional
de seu commando, ao Governo Portuguez . . . Rs.   105:800U000
Ao dito dos Bilhetes . . . Inspecção,
com que se pagou . . . a dita quantia . . . 21:438U461 .   21:438U461

. . . . 108:000U . . .

pedientes das differentes Repartições 21934U050
Extraordinaria 121:687U000

		Rs.	749:523U746
			18:313U392
Soldo que passa para o Corrente anno		Rs.	767:887U235

Em Officio de 18 de . . . . representa . . . . . numerario não acei-
tara duas Letras de . . . e somente . . . a favor de
Dysson, e estar . . . do Banco do
Brasil em Londres . . . na Despeza do
anno acima de 1825 . . . rs. e 8,835U466
rs., por conta da de 12,655U000 rs. Em . . . Agente . . . os pagamentos á que foi
obrigada por Lord Cochrane . . . despez com
á Esquadra, e pagamentos . . . não se verificar o
Quartel aos Empregados Civis . . . para
a Pagadoria. Em Officio de 21 de Outubro de 1826 . . . no de 4 de Agosto
a impossibilidade de . . . dos Commandantes do Banco
em Londres, e porti . . . ter . . . Pará . . . além
de 1,336U620 rs. . . . Província á Estante . . . tambem por
pagar conta de 14.000U000 rs. de . . . de . . . Outubro esta, além de
outas letras já mencionadas no Officio de 18 de Outubro de 88 . . . conta de
nota a cima, bem como se cumpre em . . . de Pará ás . . . Setembro de 1826
determinou-se á esta de . . . a por conta do Emprestimo do Emprestimo
contrahido em Londres . . . de Março de 13 de Março
de 1826.

Contadoria Geral da Thesouro Repartição do The Banco Publico, . . . de 1826 de Junho de 1826.

No impedimento do Contador do Contador Geral,

JOÃO CARLOS CORREA LEMOS.

LETRA B. — N°. 12.

DESPEZA EM RESUMO DA PROVINCIA DO PARA',

Do anno de 1823, extrahida do Balanço do mesmo anno, ultimo que tem vindo desta Provincia.

Ecclesiastica	Rs.	14:595U083
Civil		31:989U016
Militar		163:476U046
Marinha		76:916U412
Extraordinaria		25:208U862
	Rs.	312:186U319
Saldo que passa ao anno de 1824		20:786U489
	Rs.	332:972U808

Pelo Officio de 30 de Outubro de 1824, participa a Junta estarem exaustos os seus cofres, pelo grande abatimento a que chegarão os seus rendimentos, pela occasião dos acontecimentos politicos, e urgentes despezas da mesma Provincia sendo tão sómente o que consta á este respeito nesta Provincia.

Contadoria Geral da Terceira Repartição do Thesouro Publico, em 17 de Junho de 1826.

No impedimento do Contador Geral

JOAO CARLOS CORREA LEMOS

LETRA B. — N°. 13.

SANTA CATHARINA.

Demonstração da Despeza que houve em todo o anno de 1825, pelo Balanço que acompanhou o Officio da Junta da Fazenda respectiva de 21 de Abril do corrente anno.

Folha Militar

Soldos	Rs.	63:701U724
Fardamentos		8:484U588
	Segue Rs.	72:186U312

Terceira Parte. XX.

	Transporte	72:186U312
Forragens		1:569U360
Etape		3:863U315
Cavalgaduras		400U000
Gratificações		1:469U685
Curativo		1:360U123
	Rs.	80:848U795

Folha Civil

Ordenados . . . . Rs.	8:636U104	
Soldadas	1:475U210	
Pensões	479U667	
Aposentadoria	23U333	
Armazens Nacionaes	4:964U328	
Expedientes das Repartições	299U985	
Fretes , e transportes	673U585	16:552U212

Folha Ecclesiastica.

Congruas , e guizamentos	3:478U055

Folha Extraordinaria

Despeza com diversos artigos	6:645U518
	Rs. 107:524U580

Contadoria Geral da Segunda Repartição do Thesouro Publico, em 20 de Junho de 1826.

Nota.

Apezar de não contar-se com o Saldo de 29U985 rs. que ficou do anno de 1824 , para o de 1825 , (porque só se pertendeo indicar o que era Renda , e Despeza no dito anno) chegou a Receita demonstrada para a Despeza que houve ; ficando ainda em cofre a de 7:123U671 rs. Esta sobra com tudo desapparece, se se considerar que a somma de 85:121U902 rs. comprehendida na Receita he meramente hum supprimento feito pelo Thesouro : por consequencia ha grande Deficit na dita Provincia , e por essa razão he succorrida por elle com 48:000U000 rs. por anno ; além de saques sobre o mesmo , por muitos artigos extraordinarios.

JOÃO JOZÉ RODRIGUES VAREIRO.

LETRA B. — N°. 14.

RIO·GRANDE DO SUL.

Demonstração da Despeza do anno de 1825, dos artigos abaixo declarados da dita Provincia , conforme a Tabella , que acompanhou o seo Officio de 28.de Abril de corrente anno.

Folha Militar.

Soldos dos Officiaes de Estado Maior	Rs.	12:925U809
Ditos da primeira Linha		10:516U392
Ditos da segunda Linha		28:657U539
Ditos dos Reformados		14:469U556
Ditos ás Viuvas de Militares		2:335U850
Pensões		216Uooo
Gratificações		6:269U026
Forragens		3:766Uoo6
Cavalgaduras		720Uooo
Fardamentos, e Feitios		12:544U3oo
Aquartelamento		171U434
Transporte de Tropas		7:507U040
Remonta		1:594U5oo
Trem de Guerra		21:387U433
Hospitaes Militares		7:813U118
Fornecimento de Municio		22:872U370
Remessa ao Commissariô da Tropa do·Commando ,do Marechal Ex-Governador das Armas		40:oooUooo
Dita ao Almoxarife de Deposito de Munições em S. Gabriel		24:oooUooo·
Dita ao Coronel Commandante de Missões		15:022U490
Para compra de 21 parelhas de Bestas para Artilharia a Cavallo		600Uooo
Para fornecimento de viveres á Divisão Expedicionaria		1:cooUooo
Para o transporte da Brigada da Artilharia a Cavallo		387U920

Rs. 234:776U783

Folha Civil.

Ordenados da Thesouraria Geral , e Contadoria Rs.	7:400Uooo	
Ditos da Intendencia da Marinha , e Armazens	3:370Uooo	
Ditos da Secretaria do·Governo	2:080Uooo	
Ditos das Alfandegas	6:196U040	
Ditos da Folha Extravagante	5:830U276	
Ajudas de Custo	463Uooo	
Aposentadorias	140Uooo	

Segue Rs. 25:479U316 234:776U783

Transporte Rs.	25:479U316 Rs. 23:4776U783	
Pensões	1:022U500	
Tenças	583U333	
Alimentos	234U533	
Diarias aos Vogaes do Conselho da Provincia	915U200	
Gratificações	27U489	
Alugueis de huma casa para Alfandega do Rio Grande, e Palamentas	125U000	
Compras de Generos para os Armazens Nacionaes	71:020U696	
Despeza com a Marinha	1:328U220	
Ditas com passagens de Rios	43U680	
Despezas Geraes da Intendencia da Marinha	1:349U701	
Ditas com a Permuta do Ouro em pó	78U040	
Obras Nacionaes	10:510U235	
Expediente da Junta e Contadoria	687U180	
Dito das Alfandegas	1:200U760	
Despeza com os Colonos Allemães	24:303U054	
Ordenados aos Empregados do Sello do Papel na Cidade de Porto Alegre, e 1 por cento ao Thesoureiro do Rio Pardo	187U534	
Hum por cento aos Empregados na Arrecadação da Siza	490U298	
Cinco por cento da Arrecadação da Decima	224U494	
Ordenados aos recebedores do Subsidio Literario e Professores das Cadeiras	1:715U000	
Despeza com a extincta Feitoria do Linho Canhamo	560U000	
Ordenado aos Empregados do Correio	803U777	
Expediente da dita Administração	136U510	
Dito ao Porteiro da Junta de Justiça, e outras despezas	47U572	
Ao Almoxarife dos Armazens do Rio Grande para despezas	32:708U471	
A' dito do Rio Pardo idem	3:000U000	178:784U593

Folha Ecclesiastica.

Congruas e Guizamentos		4:761U132

Folha Extraordinaria.

Para transporte de dous Deputados para a Assemblea	600U000	
Para transporte de hum Official Militar, e Presos vindos para a Corte	200U000	800U000

Segue Rs.	419:122U508	

Transporte Rs. 419:122U508

Artigos que se suprimirão da Despeza a cima,
e que se presume não serem effectivas.

Restituições	85aUooo	
Remessas feitas ao Thesouro Publico	3:023U153	
Entrega feita ao Encarregado para conciliar os In-		
dios Selvagens obrigado a dar contas	400Uooo	
Ao Encarregado da Permuta do Ouro	6:000Uooo	
Despeza do Deposito	4:652Uo10	14:927U163

Rs. 434:049U671

Contadoria Geral da segunda Repartição, em 20 de Junho de 1826.

Nota.

Desta Provincia apresenta-se huma maior Receita de 82:774U086 rs. no anno de 1825 sem entrar o Saldo do antecedente. Com tudo o seu equilibrio guardado até meado do mesmo anno veio a perder-se com o grande peso de Tropas hoje naquelle Continente ; e por isso de proximo tem pedido soccorros de 30:000Uooo rs. por mez cóm que se lhe assiste pelo Thesouro alem de saques sobre o mesmo de mais de 60:000Uooo rs. por diversos artigos extraordinarios : remetterão-se já 30:000Uooo rs. em metal, e se achão promptos 90:000Uooo rs. na dita especie para o mesmo fim.

JOÃO JOSÈ RODRIGUES VAREIRO.

LETRA B. = Nº 15.

CISPLATINA.

Demonstração da Despeza que houve em todo o anno de 1825, pelos Mappas,
que acompanhárão o Officio do Visconde da Laguna de 2 de Maio do corrente
anno.

FOLHA MILITAR.

Remettido para a Thesouraria do Exercito	Rs. 110:313U350	
Soldo do Estado Maior	22:585Uooo	
Dito dos Aggregados, gratificações, transporte de Tropa, utencilios dos		
Hospitaes Militares e outros miudos	14,359Uooo	
Fardamento, fôrragem, e aquartelamento	60,961Uo5o	
		208,219Uooo

FOLHA CIVIL.

Remettido para o ministerio da Fazenda da Colonia . .	6,880Uooo	
Idem, dito de Maldonado	720Uooo	

Segue Rs. 7,600Uooo 208,219Uooo

Terceira Parte. XXI.

Transporte Rs. 7,600U000   208,219U000
De ordenados ao Capitaõ do Porto, e mais despezas com as
  Embarcações menores 5,514U650
Aluguer do rincaõ de Bragança 1,600U000
Ordenados dos Empregados da Fazenda 3,391U000
Expediente da mesma 723U325
Dito do Tribunal superior de Justiça, Sindico, Intenden-
  cia, Secretaria de Governo, e outros Empregos . . 25,798U100
Ordenados com o Ministro, e Empregados d'Alfandega e
  sua Thesouraria 10,163U275
Idem aos do resguardo, Interprete, e tripulaçã do dito
  corpo 11,449U000
Gastos ordinarios e extraordinarios da dita Alfandega e res-
  guardo 8,432U350
Pagos do ramo de avaria á repartiçaõ do Consulado, e arre-
  cadadores do dito ramo 10,538U100
Pagos ao Thesoureiro do Hospital da Misericordia . 4,289U300
Idem a Dom Miguel Antonio como encarregado das Testa-
  mentarias de Salvanach y Wich á conta de 39,780 pesos. 20,101U500   109.600U800

FOLHA EXTRAORDINARIA.

Despeza com a Imprensa do Estado e outras eventuaes . . 5,189U250
Commissões e remunerações particulares do Governo . . 3,656U350
Gastos com a Mestrança do Trem, reparos de Edificios,
  compra de Carretas, Cavalhada, e Boiada, e outros arti-
  gos de despeza 104,682U050
Pago aosCredores a importancia de deposito 3,768U360
Idem aos dos bens dos Defuntos e Auzentes 1,802U050
Restituições do que individamente se cobrou n'Alfandega de
  Maldonado, e de huma Estancia, que naõ teve effeito a
  sua compra 496U900   119,594U950

                                        Rs. 437,414U750

Contadoria Geral da segunda Repartiçaõ, em 20 de Junho de 1826.

NOTA.

Naõ deve fazer duvida achar-se huma maior Despeza á vista do Extracto desta, e da Receita, por que naõ se contou com o Saldo de 35,186U050 réis do anno de 1824, o qual accumulado á Receita de 1825, deu para a mesma Despeza demonstrada; e a razaõ de assim se naõ fazer, foi o querer-se mostrar somente o que era renda de 1825, bem como a despeza do mesmo anno.

    Esta Provincia em estado de paz poderia suprir com as suas rendas as despezas proprias, mas nas actuaes circunstancias he soccorrida pelo Banco do Brasil á custa do Thesouro com avultadas sommas para manter a Marinha de Guerra, e Tropas ali estacionadas, como se vê da conta abaixo especificada.

                        JOÃO JOSÉ RODRIGUES VAREIRO.

Despezas feitas por intervenção do Banco do Brasil com a Provincia Cisplatina, no anno de 1824, a saber:

Consignações remettidas em metal . . . . Rs. 102,703U325
Letras pagas para o Exercito 912,595U465
Idem, idem para a Marinha 166,190U554

                                Segue Rs. 7,181,489U342

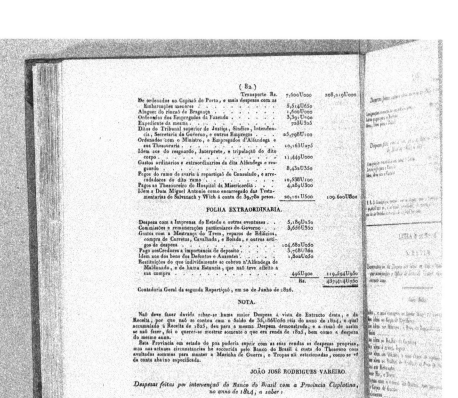

Transporte Rs. 1,181.489U342

Despezas feitas como a cima no anno de 1825, a saber :

Consignações remettidas em metal e letra . . . . . Rs. 478,089U678
Letras pagas para o Exercito 183,269U861
Idem, idem para a Marinha 284,706U714

946,066Ua53

Despezas feitas como á cima do 1 de Janeiro, até o fim de Maio de 1826, a saber :

Consignações remettidas em metal e Letras . . . Rs. 252,132U077
Letras pagas para o Exercito 263,389U318
Idem, idem para a Marinha 253,457U380

768,978U775

Rs. 2,896.534U370

N. B. A Consignaçaõ mensal, que se remette para a Provincia Cisplatina, he actualmente de 40,000U000 rs., e se achaõ preenchidas até Setembro futuro, tendo-se já remettido por conta da de Outubro a quantia de 18,846U350 réis.

LETRA B = N.º 16.

S. PAULO.

Demonstração da Despeza que houve em todo o anno de 1825 pelo Balanço que acompanhou o Officio da Junta da Fazenda respectiva de 28 de Abril do corrente anno.

Folha Militar.

Soldos, e mais vantagens ao Estado Maior do Exercito	15:583U311
Ditos idem ao Corpo de Engenheiros	1:275U277
Ditos idem aos Officiaes, e Praça do Esquadrão de primeira Linha	13:709U052
Ditos idem ao Batalhão de Caçadores	15:209U361
Ditos idem á extincta Legião	5:006U958
Ditos idem aos Officiaes, e mais Praças de segunda Linha . .	42:411U939
Ditos idem ao Batalhão de Artilharia da Praça de Santos . .	12:366U291
Ditos aos Reformados	16:379U703
Monte Pio, e Tenças	5:105U375
Despezas com o concerto dos Quarteis, luzes para os mesmos, e Corpos de Guardas	1:576U106
Fardamentos	6:271U519
Hospital	10:294U394
Despeza com o sustento e transporte dos recrutas	1:841U175
Aluguel de cavalgaduras para transporte da Tropa, e Bagagem	693U315
Segue Rs.	147:823U776

	Transporte Rs.	147:823U776
Jornaes , e materiaes do Trem Nacional		7:238U510
Despeza com a factura da casa da Polvora da Villa de Santos concertos de armamentos , compras de sellos , e mais generos		1:625U133
Dita com a reedificação de Praças , e Fortalezas das Costas Maritimas		779U466
Dita dos soldos , e gratificações dos Empregados nos Telegraphos, e reedificação dos mesmos		965U376
Dita com soldos adiantados para seis mezes , mantimentos e mais generos para o Esquadrão de primeira Linha , que embarcou para o Sul , e frete do Bergantim Venus		11:659U632
		170:091U893

Folha Civil.

Ordenados ao Presidente da Provincia , Deputados da Junta da Fazenda , e Ministros de Justiça , Contadoria , etc. etc.	20:732U955	
Gratificação aos Conselheiros da Presidencia da Provincia	1:209U600	
Ordenado ao Administrador , Thesoureiro , e mais Empregados na Alfandega de Santos	2:158U710	
Ditos aos Professores , incluidas as despezas das Aulas de Ensino Mutuo	3:967U103	
Soldos do Intendente e outros Empregados da Marinha de Santos , generos para o expediente da sua Secretaria , e outras despezas com as Barcas Canhoneiras, Brigue Principezinho , etc.	4:807U571	
Soldadas , e mantimentos ao Patrão , e remeiros dos Escaleres da Praça de Santos	601U181	
Despezas com o Arsenal da dita Praça , vestuario, e transporte de presos sentenciados ao trabalho do mesmo Arsenal	4:925U840	
Salarios aos Empregados da Casa da Moeda , e mais despezas do seu Laboratorio	710U875	
De Pensão , e despeza com os Seminarios , e casa de educação das meninas orfãas	1:796U457	
Despeza com a Administração dos meios direitos da Casa Doada	2:434U543	
Ordenado ao Administrador , Cirurgião Mór da Fabrica de Ferro de Ipanema e importancia de Salitre para a mesma Fabrica	756U099	
Despeza com a reedificação da Casa da Contadoria, seu expediente em geral, e mais Reparticões da Fazenda	682U880	
Dita com a assistencia da Imperial Candelaria de S. João de Barudry	394U000	
De Ordenado aos Empregados do Correio , despeza do seu expediente, e transporte de Malas	1:870U127	
Segue Rs.	47:047U941	170:091U893

Transporte Rs. 47:047U941   170:091U893

De Salarios aos Empregados na factura da Estrada
para Santos , sua despeza , e das respectivas Pontes , e na reedificação de outras Estradas 7:554U173
De Ditos , e mais vencimentos dos Empregados na
cobrança da contribuição de Guarapuava , e mais
despezas miudas 1:787U612   56:389U726

Folha Ecclesiastica.

De Congruas , e mais Pensões pagas ao Cabido ,
Vigarios , Coadjutores , e Fabriqueiros das Freguezias do Bispado 30:330U191
Ditas ao Capellão , e mais Empregados da Igreja
do Collegio dos Jesuitas , e despeza com a rec-
dificação della , e suas Festividades 534U060   30:864U251

Folha Extraordinaria.

De Soldos , e mais vencimentos pagos a diversos
Officiaes , e outras Praças da Provincia de Matto
Grosso , transporte das ditas , e sua bagagem ,
e importancia de ferro , e aço para ali remettido   2:834U552
Por importancia do chumbo remettido para a Pro-
vincia de Goyaz , frete da sua conducção , e da
Polvora tambem enviada 186U130
Idem de muitos outros artigos de despesas como
reposições , custas , amortisação de hum empres-
timo , etc. etc. 4:808U337   7:829U019

Soma de hum anno Rs. 265:174U889

Contadoria Geral da segunda Repartição , em 20 de Junho de 1826.

Nota.

Como para mostrar-se o que só se havia arrecadado das Rendas no anno de
1825 , não se contou com o Saldo de 25:056U988 rs. do anno antecedente ,
por isso apparece huma maior despeza no dito anno de 10:443U43a rs. ; o
que portanto não faz deficit da Provincia ; antes subtrahida esta quantia daquella vem a sobrar 14:613U356 rs. Porém esta sobra parece só proveniente
da economia da distribuição dos pagamentos ; por quanto o Presidente daquella Provincia em seu Officio do 1.º de Agosto do sobredito anno representou
haver a grande divida de 195:755U187 rs. que se devem a differentes Caixas
e Depositos de que se tem valido para as despezas annuaes , sollicitando por
similhante urgencia a permissão de cunhar annualmente 20:000U000 rs. em
Chapinhas de cobre de 40 rs. ; o que foi concedido em Provisão de 23 do dito Agosto , até melhorar o estado das Rendas , mandando-se porem comprar as
Chapinhas a esta Corte á custa da Fazenda da mesma Provincia.

JOÃO JOSÉ RODRIGUES VAREIRO.

Terceira Parte. XXII.

LETRA B — N.º 17

MINAS GERAES.

Demonstração da Despeza, que houve em todo o anno de 1824 pelo Balanço que acompanhou o Officio da Junta da Fazenda respectiva de 20 de Janeiro do corrente anno.

N.º 1.	Pagamentos a diversos neste anno	226:258U687
2.	Despeza extraordinaria	54:572U681
3.	Assembléa Constituinte, e Legislativa do Imperio	13:836U425
4.	Rendas da Provincia de Goyaz	2:867U325
5.	Donativo de Officios de Justiça	59U260
6.	Terças partes de ditos	200U000
7.	Novos Direitos de ditos	5U000
8.	Subsidio voluntario	44U885
9.	Permuta	141:582U935
10.	Impostos	1:061U580
11.	Bens de Auzentes, e outras arrecadações	3:417U430
12.	Terças da Villa da Campanha de Baependy	7:178U504
13.	Depositos	33:127U829

Rs. 484:212U241

Contadoria Geral da segunda Repartição do Thesouro Publico, em 20 de Junho de 1826.

Nota.

A Receita do anno de 1824, sem entrar o Saldo do antecedente, por se pertender mostrar sómente o que era arrecadado das suas Rendas no mesmo anno, deu para as despezas delle, sobrando 25:852U352 rs. A' vista do que parece que poderá aquella Provincia occorrer ás que tem a seu cargo, mas sem o onus de assistir á Extracção Diamantina com os 120:000U000 rs. annuaes, a que era obrigada, e por conta da qual se determinou á Junta da Fazenda que enviasse á dita Extracção os 12:000U000 rs. por anno, com que se pagava ao seu Esquadrão nesta Corte, indemnisando-se este pagamento pelo mesmo Thesouro. Com tudo deve-se em rigor dizer, que ficando a cargo do Thesouro a total assistencia Diamantina, he com effeito hum deficit da Provincia similhante encargo.

JOÃO JOSÉ RODRIGUES VAREIRO.

EXPLICAÇÕES DA DESPEZA.

N.º 1. A Anacleto Antonio do Carmo, Thesoureiro Pagador das Tropas, Ordenados, e mais Despezas da Fazenda Publica por diversas Portarias da Junta para pagamento dos Soldos, Ordenados, e outras Despezas 226:173U009

A José Bento Soares, Thesoureiro da Intendencia desta Cidade para pagamento dos Ordenados dos Officiaes, e mais despezas de sua Estação 7:161U500

A José Pedro Pereira, Thesoureiro interino da Intendencia da Villa do Sabará, idem idem 1:400U000

A Luiz Joaquim Nogueira da Gama, Thesoureiro da Intendencia da Villa de S. João d'El-Rey, idem 1:507U800

A Felis Casemiro de Figueredo, Thesoureiro da Intendencia da Villa do Principe, idem idem 1:400U000

A Joaquim José dos Santos, Administrador do Correio desta Cidade para pagamento dos Pedestres occupados na condução das malas do interior 1:381U020

A José Antonio da Silva, Enfermeiro do Hospital Militar para suprir as despezas diarias do mesmo 1:190U000

A Luiz José de Figueredo, Escrivão da Intendencia dos Diamantes para pagamento dos Soldos, e Farinha dos Pedestres da Demarcação Diamantina 7:045U358

Rs. 226:225U687

2. Pago á Irmandade do Santissimo Sacramento da Freguezia de Raposos, por ordem do Thesouro Publico . . 2:250U000

Idem á dita desta Cidade do Ouro Preto, por conta de maior quantia, que se lhe manda prestar 200U000

Idem a diversos Ministros desta Provincia de ajuda de custo da viagem da Corte aos lugares dos seus destinos 363U330

Idem aos Allemães da Fabrica de Ferro do Morro do Pilar de assistencias, que se lhes fez por esta Repartição á conta de seus vencimentos 1:538U040

Idem ao Administrador da Candelaria Imperial da Cachoeira do Campo, por conta de seus vencimentos . . . 70U000

Idem a hum Deputado da extincta Assembléa Constituinte e Legislativa do Imperio, por conta de suas diarias 246U666

Idem a diversos para compra de Cavallos, para remonta do 2.º Regimento de Cavallaria da 1.ª Linha do Exercito nesta Provincia 2:602U400

Idem ao Administrador das Passagens do Rio das Mortes

Segue Rs. 7:270U436

Transporte Rs.	7:270U436
e annexos de Commissão pela Administração do anno de 1823...................................	800U000
Idem ao Tenente Coronel Director dos Indios para despezas com a civilisação dos mesmos.............	2:462U972
Idem aos Canoeiros empregados no Registo da Molhada, de jornaes que vencerão....................	478U600
Idem de despezas feitas com a conducção dos recrutas enviados á Corte..........................	1:051U280
Idem aos Caixas da Extracção Diamantina por adiantamento para se deduzir do primeiro dinheiro remessivel..	480U000
Idem aos Commandantes dos Corpos expedicionarios que marchárão desta Provincia para a Corte, para fundos das Caixas Militares............................	29:852U758
Idem ao Tenente João Evangelista de Souza, para compra de Cavallos para remonta do 1.º Regimento de Cavallaria do Exercito, por Provisão do Thesouro Publico de 22 de Junho de 1824.................	4:000U000
Idem remettido ao Thesouro Publico para pagamento do Esquadrão do Regimento de Cavallaria da 1.ª Linha ali destacado...........................	6:000U000
Idem ao Sargento Mór Rafael Fortunato da Silva Brandão de soldos, que venceo como Capitão da Legião de São Paulo, por Ordem de 17 de Agosto de 1824.................................	960U000
Idem a Mousieur de Malevade, para as despezas da Fundição da Galena do Abahete de que foi encarregado...	800U000
Idem ao Doutor Juiz dos Feitos, de assignaturas, que venceo nas Execuções contra os devedores á Fazenda..	31U875
Idem importancia de conducção de dinheiros para a Thesouraria Geral..........................	20U480
Idem de custo de huma barca para o Registo do Porto do Cunha...............................	81U280
Idem de supprimentos aos Pedestres do Correio da Provincia de Goyaz, para emprestimo á mesma........	58U000
Idem importancia de novos reposteiros, que se fizerão para o Palacio do Governo, e Sala da Junta e suas Contadorias..............................	225U000
Rs.	54:572U681

3. Remettido ao Thesouro Publico para pagamento das Diarias, que vencerão os Deputados.

4. Despendido pelo que se levou a abono do Debito daquella Provincia a esta.

5. Pelo que se passou para outra conta por ter sido incompetentemente levado a este Rendimento.

6. Idem, idem.

7. Reposição feita á hum devedor.

espezas antigas da Galena do Abaeté..........

9. Remetido aos Thesoureiros das Intendencias abaixo declaradas para fundos; a saber:

Para a Intendencia do Ouro Preto........ 32:016U000 32:016U000
     Sabará............ 3:212:269U321
     São João d'El-Rey...... 678 715:05U678
     Villa do Principe.... 44:388U207 11:388U207

Remettido ao Thesouro Publico da Corte em Barras de
ouro para se cunharem............... 68:258U104

Resgate de Bilhetes impressos da antiga permuta, que
forão consumidos na Junta............... 155U625 155U625

                          Rs. 141:582U935

10. Remettido ao Thesouro Publico da Corte, de rendimento do Imposto do imposto Banco; do Sello ; a saber:

Pertencente ao anno de 1820............... 77U200
                 1821............... 89U600
                 1822............... 472U000
                 1823............... 396U800

                           1:035U600
Pago a hum Thesoureiro recebedor do Sello........ 25U980

                          Rs. 1:061U580

11. Remettido ao Thesouro Publico ; a saber:
Bens da Provedoria de Marianna....... 862U574
Ditos da de São João d'El-Rey............... 1:370U492
Direitos da Policia de escravos novos passados sem
Guia no Registo do Rio Preto, e Inajuba....... 862U880
De bens do Fiador de Joaquim José da Silveira Thesoureiro d'Anzentes da Comarca do Rio das Mortes nos annos de 1750 a 1754............... 380U000
Pago ao Administrador da Candelaria Imperial da Caxoeira do Campo , de vencimentos que teve , e outras despezas................ 604U560
Idem ao Procurador da Santa Caza da Misericordia da
terça parte dos Legados pios na forma da Ley....... 112U924

                          Rs. 3:417U430

12. Remettido aos Caixas da Extracção Diamantina para compra de Diamantes na forma das Ordens.

13. Pago a diversos , que existião nesta conta , e mostrárão pertencer-lhes............... 1:603U436
Idem de existião nesta conta............... 546U186
Idem dos Compostas , e outras despesas das casas
                         Segue Rs. 2:149U622

Transporte Rs. 2:149U622

administradas 574U106
Idem que existia nesta conta , e se levou ao abono effectivo de varios contractos , e outras contas...... 25:907U893
Remettido ao Thesouro Publico , de dinheiros pertencentes á Vassalos de Portugal.................. 3:378U583
Entregue ao Procurador da Santa Caza da Mizericordia
desta Cidade , da terça parte de Legados Pios, não cum-
pridos, que existião nesta conta,,,............... 1117U625

Rs. 33:127U829

LETRA B, — N. 18.

GOYAZ.

Demonstração da Despeza que houve em todo o anno de 1823 pelo Balanço que acompanhou o Offcio da Junta da Fazenda respectiva de 26 de Novembro de 1825.

FOLHA MILITAR.

Soldos do Estado Maior . . . . Rs,		1,213U344
Ditos de Dragões		5,606U461
Ditos dos Pedestres		3,865U653
Ditos de Milicias		2,109U5o3
Ditos dos Reformados		793U984
Gratificações		1,504U211
Etapes , e outros vencimentos		868U712
Fardamento		42U000
Armamento		746U331
Aquartelamento		183U602
Remonta		773U000
Forragens		275U899
Hospital.		498U944
Expediente com a Secretaria do Governo das armas, e outras diversas despezas miudas com a Tropa		1,411U891
	Rs.	19,987U5a3

FOLHA CIVIL.

Ordenados aos Empregados na Repartição do Governo, e Junta da Fazenda . . . . Rs,	5,474U054	
Ajuda de custo aos mesmos	5,3o5U343	
Ordenados aos Empregados de Fundição	3,741U366	
Ditos aos Professores	540U100	
Expediente com a Repartição do Governo	42U776	
Armazem.	1,277U864	
Fabrica de Fiação, e Tecelagem	773U106	17,156U60
	Segue Rs.	37,144U13

Transporte Rs. 37,144U134

FOLHA ECCLESIASTICA.

De Congruas, Guizamentos, ordinarias ao Reverendo Bispo, e aos Vigarios daquella Diocese . . . . , 5,155U216

DESPEZA EXTRAORDINARIA.

Pagamento de diversos artigos 12,534U196

Rs. 54,833U546

Procede do seguinte. De papel, penas, tinta, e cera, premio de commissões, pagamento de Supprimentos de varios Cofres, depositos, emprestimo, etc., etc.
Contadoria Geral da Segunda Repartição do Thesouro Publico, em 20 de Junho de 1826.

NOTA.

Pela mesma rasaõ já dada a respeito de similhantes Extractos das mais Provincias, naõ se incluio na Receita do anno de 1823, o Saldo de 1,990U587 rs. do anno antecedente; e por isso apparece maior Despeza de 147U823 réis, cuja quantia de certo abatida daquelle Saldo, vem em resultado a mostrar-se hum excedente de 1,842U764 rs. Isto porem naõ prova a sufficiencia da Provincia, para se dizer em circunstancias de poder acudir ás suas despezas; de maneira, que a Junta da Fazenda participando em seu Officio de 30 de Outubro de 1824, achar-se com grande Divida, se lhe consignou por Provisaõ de 14 de Junho do citado anno de 1825, hum subsidio mensal de 1,000U000 rs. em chapinhas de cobre, para ali serem cunhadas, alem da permissaõ de continuar a arrecadar, e applicar o rendimento da Bulla para as Despezas Publicas : recebendo-se estas providencias com inteira satisfaçaõ, como se annunciou no Diario Fluminense.

JOÃO JOSÉ RODRIGUES VAREIRO.

LETRA B — N. 19.

MATTO GROSSO.

Demonstração da Despeza, calculada em todo o anno de 1825, pelo Balancete respectivo ultimo, que acompanhou o seu Officio de 18 de Novembro de dito anno.

Folha Militar

Soldos da Legião. . . . . Rs.	16:174U400
Ditos de Pedestres, e aggregados.	2:269U800
Ditos de Milicianos em serviço.	1:096U555.
Ditos dos Antigos Dragões, e Pedestres.	15:680U462
Ditos aos Officiaes addidos á Provincia, e Reformados.	2:718U875
Rações de Etape, e Forragens.	8:159U721
Fardamento, e Remonta.	513U188
Hospitaes, e Botica.	2:209U511
Obras nos Quarteis.	85U050

Segue Rs. 48:907U552

Transporte Rs.   48:907U552

Folha Civil.

Ordenados aos Ministros de Justiça, Fazenda, e os
 Officiaes da Contadoria.................... 11:264U839
Ditos aos Officiaes da Intendencia, e Moeda.... 1:738U869
Ditos aos Secretarios do Governo............. 1:564U957
Ditos aos Officiaes da Intendencia dos Armazens. 374U702
Ditos aos d'Administração do Correio, e Dizimos.. 88U916
Ditos aos Professores de Letras.............. 867U754   16:899U976

Folha Ecclesiastica.

Congruas ao Prelado, e Ministros Ecclesiasticos.... 1:024U573
Ditas aos Vigarios de São Luis, e Santa Anna.... 1:493U440
Ditas aos Capellães curados das Fronteiras....... 552U624   3:070U637

Folha Extraordinaria.

Remessa feita para Matto Grosso.............. 3:200U000
Despeza com a Caza da Moeda............... 10:698U135
Dita com a compra de Sal, em S. Paulo....... 2:400U000
Reposição feita por Ordem Imperial........... 400U000
Pagamento por conta de juros devidos.......... 1:491U118
Ajuda de custo ao Deputado pela Provincia..... 982U400
Armazens, e Embarcações Publicas............ 909U006
Obras nos Proprios Nacionaes, e Sallarios de Tra-
 balhadores 864U720
Cazas alugadas, para residencia do ultimo Governa-
 dor, e Capitão General, e varios objectos Publicos. 318U107
Expediente da Contadoria, Intendencia, Secretarias
 Militares, Hospites, e Botica................ 209U062
Despeza feita com o Trem.................... 122U925
Dita com a Administração do Correio, e Dizimos. 46U587   21:642U060

Rs.   89:520U225

Mais despezas até o fim do anno.

Congruas, e guizamentos da Folha Ecclesiastica
 neste anno............................... 872U000
Ordenados pela Folha Civil.................... 7:667U466
Soldos dos Officiaes do Estado Maior do Exercito , empregados nesta Provincia addidos ao Estado Maior della, e reformados.............. 2:961U040
Ditos da Legião de Linha , conforme o seu estado
 actual de 6 mezes ; que se está devendo........ 5:127U770
Ditos da Companhia de Pedrestes, e aggregados ,
 pela sua força actual , contando sómente os que
 se achão nos Destacamentos da Divisão do Cuya-
         Segue Rs.   16:658U276   89:520U225

	Transporte Rs.	16:658U276	89:520U225

há por estar commettido á Provedoria de Matto Grosso o pagamento dos que existem naquella Divisão, pelas rendas d'ella, que não são bastantes para 4 mezes.................................. 3:596U100

Ditos da Divisão Militar, que se acha nesta Provincia tirada do extincto Batalhão N. 3 da Bahia, pelo que diz respeito a este anno......... 836U520

Para compra de farinha, e mais generos das rações de etape, para compra, e conducção de Sal, Ferro, e Aço, que se manda agora buscar á Provincia de São Paulo................... 4:160U600

Reposição que se tem de fazer a João Francisco dos Guimaraens, na forma da Provisão, que para isso alcançou........................... 2:200Uobb 27:451U496

	Rs.	116:971U721

Contadoria Geral da segunda Repartição do Thesouro 20 de Junho de 1826.

Nota.

Mostrada, como se acha, ser maior a Despeza do que a Receita do anno de 1825, por se suprimir o Saldo de 14:410U826 rs. do anno antecedente, o que não aconteceria sendo elle comprehendido na Receita, e por consequencia excederia esta em 561U182 rs.: este excedente com tudo, não prova ter a Junta da Fazenda daquella Provincia rendas para acudir ás suas despezas. Por quanto á vista de varios artigos de rendas temporarias descriptas na Receita, e mesmo do Officio da Junta, de 18 de Novembro de 1825, conta-se com o Deficit de 56:898U491 rs. para o corrente anno; pedindo instantemente a dita Junta soccorros no estado critico, em que se considera a Provincia, para se defender dos Hespanhoes visinhos.

JOÃO JOSÉ RODRIGUES VAREIRO.

LETRA C.

ESTADO DAS DIVIDAS ACTIVAS

Das diversas Provincias do Imperio do Brasil, nos annos abaixo declarados, segundo as Contas que se tem recebido no Thesouro Nacional.

Provincia do Rio de Janeiro no fim do anno de 1825	N. 1.	285.997U412
Dita da Bahia, 1819	2	112.088U885
Dita de Pernambuco, 1817	3	257.961U841
Dita da Parahiba do Norte, 1824	4	58.671U366
Dita do Rio Grande do Norte, 1823	5	8.318U370
	Segue Rs.	723.037U874

		Transporte Rs.	723.037U874
Dita do Ceará, 1825	N. 6	185.190U912
Dita do Piauhy, 1824	7	348.519U360
Dita do Maranhaõ, 1825	8	363.219U602
Dita do Pará	9	205.511U642
Dita do Rio Grande do Sul	10	434.611U076
Dita Cisplatina, 1825	11	17.024U450
Dita de S. Paulo, 1825	12	128.264U945
Dita de Minas Geraes, 1824	13	2.778.825U803
Dita de Goyaz, 1819	14	133.186U016
Dita de Matto Grosso, 1821	15	28.167U900
	Rs.	5.565.365U325

DIVIDAS PASSIVAS.

Provincia do Rio de Janeiro, 1825	N. 16	12.064.765U589
Dita da Bahia, 1819	2	404.317U049
Dita de Pernambuco, 1817	3	57.681U327
Dita da Parahiba do Norte, 1824	4	8.931U640
Dita do Rio Grande do Norte, 1823	5	79.868U806
Dita do Ceará, 1822	6	2.557U993
Dita do Maranhaõ, 1819	8	51.757U739
Dita do Pará	9	342.158U637
Dita de Santa Catharina, 1823	10	45.356U053
Dita do Rio Grande do Sul, 1825	11	244.147U036
Dita Cisplatina, 1825	11	354.318U325
Dita de S. Paulo, 1825	12	211.473U432
Dita de Minas Geraes, 1825	13	89.155U443
Dita de Goyaz, 1819	14	188.863U331
Dita de Matto Grosso, 1821	15	785.439U331
	Rs.	14.900.662U643

LETRA C. = Nº 1.

ESTADO DA DIVIDA ACTIVA

Do Thesouro Publico no fim do anno de 1825.

1 Dizima de Sentenças da Chancellaria	46.355U178
2 Diversas, que devem de Novos, e Velhos Direitos	50.000U000
Disimo atrazado por Administração	12.163U313
3 Dito por Contracto arrematado por Manoel dos Santos Cruz	6.083U332
4 Donativos de Officio	4.447U187
5 Bancos do Pescado	3.684U700
6 Gabriel Fernandes de Castro, por Direitos de Alfandega	9.188U321
7 Sizas	5.942U599
8 Impostos para o Banco	25.673U360
9 Contracto dos Botequins, e Tavernas, resto	5.885U503
10 Decima atrazada	38.767U005
Dotação dos Vigarios para a Capella Imperial	5.770U524
O fallecido Thesoureiro da Uchária José Joaquim de Mattos por Saldo	5.797U387
O Thesoureiro do Museo, resto do suprimento para o mesmo, Rs.	196.954U274

Segue

Transporte   Rs. 196.054U274

que se deve deduzir das Consignações 120Uooo
O que se deve haver pelos bens de Officiaes d'Alfandega, conforme
as Portarias de 13 de Fevereiro, e 2 de Abril de 1823 . . . . .   19.266U580

Por Emprestimo a diversos

Visconde de Santo Amaro	200Uooo
Leonardo Antonio Gonçalves Bastos	1.689U5a3
Bibliothecario Roque Schuck. Em Portaria de 18 de Ja-	
neiro de 1826, se determinou o encontro desta quantia	
nos seus respectivos vencimentos	1.000Uooo
O fallecido Nuncio (capital e premios)	27.414U838
O Conde de Amerval (idem)	15.704Uooo
José Saturnin da Costa Pereira	1.000Uooo
O Conselheiro Leonardo Pinheiro de Vasconcellos (idem)	1.795U081
Dona Luiza Perpetua Carneiro	4.800Uooo
O Visconde de Mirandella, adiantamento para ser encar-	
tado	600Uooo
Lucas José Obes	2.500Uooo
Manoel José Grégorio de Brito , em Lisboa	400Uooo
José Carneiro Pissaro, dito	1.700Uooo
O Conego Francisco da Mãe dos Homens, dito	1.175Uooo
José Joaquim Alves, dito	220Uooo
Antonio Januario Lopes da Silva, dito	450Uooo
Marquez de Loulé	5.985Uooo
O Conde da Louzaã, Don Luiz	2.280Uooo
O Conselheiro Manoel José Sarmento por ter recebido de	
mais das suas contas	1.643U116

70.556U558

285.997U412

Naõ se faz menção da Divida de algumas Provincias pelos suprimentos annuaes em
dinheiro (o que naõ he de pequena monta) , bem como do valor dos generos, petrechos
de Guerra, e mais utencilios remettidos ás mesmas Provincias.

OBSERVAÇÕES.

1. A cobrança da Disima das Sentenças foi commettida ao Desembargador, Juiz da
Chancellaria por Portarias de 29 de Janeiro, 17 de Fevereiro, 3 de Abril de 1824, e
de 15 de Janeiro de 1825.

2. Dita de Velhos, e Novos Direitos, foi encarregada ao Juiz dos Feitos, por Portaria de
29 de Janeiro, 17 de Fevereiro, 3 de Abril de 1824, 15 de Janeiro, e 12 de Fevereiro
de 1825.

3. O pagamento desta Divida foi determinado em prestações mensaes, de 200U rs. ;
porem naõ tem satisfeito a estas mesmas prestações, e por isso se determina fosse executado por Portaria de 5 de Agosto de 1825.

4. e 5. Remetteraõ-se as contas ao Desembargador. Juiz dos Feitos em Portaria de 5
de Outubro de 1825

6. Estaõ penheradas humas Cazas, e naõ se tem podido arrematar por naõ haver
licitantes.

7 e 8. Foraõ remettidas as relções dos Devidores ao Desembargador Juiz dos Feitos,
em Portaria de 26 de Novembro de 1824.

9. Foi incluido com os Devidores de Donativos de Officios, e Bancas do Pescado.

10. A cobrança desta divida foi commettida em Portaria de 11 de Janeiro de 1823
ao Desembargador José Bernardo de Figueredo , e he devido ao seu zelo ter entrado para
os Cofres por conta, a quantia de 129.133U590 , rs. o que naõ succede a respeito dos

outros Ministros, entregues e recolhem os requerimentos ... dividas sobre que ... tem representado, naõ podem ... as Ordens ... Ordens ... Officiaes para fazerem as diligencias. A vista diligencias ... requerimentos promptas a ... dado a cobrança das mesmas dividas, sendo encarregados, privativamente a ... Ministros ... que bem desempenhe esta commissaõ ; unindo-se-lhes ... a ... das Heranças, e Legados pelo desleixo, em que se deixão estar ... Publicas, e ... Publicas, que alias seria bastantemente profiçuo, apezar de ... recebidas para tornar ... reaes de a40000U rs.

111 Em Portaria de 5 de Fevereiro tem ... se devendo ... ao Juis do Crime ... ao Juis do Crime dos Bairros de Santa Ribeira e ... Santa Ribeira o Sequestro ... que ... procedeo em huma pequena Chacara na Ponte do Caju, na Ponte do Caju.

Por conta da Dividal activa tem ... tem ... entrado no Cofre ... no Cofre nos cinco mezes do corrente anno a quantia de ... 4052U818 ; a saber :

Dotaçaõ dos Vigarios Dotaçaõ dos Vigarios	879U266
De Leonardo Antonio ... Antonio Gonçalves Bartos	59U55a
Do Visconde de Santo Amaro de Santo Amaro	200U000
Do Thesoureiro do Museu Thesoureiro do Museo	120U000
De Sizas, por execuçaõ Sizas, por execuçaõ	398U2ac
Da Dizima da Chancellaria Chancellaria, idem 2	2400U000
	4,052U81

ANTONIO HOMEM DO AMARAL.

LETRA C. = N.º 2.

BAHIA.

Dividas activas	Dividas activas até ditto 112:088U885	112:088U885
Ditas passivas	Ditas passivas ..... dito	404:217U94

No impedimento do Contador Géral

JOÃO CARLOS CORREA LEMOS

LETRA C. = N.º 3.

PERNAMBUCO.

Divida activa do Divida de ... prompta arrecadação ... prompta arrecadação ....Rs.	122:45gU06c
a , e de Dita dlong de dita duvidosa arrecadação	91:155U267
Dita dita, que se julgão absolutamente perdidas	118:061U24
	331:673U566
Entrou ara o cofre ... Junta ... Junta ... addições contempladas nesta Relação ... de 8 de Dezembro de 1818	73:711U72
	257,961U84

Divida passiva do anno de 1817 ....Rs. 57:681U327

No impedimento do Contador Geral

JOÃO CARLOS CORREA LEMOS.

LETRA C. = N.º 4.

PARAHIBA DO NORTE.

Divida activa do anno de 1824 ....Rs. 58:671U366
Dita passiva idem idem 8:931U640

No impedimento do Contador Geral

JOÃO CARLOS CORREA LEMOS.

LETRA C. = N.º 5.

RIO GRANDE DO NORTE.

Dividas activas até o anno de 1823 ....Rs. 8:318U370
Ditas passivas idem 79:898U806

No impedimento do Contador Geral

JOÃO CARLOS CORREA LEMOS.

LETRA C. = N.º 6.

CEARA'.

Divida activa até o 1.º Semestre de 1825 ....Rs. 185:300U015
Divida passiva até o anno de 1822 .... 2:867U995

No impedimento do Contador Geral,

JOÃO CARLOS CORREA LEMOS.

Quarta Parte. XXV.

LETRA C. — N°. 7.

PIAUHI.

Dividas activas até 2 de Junho de 1824 ....Rs. 348:319U360
Nada consta de dividas passivas.

N. B. Esta quantia não póde ser exacta, por isso que a Junta da Fazenda do Maranhão não tem mandado as declarações pedidas pela do Piauhi, e até mesmo por este Thesouro, do estado das dividas, do tempo que lhe era sugeito, por onde se conheça as entradas que tenhão feito alguns antigos devedores.

No impedimento do Contador Geral

JOÃO CARLOS CORREA LEMOS.

LETRA C. — N.° 8.

MARANHÃO

Dividas activas até 23 de Abril de 1825 ....Rs. 363:219U060
N. B. Em quanto a dividas passivas não consta desta relação, e só se pode tirar do anno de 1819 que importão em rs. 51:757U759.

No impedimento do Contador Geral

JOÃO CARLOS CORREA LEMOS.

LETRA C. — N.° 9.

PARÁ.

Divida activa ....Rs. 205:511U842
Dita passiva 342:158U627

No impedimento do Contador Geral

JOÃO CARLOS CORREA LEMOS.

LETRA C. — N°. 10.

RIO GRANDE DO SUL.

lação da Divida activa e passiva da dita Provincia , conforme o Officio da Junta da Fazenda respectiva de 28 de Abril do corrente anno.

ida activa até o fim de 1825 .... Rs. 434:611U076
a passiva até o fim do dito 244:147U036

Observação.

Pela boa Escripturação e methodo seguido por aquella Junta no manejo s suas incumbencias , he de esperar que não cesse de promover a arrecada-
e pagamento das suas dividas.

Contadoria Geral da Segunda Repartição , em 20 de Junho de 1826.

JOÃO JÓSÉ RODRIGUES VAREIRO.

LETRA C. — N°. 11.

CISPLATINA.

elação das Dividas activas , e passivas da dita Provincia , extrahida dos Mappas inclusos no Officio do Visconde da Laguna, de 2 de Maio do corrente anno.

ivida activa até o fim de 1825 .... Rs. 17:024U150
ita passiva idem 54:318U325

Observação.

A' vista dos sobreditos Mappas não se pode obter mais exacta clareza das enciotadas dividas : apenas colhe-se do Mappa da Alfandega de Monte Vi-
io existirem em creditos por arrecadar a importancia acima mostrada da Di-
da activa ; e, a passiva por pagar, do Mappa da Thesouraria Principal.

Contadoria Geral da Segunda Repartição , em 20 de Junho de 1826.

JOÃO JÓSÉ RODRIGUES VAREIRO.

N. B. Por hum calculo aproximado , e segundo as exigencias , que tem fei-
ó Visconde da Laguna , para pagamento da divida atrazada da Tropa he

bem de crer que esta divida exceda a 3oo:oooU rs. havendo-se mandado em
de Junho de 1825 a quantia de 100:000U rs. para serem a ella positivamente applicados reputando-se ser a terça parte daquella divida , o que não te
effeito , dando-se a esta quantia outro destino.

LETRA C. = Nº. 12.

SÃO PAULO.

Relação da Divida activa e passiva da dita Provincia segundo o Officio
Junta da Fazenda respectiva de 28 de Abril do corrente anno.

Divida activa até o fim de 1825.......................Rs. 128:269U7.
Dita passiva até o fim do dito anno......................   211:473U4

Observação.

Nada se pode expender sobre melhoramento em favor da cobrança , e pe
gamentos; por que a Junta da Fazenda cuida nos seus deveres, e consta do qu
vai arrecadando , pagando , e novamente substituindo-se em ambas as Dividas

Contadoria Geral da segunda Repartição , em 20 de Junho de 1826.

JOÃO JOSÉ RODRIGUES VAREIRO.

LETRA C. = Nº. 13.

MINAS GERAES.

Relação da Divida activa e passiva da dita Provincia conforme os Officios d
Junta da Fazenda respectiva de 29 de Abril , e do Escrivão Deputado d
mesma de 30 de Maio do corrente anno.

Divida activa até o fim de 1824.......................Rs. 2:778:825U80
Dita passiva até o fim de 1825........................   89:125U44

Observação.

A maior parte da Divida activa procede dos antigos Contractos de Entradas e Dizimos , cuja cobrança se vai fazendo por execuções, e como permit-
tem as circunstancias dos devedores; e outra parte provem de algumas mais
modernas, que tambem se vão arrecadando : a rasão de não se fazer menção
da mesma divida até o fim de 1825, como se mostra a passiva, procede de

não ter ainda chegado o Balanço deste anno, que a referida Junta affirma no dito Officio a cima, estar ultimando para remetter. Quanto á passiva he de esperar, que no corrente anno fique amortisada com a renda da Provincia, que tem entrado, segundo o precitado Officio do Escrivão Deputado.

Contadoria Geral da segunda Repartição, em 20 de Junho de 1826.

JOÃO JOSÉ RODRIGUES VAREIRO.

LETRA C. = N. 14.

GOYAZ.

Relação da Divida activa, e passiva da dita Provincia conforme o Officio da Junta da Fazenda respectiva de 22 de Dezembro de 1821.

Divida activa até o fim de 1819......................... 153:186U018
Dita passiva até o fim do dito......................... 158:853U331

Observação.

Não se apresenta o estado mais moderno das ditas dividas, por que a Junta no seu Officio ultimo de 26 de Novembro de 1825, allega não ter podido ultimar os trabalhos preparatorios, para conhecer a apuração dellas em geral desde 1820 em diante, por depender ainda da verificação das contas fiscaes da Comarca do Norte, cujo atraso proveio das dissenções politicas ali acontecidas; o que só espera concluir no corrente anno.

Contadoria Geral da segunda Repartição, em 20 de Junho de 1826.

JOÃO JOSÉ RODRIGUES VAREIRO.

LETRA C. = N.º 15.

MATTO GROSSO.

Relação da Divida activa, e passiva da dita Provincia conforme o Officio da Junta da Fazenda respectiva de 12 de Abril de 1822.

Divida activa até o fim de 1821......................... 28:167U700
Dita passiva até o fim do dito anno..................... 785:439U331

Observação.

Não se pode dar o estado mais moderno destas dividas, por que a'Junta da Fazenda ainda não enviou as competentes relações do anno de 1822 em diante, em que se achava trabalhando, como expoz em seu Officio de 21 de Junho de 1825.

Contadoria Geral da segunda Repartição, em 20 de Junho de 1826.

JOÃO JOSÉ RODRIGUÉS VAREIRO.

LETRA C. = Nº 16.

ESTADO DA DIVIDA PASSIVA

Do Thesouro Publico, no fim do anno de 1825.

Thesouraria Geral dos Ordenados, Thesouro, e Pagadoria.

Ordenados	7,741U361	
Congruas.	1,396U400	
Pensões	26,727U592	
Tensas	953U197	36,818U450
Entradas das Provedorias dos Defuntos, e Ausentes	886,857U990	
Alugueis de Casas em que estaõ os Tribunaes	10,453U726	
Papeis correntes	90,457U209	
Obras Publicas	4,552U160	
Resto da Casa comprada para a Typographia Nacional	4,864U880	
Caixa dos Sequestros	346,538U091	
Divida antiga reduzida a Sedulas, Capital, e Premio	71,928U628	
Compra do Trapiche do Sal, resto	53,384U000	
Dita da Fazenda da Cordoaria	12,857U240	
Dita da Casa do Conde dos Arcos	44,532U800	
	Rs.	1.543,245U174

Emprestimos ao Thesouro.

Contrahido em 1796 : a saber :		
Capital	359,468U782	
Juros	155,189U834	514,658U616
Dito em 1808, para a Fabrica da Polvora		15,400U000
Dito em 1811, com a Casa de Dias Viuva, e Filhos, a saber :		
Capital e Juros		5,891U910
Dito em 1818, para a Colonia dos Suissos		8,650U000
Dito em 1822, a saber :		
Capital	310,564U800	
Juros	21,823U568	332,388U368
	Rs.	876,988U894

Repartições Militares.

Thesouraria Geral das Tropas, Soldos, Fardamentos, e
  Alugueis de Casas 21,623U207
Hospital Militar 20,929U118   42,55aU3ao

N. B. Para amortisação desta divida recebe a Thesouraria mensalmente
  1,000U rs.

Arsenal do Exercito.

Generos, e outras despezas, suprimido 171,310U rs., a que chamão consignações antigas 440,3a3U862

Marinha.

Generos, e mais despezas atrazadas suprimidos, Rs. 103,798U337, que
  se diz existir de Saldo 954.626U370

Banco.

Consignações com que o Banco mensalmente entrou no Thesouro, para
  serem pagas pelas Provincias da Bahia, e Pernambuco, e que deixárão de
  o ser de 1821 em diante 315,000Uooo
Suprimentos extraordinarios 2.148,894U739
Idem á Tropa do Sul, que foi suprida pelo Thesouro de Portugal com
  50,000U rs. mensaes até Setembro de 1820 . . . . . . 5.272,372U295
Idem por Aviso de 5 de Abril de 1817 . . . . 349,716U440
Idem com a factura da Casa onde esteve o Correio 9,911U624
Despezas, seguros de remessas de dinheiros, e outras 111,133U701
                                                Rs.   8.207,028U799

Recapitulação da Divida Passiva.

Ordenados 7,741U361
Congruas 1,396U400
Pensões 26,727U592
Tenças 953U197
Auxenies 886,857U990
Alugueis de Casas em que estaõ os Tribunaes 10,453U796
Papeis carreptas 90,457U209
Obras Publicas 4,555U160
Resto da Casa onde está a Typographia 4,864U880
Caixa dos Sequestros 346,538U091
Divida antiga das Sedulas 71,928U628
Compra do Trapiche do Sal, resto 33,384Uooo
Dita da Fazenda de Cardoaria 12,857U240
Dita da Casa do Conde dos Arcos 44,530U800
Emprestimos, e Suprimentos, incluidos os do Banco 8,907,004U291
Juros 177,043U402
Repartições Militares 42,552U320
Arsenal do Exercito 440,323U862
Dito da Marinha 954,626U470
                                              Rs.   12,064,765U589

Por conta da Divida acima tem-se pago nos cinco mezes do corrente anno, a quantia
de 236,811U084 rs., a saber :

A diversos pela Caixá de Geraes	12,537U370
Pela Pagadoria	34,494U145
Pela Thesouraria Geral dos Ordenados , Juros , e Pensões	24,779U569
Tropa , pelas cinco Consignações	5,000U000
Banco , dito	60,000U000
May e Lukin, dito	25,000U000
Samuel Phillips , dito	50,000U000
Guilherme Young , dito	25,000U000
Rt.	236,811U084

ANTONIO HOMEM DO AMARAL.

LETRA C. = Nº 17.

SANTA CATHARINA.

Relaçaõ da Divida passiva da dita Provincia , conforme o Officio da Junta da Fazenda respectiva de 23 de Junho de 1824.

Divida passiva até a fim de 1823 . . . . 45,356U053

Observaçaõ.

Naõ há Divida activa, segundo ponderou a dita Junta no precitado Officio; porque o que della restava achava-se em execução , proveniente do resto da Administraçaõ do Subsidio Literario : e quanto aquella passiva nada consta de 1824 em diante, por não ter enviado á mesma Junta , o seu estado de diminuição ou accrescimo.

Contadoria Geral da Segunda Repartiçaõ do Thesouro Publico , em 20 de Junho de 1826.

JOÃO JOSÉ RODRIGUES VAREIRO.

LETRA D.

Importancia do que se recebeo em todo o anno de 1825 , por conta da Divida activa , demonstrada no ultimo de Dezembro de 1824.

	Divida em 1824.	Quant. receb. em 1825.	Divida existente.
Dizima das Chancellarias	50,289U782	3,934U604	46,355U178
Novos , e Velhos Direitos	30,000U000	U	30,000U000
Dizimo atrasado por Administraçaõ	21,220U227	9,056U914	12,163U313
Dito por Contracto	6,283U332	200U000	6,083U332
Donativos de Officios	2,042U085	U	2,042U085
Bancas do Pescado	3,054U700	259U300	2,795U400
Gabriel Fernandes de Castro , por Direitos d'Alfandega	7,158U211	U	7,158U211
Sisas	5,333U662	1,391U063	3,942U599
Impostos para o Banco	24,380U000	1,707U640	22,672U360
Segue Rs.	149,762U899	16,549U524	133,213U378

Transporte Rs.	149,762U899	16,549U521	133,213U378
Botequins, e Tavernas	7,882U503	2,000U000	5,882U503
Decima atrasada.	68,981U524	30,194U319	38,787U005
Dotação dos Vigarios para a Capella Imperial. . . .	7,867U004	2,696U475	5,170U529
O falecido Thesoureiro da Ucharia José Joaquim de Mattos	9,707U087		9,707U087
O Thesoureiro do Museo	600U000	480U000	120U000
O que se deve haver dos Officiaes d'Alfandega . .	19,266U580		19,266U580
Por Emprestimo a Diversos	74,607U473	1,200U000	73,407U473
Rs.	338,674U870	53,120U315	285,554U555

ANTONIO HOMEM DO AMARAL.

LETRA E.

Importancia do que se pagou em todo o anno de 1825, por conta da Divida passiva demonstrada no ultimo de Dezembro de 1824.

	Divida em 1824.	Pagamento em 1825.	Em Divida.
Ordenados	Rs. 19,287U073	11,545U712	7,741U361
Congruas	4,402U640	3,006U240	1,396U400
Pensões	53,579U251	26,851U659	26,727U592
Tenças	2,183U742	1,230U545	953U197
Ausentes	875,161U816	4,522U168	870,639U648
Aluguei de Casas	16,453U790	7,532U664	8,921U126
Papeis correntes	100,000U000	7,297U747	92,702U253
Obras Publicas	11,102U270	6,550U110	4,552U160
Resto da Casa onde está a Typographia.	4,864U880		4,864U880
Caixa dos Sequestros	299,471U638	3,726U379	295,745U259
Divida antiga em Sedulas	40,049U275	4,506U772	35,452U503
Emprestimos, Supprimentos, e Juros . .	8,503,067U555	416,890U792	8,086,176U763
Repartições Militares	57,342U918	22,871U762	34,471U156
Arsenal do Exercito.	873,614U508	329,281U846	544,332U662
Dito da Marinha	999,446U046	142,720U740	856,725U306
Rs.	11,860,027U602	988,625U136	10,871,402U466

ANTONIO HOMEM DO AMARAL.

LETRA F.

Balanço dos Cofres dos Diamantes em 31 de Dezembro de 1825.

DIAMANTES BRUTOS.

Entrada

	Quilates	Grãos	Quilates	Grãos
Saldo existente no fim do anno antecedente de 1824	1.279	3 ¾		
Recebidos do Administrador da Fabrica de Lapidação dos Diamantes por illapidaveis	1	3 ¼		
» da Junta da Fazenda da Provincia de Goiaz.	7	¼		
» da Administração do Tejuco	6.124	2		
			7.413	1 ¼

Sahida.

	Quilates	Grãos	Quilates	Grãos
Entregues ao Administrador da Fabrica para se lapidarem	1.221	2 ¼		
» para o Gabinete da Historia Natural de S. Magestade a Imperatriz	7	¼		
			1.228	3
Existente no fim do anno de 1825			6.184	2 ¼

DIAMANTES LAPIDADOS.

Entrada.

	Pedras.	Quilates	Grãos
Saldo existente no fim do anno antecedente de 1824	1.022	758	¼
Recebidos do Administrador da Fabrica .... 440 ... 389	440	389	2
	1.462	1.147	2

Sahida.

	Pedras.	Quilates	Grãos
Remettidos para Inglaterra a fim de depois venderem depois de examinada a lapidação	14	21	1 ¼
	1.448	1.126	1 ¼

Observações.

Dos sobreditos diamantes brutos existentes
achão-se disponiveis para a venda 4.432
Imperfeitos, e só proprios para o Museu . .   208   ¾
Refugado   2   2
Escolhidos para a Fabrica . . . .   1.541   3 ½
                                                 ─────────
                                                  6.184   2 ½

Os sobreditos 4432 Quilates de diamantes
brutos disponiveis para a venda valem (or-
çados a 8Uooo rs. o quilate) 35:456Uooo
Os 1126 Quilates 1 e½ Grão de diaman-
tes lapidados existentes valem (orçados a
40U rs: o quilate pelo termo medio do
seu tamanho) 45:055Uooo
                                                 ───────────
                                                 80:511Uooo

A Junta da Fazenda de Minas Geraes suppria a Administração Diamantina do Tejuco com a quantia de 120 contos de réis annualmente para as
despezas da Extracção dos Diamantes, deduzidos do quinto do Ouro d'aquella Provincia, e continuou este supprimento com consideravel atrazo de pagamentos até principio de 1823, ficando pagas tão somente as consignações vencidas até o fim de 1821.

Tendo-se ordenado á dita Junta por Provisão de 9 de Abril de 1824,
que desse as razões porque não continuava o referido supprimento, respon-
deo em Officio de 19 de Maio do mesmo anno, que o quinto do Ouro era
muito diminuto, e as despezas ordinarias da Provincia absorvião toda a'renda, e ainda ficava hum deficit.

Attendidas as razões da Junta, expedio-se Provisão á Junta da Extracção dos Diamantes do Tejuco em 16 de Agosto de 1824, para que, suspensa a
assistencia dos 120 contos pela Junta de Minas, ficasse reduzida a 60 contos
annuaes, que deverião ser sacados pela Junta da Extracção sobre o Thesouro Nacional desta Corte em consignações mensaes de 5 contos, que com effeito forão sacados desde 4 de Outubro d'aquelle anno de 1824, e pontual-
mente pagos.

Representando a Junta da Extracção em Officio de 21 de Janeiro de 1824,
que para se evitar a despeza dos saques das ditas consignações seria util,
que a Junta de Minas em vez de remmeter ao Thesouro Nacional a quantia
de 1:000U rs. mensalmente para pagamento do Esquadrão de Cavallaria de Minas
Geraesdestacado nesta Corte, a enviasse á Junta daExtracção, deduzindo-se da assistencia de 5 contos feita pelo Thesouro; e assim se determinou á Junta de Minas em Provisão de 9 de Maio de 1825, tendo principio esta transacção em o
1.º de Julho do mesmo anno, e desde então até agora tem continuado os saques da "Extracção tão sómente da quantia de 4:000U rs. mensaes para a despeza do costeio da mesma Extracção".

Além desta consignação a Junta da Extracção do Tejuco saca mais a quantia de 10 contos de réis annualmente para serem especialmente applicados á amortização da sua divida passiva; e isto desde o principio do anno de 1817, em virtude do Decreto, e Instrucções de 5 de Outubro de 1816.

A Ordem para que a Junta de Minas assistisse á da Extracção com 120 contos de réis annualmente não existe neste Thesouro, mas pela Correspondencia da Directoria Geral dos Diamantes de Lisboa consta que fora expedida pelo Erario daquelle Reino em Março de 1795, e que as ditas consignações deverião principiar naquelle anno.

Tambem não existe registada na Repartição dos Diamantes ordem alguma determinando á Junta de Minas que tirasse a dita consignação do rendimento do Quinto do Ouro, mas pelas contas remettidas de Minas, e que existem na Segunda Contadoria, vê-se que começou esta deducção no 1.º semestre de 1810, sendo a dita consignação deduzida até então das rendas geraes da Provincia.

LETRA G.

PROPRIOS NACIONAES.

Palacio Imperial da Cidade
Imperial Quinta da Boa Vista.
Palacete no Campo da Acclamação.
Imperial Fazenda de Santa Cruz.
Capella Imperial com todo o dormitorio, que he do Convento do Carmo.
Casa na Guarda Velha, onde existe o Quartel General.
Quartellamento junto á mesma Casa.
Dito na Rua dos Barbonios.
Dito na Praça de Moura.
Dito na Praia Vermelha.
Dito em S. Cristovão.
Dito em Mata Porcos.
Dito na Praia de D. Manoel.
Sallão das Cortes, e Correio Geral.
Grande Quartellamento no Campo da Acclamação.
Barracão no Campo da Acclamação.
Armazens na Praia Grande.
Casa das Armas, e Fortaleza da Conceição.
Fortalezas, do Castello, Ilha das Cobras, Praia Vermelha, S. João, Lage, S. Cruz, Villegalhon, Leme, Pico, Gravatá, e Ilha de S. Barbara.
Laboratorio de Fogos.
Arsenal do Exercito.
Dito da Marinha.
Fabrica da Polvora.
Chacara no caminho da Lagoa, onde esteve o General Napion, que se diz ser da Nação.

Alfandega , e Casa de arrecadação dos Direitos da Mesa da Estiva , e Consulado , estacionadas na Praça do Commercio.

Trapiche do Trigo.

Casa , onde está o Banco do Brasil.

Passeio Publico.

Casa na Rua do Ouvidor.

Terreno immediato á Casa da Rua do Ouvidor , sobre o qual ha litigio.

Dito junto ao Quartel em Mata-Porcos.

Casa na Rua da Misericordia.

Thesouro Publico , Casa da Moeda , Thesouraria Geral das Tropas , Casa de lapidar Diamantes , e para as Bellas Artes , tudo no mesmo pavimento.

Armazem fronteiro , onde estão algumas Carruagens de S. M. o Imperador , e onde se está construindo huma casa para fundição.

Lanças do Pescado.

Pequena Chacara nos fundos do morro do Castello no Caminho de S. Luzia , onde dão lições os alumnos de Cirurgia.

Duas pequenas Casas no morro do Castello , onde mora o Capellão da Sé Velha.

Duas ditas ao pé da Guarda da Carioca , onde está o Feitor encarregado da limpeza dos Canos.

Proprios Nacionaes com os preços porque se comprárão.

Casa do Muzeo	32:000U000
Terreno contiguo ao mesmo com frente ao Campo	6:000U000
Casa da Typographia (pela avaliação.)	14:600U000
Casa , e Chacara do Conde dos Arcos , para Paço dos Senadores	44:568U000
Terreno no Largo do Convento da Ajuda	4:200U000
Dito á Estrella , onde se edificou o Armazem da Polvora ...	600U000
Dito da nova Cadeya	5:054U064
Bemfeitorias da mesma	22:000U000
Huma Fazenda denominada Morro Queimado no Districto da Villa de Nova Friburgo	10:468U800
Huma Fazenda denominada — Corgo de Anta — no mesmo Districto onde se acha a Candelaria de S. M. o Imperador	2:400U000
Armazens chamados do Sal , incorporados hoje no Arsenal da Marinha , além de 3:336U rs. metade da Siza a cargo do Thesouro	66:720U000
Chacara da Lagoa de Rodrigo de Freitas , que está annexada á Fabrica da Polvora	10:000U000
Sala fronteira ao Mar (onde esteve o Correio) encravada em huma Propriedade do Banco na qual se gastou de principal que vence premio pelo dito Banco	9:911U624
N. B. O Banco está de posse desta Salla , parece de razão que elle desonere o Thesouro daquella quantia de Rs. 9:911U624 com os correntes premios	
Fazenda denominada Cordoaria para o estabelecimento da Fabrica da Polvora	12:857U240
Casa e Bemfeitorias compradas á D. Rita Barbara (hoje Quinta do Caju)	4:552U980

Além dos Proprios Nacionaes de que se faz menção tem o

Quarta Parte. XXVIII.

Thesouro no Banco do Brasil 575:000U rs. dosquaes 5oo:oooU rs.
estão a render a beneficio dos Accionistas por espaço de 20
annos, e 76:000U rs. estão reduzidos a Acções, cujo rendimento annual se vai applicando á amortisação da Divida.

ANTONIO HOMEM DO AMARAL.

SANTA CATHARINA.

Relação dos Predios Nacionaes na dita Provincia.

O edificio chamado — Quarteis Velhos — contém pela medição desoito braças e quatro palmos de frente, cinco braças, e sete palmos de fundo avaliados em	1:200U00
A casa que servio de Estrebaria á Artilharia contém cinco braças, e dous palmos de frente, e cinco braças e hum palmo de fundo avaliada em	5ooU00
As terras unidas á casa do Vigario — dez braças e seis palmos de frente, e de fundo seis braças e hum palmo, avaliada cada braça a 19U200 — e no todo	2o3U5.
O Armazem da Praça — seis braças de frente, e de fundo quatro braças e oito palmos, avaliado por	200U00
A casa da residencia do Vigario da Matriz — seis braças de frente, e de fundo vinte e quatro e sete palmos, tudo avaliado por	5ooU00
O Quartel da Marinha — sete braças de frente, e fundos para o mar — avaliado por	3ooU00
A Casa do Trem — de frente quatro braças e oito palmos, de fundos sete palmos para o mar — avaliada por	25oU00
As doze Barraquinhas — quatorze braças de frente, e braça e meia de fundo, — avaliadas todas por	112U00
Aquartelamento da Primeira Linha — setenta e duas braças e oito palmos de frente, e desasete de fundos — avaliado por	10:oooU00
O terreno em que estava a cosinha do Aquartelamento — sete braças de frente, e dez braças e dous palmos e meio de fundo — avaliado por	200U00
A Casa das armas — de frente sete braças e dous palmos, e de fundo não se declara precisamente pela irregularidade — avaliada por	4ooU00
A casa da Junta da Fazenda — quatro braças e nove palmos de frente, e fundos vinte e huma braças — avaliada por	1:6ooU00
O Palacio do Governo — quinze braças e seis palmos de frente e fundos com irregularidade por	4:8ooU00
O terreno do Jardim do mesmo — com nove braças de frente avaliado por	23oU40
As terras do Hospital da Caridade — de frente cem braças, e de fundos duzentas e trinta de cada lado tudo por	1:28oU00

Sismarias encorporadas nos Proprios Nacionaes.

1. Sismaria com huma legoa de comprido, e duas de largo, na margem do Norte do Rio Itajahy-assu, doada por João Prestes Barreto da Fontoura, confrontaudo pelo Leste com terras de Alexandre José de Azevedo Leão Coutinho, e pelo Oeste, e fundos com terras devolutas.

1. Sismaria com huma legoa em quadro na margem do Sul do Rio do Itajahy-merim, doada por D. Anna Margarida de Santa Cruz, confrontando por hum lado com terras de Pedro José, e pelo outro com terras de Manoel José Diniz.

1. Sismaria com huma legoa em quadro na margem do Sul do Rio Itajahy-merim, doada por Joaquim Francisco de Sales e Mello, confrontando pelo Leste com terras de Manoel Antonio Tavares, e pelo Oeste com terras devolutas.

Contadoria Geral da Segunda Repartição, em 20 de Junho de 1826.

JOÃO JOSÉ RODRIGUES VAREIRO,

RIO GRANDE DO SUL.

Mappa dos Proprios Nacionaes desta Provincia, com as suas avaliações, e o estado
em que se achão os Edificios.

PORTO ALEGRE 30 DE JUNHO DE 1825.			ESTADO EM QUE SE ACHA.	EXTENSÃO DE FRENTE.		VALORES.		SOMMA.
				Do Terr.	Do Edif.	Do Terreno.	Do Edificio.	
PORTO ALEGRE	EDIFICIOS	Palacio.	Bom.	255	199	1,504U000	30,000U000	31,504U000
		Casa da Junta.	Arruinada.	255	102	1,620U000	2,000U000	3,620U000
		Quartel.	Bom.	112	112	358U000	3,000U000	3,358U000
		Armazem do Escaler.	Arruinado.	85	85	1,088U000	800U000	1,988U000
		Armazem.	Arruinado.	50	50	350U000	120U000	470U000
		Intendencia e Almoxarifado.	Bom.	150	150	1,050U000	16,000U000	17,050U000
		Trem de Guerra.	Bom.	150	150	1,000U000	20,000U000	21,000U000
		Casa da Alfandega.	Boa.	255	255	4,080U000	16,000U000	20,080U000
		Açougue na Aldéa.	Bom.	=	=	U	50U000	50U000
		Casa da Polvora.	Bom.	=	=	350U000	2,080U000	2,430U000
	CAMPOS	Barreira.	=	=	=	800U000	U	800U000
		Factical de Coiteia.	=	=	=	3,000U000	U	3,000U000
		Campo de criar annexo.	=	=	=	10,000U000	U	10,000U000
		Matto que faz frente ao mesmo.	=	=	=	4,000U000	U	4,000U000
RIO PARDO.	EDIFICIOS	Casa da Residencia.	Arruinada.	164	99	500U000	1,500U000	1,600U000
		Quartel.	Dito.	199	199	240U000	1,100U000	1,340U000
		Corpo da Guarda do Quartel.	Dito.	75	75	60U000	500U000	560U000
		Armazem annexo ao Quartel.	Dito.	100	100	100U000	1,000U000	1,100U000
		Hospital.	Dito.	107	107	100U000	300U000	400U000
		Casa da Polvora.	Dito.	40	40	20U000	280U000	300U000
		Casa do Commandante do Triunfo, e Cadéa.	Boa.	60	60	U	600U000	600U000
	CAMPOS	Rincão de Saican.	=	=	=	19,000U000	U	19,000U000
		Rincão do Rio Pardo.	=	=	=	40,000U000	U	40,000U000
		Potreiro.	=	=	=	50U000	U	50U000
RIO GRANDE	EDIFICIOS	Consulado.	Arruinado.	100	100	40U000	110U000	150U000
		Casa da Guarda e Prisão.	Incapaz.	55	55	400U000	80U000	480U000
		Armazem do Parque.	Dito.	33	33	1,800U000	120U000	1,920U000
		Ferraria.	Dito.	73	73	400U000	80U000	480U000
		Casa da Polvora.	Dito.	58	58	90U000	80U000	170U000
		Hospital.	Dito.	54	54	40U000	110U000	150U000
		Residencia.	Arruinada.	100	100	800U000	600U000	1,400U000
	CAMPOS	Campo que foi do Visconde de Magé.	=	=	=	18,000U000	U	18,000U000
		Rincão q' foi da Viscondeça do Real Agrado.	=	=	=	26,000U000	U	26,000U000
Total						199,080U000	93,910U000	292,990U000

Contadoria Geral da Segunda Repartição, em 30 de Junho de 1826.

JOÃO JOSÉ RODRIGUES VAREIRO.

ILHA DA PLATINA.

Relação das Propriedades do Estado, que se reconhecem por serem na extenção da dita Provincia com a exclusão de Quanteis, Hospitaes, Laboratorios, e outros Edificios, que estão destinados ao serviço Militar, a saber:

A Estancia que chamão do Serro, cita a vista da Praça de Monte Video, constante de duas legoas e meia de frente, ao Pantanoso, e as mesmas de fundo aó mar, com hum Castello em sua frente, Quartel, e quartos para sua guarnição, Prisão, Fosso, e hum Armazem grande para polvora, e suas immediações, a qual serve para deposito da cavalhada e boyada do serviço do Exercito, e outros misteres de defesa.

A do Pão de Assucar nas circunvisinhanças de Maldonado, que serve tambem para o mesmo que a antecedente, e nao consta da sua extenção.

A de José Ignacio, no proprio departamento, que terá duas legoas de frente, e tres de fundo e se achão estabelecidos nella, com permissão dos Governos anteriores, desoito povoadores a quem converia amparar em sua posição mediante a moderada composição que se julgue proporcionada, no caso de a não necessitar o Estado.

O beneficio da pesca de Lobos na Ilha deste nome nas immediações do porto de Maldonado e seus adjacentes, o qual tem arrendado D. Francisco Aguilar, de que rescendina por tempo de cinco annos (que começarão em o 2º. de Abril de 1804) pela quantia de dous mil e duzentos pesos por anno, dos quaes se fazem tres partes que estão aplicadas pelo Governo, huma ao Hospital de Meninos Expostos da Capital, outra parte a huma Escola Lancasteriana da mesma, e outra para o Cabildo daquella Cidade, para a construção da Casa Capitular, e acabar o fabrico de sua Igreja Parochial. Em tempo do Governo Hespanhol, só poderia produzir por arrendamento quatro mil pezos annuaes, e quando não havião licitantes, se punha em Administração debaixo da direcção do Ministro da Fazenda.

Contadoria Geral da Segunda Repartição do Thesouro Publico em 20 de Junho de 1826.

JOÃO JOSÉ RODRIGUES VAREIRO.

MATTO GROSSO.

Relação de todos os Proprios Nacionaes, que comprehende a dita Provincia.

CIDADE DO CUYABÁ.

Comprehende o seu termo até o Alto Paraguay em Villa Maria que dista 46 legoas ao Poente: com a Fronteira do baixo Paraguay 80 legoas ao Sul; e com o Registo do Rio Grande 204 legoas ao Nascente.

Quarta Parte XXIX.

Cuyabá.

Hum grande Edificio, que servia de residencia dos Governadores, e hoje para os Presidentes.

Hum dito de Tribunal da Junta da Fazenda, e mais Estações annexas.

Hum Quartelamento para alojamento da Tropa com hum Parque de Armas, e mais Trem de Guerra.

Hum Armazem, que serve de depozito para o Trem d'Artilheria.

Hum dito de munição de boca.

Hum Hospital Militar, e da Mizericordia com Botica dentro por se acabar.

Hum Payol de Polvora.

Hum Quartelamento por se acabar, para a nova Legião de Linha, construido pelo Governador Francisco de Paula Maggessi.

FRONTEIRA DO BAIXO PARAGUAY.

Huma Fortificação situada encostado a hum grande morro na margem direita do Rio Paragay denominada — Coimbra Nova — com quinze canhoneiras, e os seus Edificios são:

Hum Payol de Polvora.

Tres Armazens de Arrecadação.

Cinco Quarteis para os Officiaes, e mais Praças.

Huma Casa d'Oração.

Huma Fortificação occasional de Campanha em figura de Estrella situada em huma planice fora da margem esquerda do Rio Mondego 3oo passos, denominada — Miranda — com Artilheria sufficiente, e os seus Edificios são:

Huma Capella de Oração.

Hum Corpo de Guarda.

Hum Payol de Polvora.

Tres Armazens d'Arrecadação.

Quatro Quarteis para Officiaes, e mais praças.

Tem huma Fazenda de Gado vacum, e cavallar avaliada em sete mil cabeças.

Huma Povoação denominada — Albuquerque — em figura quadrada, cujos lados são formados pelas casas dos moradores, e tem:

Huma Casa de Oração.

Hum Armazem de Arrecadação.

Hum Corpo de Guarda.

Hum Quartel para o destacamento.

Villa Maria no Alto Paraguay os seus Edificios são:

Huma Igreja.

Hum Quartel para os Commandantes.

Hum Armazem de munição e pismenta.

Hum Quartel Militar, e Hospital

Huma Caza de Ferraria

Hum grande Edificio quadrado amurado a roda com duas guaritas, que servem para o deposito geral da Polvora.

Na distancia de huma Legoa e meia alem do Rio se acha situada huma Fazenda de Gado vacum, e cavallar denominada — Caissara — com edificios sufficientes, com dous retiros na extenção de doze legoas, que se acha avaliada em vinte mil cabeças, e he trabalhada por 44 praças as salariadas.

CIDADE DE MATTO GROSSO.

Comprehende o seu termo 150 legoas ao Norte onde está o Forte do Principe, 7 legoas ao Sul a Povoação de Cazalvasco, e 35 legoas ao Nascente o Registo Jaurú, a saber:

Matto Grosso.

Huma Capella Militar de Santo Antonio com ornamentos, e Alfaias necessarias.
Hum Quartel da antiga residencia dos Governadores.
Hum Edificio que serve de Provedoria da Fazenda.
Hum grande Quartelamento Militar com hum Parque dentro de Infantaria, e Artilheria.
Hum Armazem de munição de boca.
Hum grande Telheiro, que serve de Arsenal para concerto de Botes, e Canoas.
Huma Caza encostada a este Telheiro onde está o Payol da Polvora.
Huma Olaria onde se fabricão louças de barro, telhas, e tijolos para os Edificios Publicos.
Tres propriedades de Cazas grandes, que servem de Quarteis para os Officiaes.
Existem empregados nos differentes serviços 11 escravos ja idozos.
O Forte do Principe da Beira situada á margem do Rio Guaporé comprehende-se quatro baluartes com 52 Canhoneiras, e dentro os Edificios seguintes:
Huma Capella de Nossa Senhora da Conceição.
Hum Quartel para os Commandantes.
Hum Hospital.
Hum Payol de Polvora.
Duas Cizas de Arrecadações de plamentas de Guerra, e munição de boca.
Quatro Quartelamentos, para Officiaes, e mais Praças da Guarnição.
Fora da mesma Fortaleza existem quatro grandes moradas de Cazas, para hospedagem dos Hespanhoes, e para outros diversos destinos.
Na distancia de 60 legoas para baixo, e 30 para cima, existem dous Destacamentos denominados — Palmella, e Ribeirão — todos com Armazens de munição de boca, e plamenta de Guerra, e Quarteis para os Commandantes, e Soldados.
Existem nos differentes trabalhos da mesma Fortaleza 25 escravos ja idozos.
A Povoação de Cazalvasco situada na margem do Rio Barbados, os seus Edificios são:
Huma Capella de Nossa Senhora da Boa Esperança com ornamentos, e Alfaias.
Hum Quartel da residencia dos Governadores.
Huma Caza para Alfandega.
Hum Armazem.
Hum Hospital.
Huma Caza de Carpintaria.
Hum Quartel para Officiaes de Patente.
Hum Quartel para a residencia do Commandante.
Hum dito para o Capellão.

Hum Agougue.
Hum Quartelamento para a Guarnição.
Hum dito para os Indios Aldeados.
Oito Edificios occupados com alguns povoadores.
Na distancia de huma legoa e meio, se acha hum Edificio para hospedagem
dos Hespanhoes, e na entrada das Sallinas outros, que servem para reforço
de Tropa, e Vagueiros.
Tem huma Fazenda de Gado vacum, e cavallar avaliada em quatro mil cabeças,
Existem mais nos differentes serviços seis escravos já idozos.
Registo do Jaurú situado na margem do Rio deste nome, e tem hum Edi-
ficio, que serve de coutage dos generos, que importão para Matto Grosso.

Contadoria Geral da Terceira Repartição do Thesouro Publico, em 20 de
Junho de 1826.

JOÃO JOZÉ RODRIGUES VAREIRO.

LETRA H.

ILLUSTRISSIMO, E EXCELLENTISSIMO SENHOR,

Na conformidade das Ordens de V. Ex. para fazer a exposição do Emprestimo de Londres,
suas condições, e applicações vou cumprir esta Determinação, procurando, como possivel me
for, corresponder ás vistas de V. Ex. á este respeito.
O Emprestimo, que o nosso Governo abrio em Londres, teve origem no Decreto de 6 de
Janeiro de 1824, pelos exuberantes motivos, que nelle se relatão, o vai por Copia sub. nº 21
Os Negociadores nomeados para a contrahirem forão o Visconde de Barbacena, e o actual
Enviado Extraordinario Ministro Plenipotenciario na dita Corte de Londres, o Barão de
Itabayana, que tinhaõ a seguir duas marchas para a sua realizaçaõ, ou remetter a huma
Caza, ou Cazas da mayor riqueza, e conceito a venda das Apolices do nosso Governo,
sustentando no mercado o maior preço possivel, ou emittir as ditas Apolices á hum preço
certo por conta, e visto das Cazas que se propozessem ao seu contracto. Se a constitu-
cionalidade de S. M. o Imperador, o seu Conspicuo Ministerio fosse reconhecido na Europa,
como hé evidente neste Imperio, as solicitudes impertinentes não houvessem alterado a
verdadeira opinião dos nossos Negocios Financeis mais vantajoso sem duvida seria o
primeiro methodo; mas na distancia da verdade, na fluctuação do credito dos Governos o
segundo hé mais proficuo a Naçaõ, que contrahe o Emprestimo, e foi este o que abra-
çaraõ aquelles Plenipotenciarios, dividindo a maça do Emprestimo em tres terças partes,
a primeira das quaes em 31 de Agosto de 1824, venderaõ ás tres Cazas de Bazeth,
Farquhar, Crawford e Comp.ª, Fletcher Alexandre e Comp.ª, e Thomas Wilson e Comp.ª, a
razaõ de 75 Libras esterlinas por cada cem em Apolices, debaixo das condições que constaõ
da escritura ingleza sub nº 22, e as duas terças partes restantes, em 11 de Janeiro do anno
proximo passado, venderaõ á Caza de N. M. Rotschild, a razaõ de 85 Libras por cem
de Apolices, como da Escritura respectiva sub nº 3. Os ditos Negociadores daraõ conta de
todas estas transacções, as quaes sendo levadas ao Imperial Conhecimento pelo ex-Ministro da
Fazenda o Excellentissimo Senhor Visconde de Maricá, O Mesmo Augusto Senhor por Decreto
de 30 de Dezembro de 1824 junto por copia sub nº 4, Approvou, e Ratificou os Artigos da
obrigaçaõ geral do referido Emprestimo. Solemnisado assim este Negocio constituio-se o Governo
devedor de Lib. 3,686.200 por Lib. 2.999.940, que effectivamente ficaraõ a sua disposição,
menos as respectivas Commissoes.
A marcha que se adoptou para amortisar este Emprestimo foi a de quotar as Provincias
do Rio de Janeiro, Bahia, Pernambuco, e Maranhaõ, no equivalente de 60.000 Lib. sendo

huma, o que faz Lib. 240,000 por anno, somma pouco mayor da que se necessita para pagamento do juro, e amortizaçaõ do referido Emprestimo, sendo 5 por % o preço do juro, e o fundo de amortizaçaõ 1 por % da total emissaõ de Lib. 3,686.200. As Ordens concernentes a este pagamento constaõ da Copia sob nº 5, que foraõ modificadas pelas de V. Ex. de 6, e 13 de Março ultimo, á fim de tornar menos oneroso á Fazenda Nacional a soluçaõ do Emprestimo, cuja applicaçaõ demonstra a Conta que segue, apoiada sobre as que tem recebido de Londres, e assentos que se fizeraõ nesta Repartiçaõ das operações que tiveraõ lugar até o fim do anno de 1825 proximo passado.

CONTA DO EMPRESTIMO DE LONDRES

Contrahido em virtude do Decreto de 5 de Janeiro de 1824.

Apolices Brasileiras tomadas pelas Cazas de Bazeth, Farquhar,
Crawford e Comp.ª, de Londres, Fletcher Alexandre e
Comp.ª, e Thomas Wilson e Comp.ª . . . . . . Lib. 1,333.300
Ditas, dito por Nathan Mayer Rotschild 2,352.900
                                            Total. 3,686.200

DEDUCÇÃO.

Prejuizo da Primeira Terça Parte das Apolices vendidas a 75 por % . . . Lib. 333,325
Dito das 2 Terças Partes restantes a 85 p. % . 352,935   686,260
                                                        Lib. 2,999,940

APPLICAÇÃO.

Remessas de Londres de Prata em Pinha, Barras, e Pesos fortes . . . . Lib.	543,003	15	7
Dita, em Soberanos d'oiro	25,000		
Commisoes relativas aõ Emprestimo, e as remessas d'oiro, e prata	52,455	1	7
Seguro destas Remessas, e outras Despezas . .	16,799	11	8
Letras sacadas pelo Thesouro, e pelo Banco sobre Londres .	285,000		
Ditas, recebidas de Londres á favor do Thesouro . .	184,057	19	8
Pagamento de Juros do Emprestimo	102,699	1	11
Colonisaçaõ de Estrangeiros	22,604	6	11
Generos para os Arsenaes de Marinha, e Exercito .	22,480	13	11
Compra de Vasos para a Marinha Nacional, e Imperial .	64,000		
Dita de Apolices Brasileiras destinadas ao pagamento do Capital, e Juro do Emprestimo	107,540	5	
Legações de S. M. o Imperador nas Cortes Estrangeiras .	8,273	16	
Premio do Adiantamento, que por Conta do Emprestimo fizeraõ as 3 Cazas de Bazeth, Farquhar, Crawford, e Comp.ª, etc., etc.	14,221	17	4
Dito do prompto pagamento das Apolices, que tomaraõ as ditas tres Cazas	39,996		
Lib.	1,485.935	8	9
Existente no fim do anno de 1825 . .	1,514.004	11	3	2,999.940

Sendo pois o existente em Londres até o fim do anno proximo passado, demonstrado pela conta antecedente, só me resta em concluzaõ, levar ao Conhecimento de V. Ex. que produzirá nesta Corte; a saber:

Quarta Parte. XXX.

As Remessas metalicas . . . . Rs. 2,621.845U727
As Letras sacadas, e recebidas 1,847.785U062
                            Ao todo 4,469.630U789

Cujo fundo se distribuio :
Para o Banco . . . . Rs. 2,644.663U452
Em Corretagens 2,311U664
» Despezas Geraes 1,822.655U473   4,469.630U789

He o quanto sobre este objecto tenho agora a offerecer ás respeitaveis Ordẽs de V. Ex. A' quem Deos guarde por muitos annos.

Thesouro Nacional, 17 de Junho de 1826.

Illustrissimo, e Excellentissimo Senhor Visconde de BAEPENDY.

De V. Ex.

Muito' seu respeitoso subdito e fiel

JOSÉ PROCOPIO DE CASTRO.

Reconhecendo naõ ser possivel occorrer com as rendas ordinarias ás despezas urgentes, e extraordinarias, que exigem a defeza, segurança, e estabilidade deste Imperio, nem permittirem as circumstancias actuaes, que o mesmo Imperio subministre as sommas necessarias, e indispensaveis para taõ uteis fins. Hei por bem, conformando-Me com o parecer do Meu Conselho d'Estado, mandar contrahir na Europa hum Emprestimo de tres milhões de Libras Esterlinas, consignando, e hypothecando para pagamento de seus juros, e principal a renda de todas as Alfandegas do Brasil, e com especialidade, a da Alfandega da Corte, e Cidade do Rio de Janeiro, e nomear para Negociadores do dito emprestimo, os meus Plenipotenciarios ad hoc, á Felisberto Caldeira Brant Pontes, e Manoel Rodrigues Gameiro Pessoa. Marianno José Pereira da Fonseca, o Conselheiro, Ministro, e Secretario d'Estado dos Negocios da Fazenda o tenha assim entendido, e o faça executar com os despachos, e instrucções propostas, e approvadas em Conselho de Estado. Palacio do Rio de Janeiro, cinco de Janeiro de mil oito centos vinte e quatro, terceiro da Independencia, e do Imperio. == Com a Rubrica de Sua Magestade o Imperador. == Marianno José Pereira da Fonseca. == Cumpra-se, e Registe-se, e se passem as Ordens necessarias. Rio de Janeiro, cinco de Janeiro de mil oito centos e vinte quatro.

FONSECA.

TRADUCÇÃO.

Ajuste feito aos 20 de Agosto de 1824, entre Felisberto Caldeira Brant, do Conselho de Sua Magestade Imperial, Marechal de Campo do Exercito Nacional e Imperial, etc. etc. etc. O Cavalleiro Manoel Rodrigues Gameiro Pessoa do Conselho de Sua Magestade Imperial, etc. etc. etc., Plenipotenciarios devidamente authorisados por Sua Magestade Imperial Dom Pedro I., Imperador Constitucional, e Perpetuo Defensor do Brasil, para o fim de fazerem hum emprestimo para o serviço do Imperio Brasilico de huma parte, e Richard Campbell Bazeth, David Colvin, John Farqhuar, William Crawford, e James Gathorne Remington da Cidade de Londres, Negociantes debaixo da Firma de Bazeth Farqhuar Crawford e Companhia, e Edward Fletcher, James Alexander, Henry Porcher, Charles Dashwood Bruce do mesmo lugar, Negociantes debaixo da Firma do Fletcher, Alexander, e Companhia, e Thomaz Wilson, Gabriel Shaw, Melvil Wilson, e Fletcher Wilson, tambem da mesma Cidade,

Negociantes debaixo da Firma de Thomas Wilson e Companhia da outra parte.

Por quanto Dom Pedro I. Pela graça de Deos , e Unanime Acclamação de seu Povo , Imperador Constitucional , e Defensor Perpetuo do Brasil , etc com o parecer do seu Conselho , tem resolvido fazer hum emprestimo na Europa de tres Milhões de Libras Esterlinas para o serviço do Imperio , e tem havido por bem nomear ao dito Marechal Felisberto Caldeira Brant, e ao Cavalleiro Manoel Rodrigues Gameiro Pessoa , seus Plenipotenciarios para esse fim , promettendo guardar , e cumprir inviolavelmente , tudo quanto elles prometterem , ou estipularem em Seu Nome , na negociação , ou contracto do dito emprestimo , e o dito Marechal Felisberto Caldeira Brant , e o Cavalleiro Manoel Rodrigues Gameiro Pessoa , tem em virtude dos poderes , e authoridade de que estão revestidos , para esse fim assignado , e executado huma obrigação geral em Nome de Sua Magestade o Imperador do Brasil pela soma de tres Milhões de Libras Esterlinas , da qual se tem ajuntado huma copia á esta Cédula cujo original foi dividamente depositado no Banco de Inglaterra , e tem-se preparado Certificados especiaes , para serem destribuidos, segundo forem precisos para a divisão , e distribuição do dito emprestimo , em somas de 1000 , 500 , 200 , e 100 Libras Esterlinas , conforme ao que depois se ajustar.

E por quanto o dito Felisberto Caldeira Brant , e o Cavalleiro Manoel Rodrigues Gameiro Pessoa , tem sollicitado , e requerido a assistencia dos ditos , Senhores Bazeth, Farqhuar , Crawford e Companhia ; Fletcher , Alexander e Companhia , Thomas Wilson e Companhia para a negociação do dito emprestimo por conta do dito Governo Brasilico , e os ditos Senhores Bazeth , Farqhuar , Crawford e Companhia ; Fletcher , Alexander e Companhia ; Thomas Wilson e Companhia , tem convindo , e acordado negociar o dito emprestimo, com as condições seguintes :

I. Que os ditos Senhores Bazeth Farqhuar Crawford e Companhia ; Fletcher Alexander e Companhia ; Thomas Wilson e Companhia tomarão desde já huma terça parte do dito emprestimo de tres Milhões de Libras Esterlinas a razão de 75 Libras Esterlinas dinheiro , por cada cem Libras de fundos , e terão , e guardarão o producto della quando , e em proporção que o mesmo ficar vencido , ou pago , segundo o terceiro artigo deste Ajuste , por conta , e á disposição do dito Felisberto Caldeira Brant , e Manoel Rodrigues Gameiro Pessoa , e disponivel segundo as suas ordens.

II. Que os ditos Senhores Bazeth , Farqhuar , Crawford e Companhia ; Thomas Wilson e Companhia , terão a sua opção de tomar em qualquer tempo antes do dia 11 de Dezembro proximo futuro , a outra terça parte do dito emprestimo de tres Milhões de Libras Esterlinas , a razão de 82 Libras Esterlinas dinheiro por cada cem Libras de fundos , e que , no caso de elles tomarem a segunda porção do emprestimo , elles tambem terão á opção de tomar , ou antes , ou no dia 11 de Abril proximo futuro a restante terça parte do dito emprestimo de tres Milhões de Libras Esterlinas á razão de 87 Libras Esterlinas dinheiro por cada cem Libras de fundos , o producto de qual ultima soma será tido , e guardado , e estará á disposição do dito Felisberto Caldeira Brant , e Manoel Rodrigues Gameiro Pessoa , e disponivel segundo as suas ordens.

III. Que os ditos Senhores Bazeth , Farqhuar , Crawford , e Companhia ; Fletcher Alexander e Companhia ; Thomas Wilson e Companhia , pagarão por taes porções do Emprestimo , que foram tomadas por elles , como acima

he dito em dez pagamentos mensaes ; o primeiro pagamento será feito no act
de tomar o emprestimo; os nove pagamentos restantes serão feitos hum por hum
no fim de cada mez Calendario, contando do tempo, em que se tomou o em
prestimo, os quaes pagamentos sobre a primeira parte do emprestimo tem sid
arranjados do modo seguinte:

1.º Pagamento	20	Agosto de 1824	....	10 por cento.
2.º	»	21	Septembro »	.... 10 por cento.
3.º	»	14	Outubro »	.... 10 por cento.
4.º	»	13	Novembro »	.... 5 por cento.
5.º	»	21	Dezembro »	.... 5 por cento.
6.º	»	20	Janeiro de 1825	.... 5 por cento.
7.º	»	18	Fevereiro »	.... 5 por cento.
8.º	»	18	Março »	.... 5 por cento.
9.º	»	28	Abril »	.... 10 por cento.
10.	»	17	Maio »	.... 10 por cento.

IV. Por quanto os Contrahentes tem hum beneficio de huma deducção
de tres Libras Esterlinas do preço de cada cem de fundos relativo a huma ter
ça parte do emprestimo tomada aos 20 de Agosto, isto he, 1 Libra 1
Shellins 8 peniques interesse, que se tem vencido sobre os fundos desde o pri
meiro de Abril de 1824, até aos 20 de Agosto, e 1 Libra 1 Shellin, e 3 pe
niques desconto á razão de 4 por cento pelo prompto pagamento, ajustou-se
expressamente, que no caso dos ditos Senhores Bazeth Farqhuar, Crawford e
Companhia; Fletcher Alexander e Companhia; Thomas Wilson e Compa
nhia comprarem qualquer outra porção do dito emprestimo conforme as ditas
opções, elles terão direito ao dito desconto de tres Libras na maneira acima
mencionada, do preço de cada cem Libras de fundo, e o interesse que se tiver
vencido sobre os ditos Certificados dos fundos, ao tempo da dita compra, pelo
dito semestre corrente ; e o disconto sobre os pagamentos para completar a
dita deducção das tres Libras sobre cada cem de fundos será completado em
qualquer outro modo, que for do agrado das Partes contrahentes.

V. Que em consideração da opportunidade, que se lhes offerece de com
prar as restantes duas terças dos ditos fundos os ditos Senhores Bazeth, Far
qhuar, Crawford e Companhia; Fletcher Alexander e Companhia; Thomas
Wilson e Companhia, adiantarão, e pagarão ao dito Felisberto Caldeira Brant,
e Manoel Rodrigues Gameiro Pessoa, quando, e como elles quizerem, de
mais a soma de trezentas mil Libras além do premio por huma terça do em
prestimo, que os ditos Bazeth, Farqhuar, Crawford e Companhia; Fletcher
Alexander, e Companhia, Thomas Wilson e Companhia, tem comprado a razão
de 75 por cento como acima dito no acto de depositar nas suas mãos os Cer
tificados do dito emprestimo por via de segurança em soma dobrado dos adian
tamentos, e elles serão livres no fim de seis mezes depois de fazer tal adian
tamento, a vender tantos os ditos Certificados quantos forem precisos para pa
gar a soma adiantada, ou a quantia della, que ficar divida.

VI. Interesse será dado aos ditos Senhores Bazeth, Farqhuar, Crawford
e Companhia; Fletcher, Alexander e Companhia; Thomas Wilson e Com
panhia, sobre todos os adiantamentos excepto os pagamentos do emprestimo,
que elles fizerem em virtude do artigo antecedente, ou de qualquer outro,
a razão de 5 por cento por anno, e todos os saldos que estiverem nas mãos
delles, por conta do dito General Felisberto Caldeira Brant, e o Cavalleiro

, Manoel Rodrigues Gameiro Pessoa, em virtude deste Ajuste serão empregados em taes seguranças, quaes o dito General Felisberto Caldeira Brant, e Manoel Rodrigues Gameiro Pessoa, approvarem; porém no caso de os Plenipotenciarios não quererem o dito emprego dos Saldos, não se poderá exigir das ditas Casas hum interesse sobre elles.

VII. Que se concederá, e pagará huma commissão de 4 por cento sobre a somma do dinheiro posto ao credito do dito General Felisberto Caldeira Brant, e o Cavalleiro Manoel Rodrigues Gameiro Pessoa para, e a respeito do producto do dito emprestimo em plena compensação do trabalho, e despezas feitas, ou por fazer pelas Partes no manejo, e negociação delle, a tal commissão incluirá todos os gastos na preparação de Escripturas, Certificados, Cedulas, Recibos, Despezas de Letrados, Correctores, Escrivães, e outras materias; e convem-se que huma quarta parte do producto liquido da dita commissão deduzindo todas as despezas, será paga ao dito General Felisberto Caldeira Brant, seus testamenteiros, administradores, e procuradores, e outra quarta parte ao dito Cavalleiro Manoel Rodrigues Gameiro Pessoa seus testamenteiros, administradores, e procuradores, que são expressamente authorizados por suas instrucções de Sua Magestade Imperial a participarem da dita commissão, e as duas quartas partes restantes aos ditos Senhores Bazeth, Farqhuar, Crawford e Companhia; Fletcher, Alexander e Companhia; Thomas Wilson e Companhia.

VIII. Outro sim tendo-se determinado, que haverá hum fundo de amortização de, ao menos de 1 por cento, com o interesse de juro composto, para ser applicado a reducção da dita divida, e que o interesse que houver vencido a respeito de Escripturas remidas pelo fundo de amortização se continuará a ser paga para o fim de augmentar os ditos fundos segundo os regulamentos contidos na dita Escriptura.

Outro sim, tem-se ajustado que os ditos Senhores Bazeth, Farqhuar, Crawford e Companhia; Fletcher, Alexander e Companhia; Thomas Wilson e Companhia, conduzirão as operações do dito fundo de amortização, e tambem pagarão os dividendos do dito emprestimo; pelos quaes serviços ser-lhes-ha paga huma commissão de 1 por cento sobre a somma do interesse que for annualmente pago por conta do dito emprestimo, e ser-lhes-ha paga tambem a corretagem costumada de 1/4 por cento sobre todas as compras feitas para o fundo de Amortização, porém livre de quaesquer outros encargos ou commissões.

IX. Em consideração das acima mencionadas estipulações o dito General Felisberto Caldeira Brant, e o Cavalleiro Manoel Rodrigues Gameiro Pessoa ajustarão usar da sua influencia com o Governo e Ministerio da Sua Magestade Imperial para que os ditos Senhores Bazeth, Farqhuar, Crawford e Companhia, Fletcher, Alexander e Companhia, Thomas Wilson e Companhia sejão empregados em comprar os effeitos, e generos, que se embarcarem por conta de Sua Magestade Imperial, e em fazer as remessas, etc. igualmente por sua conta, e em outros quaesquer serviços procedidos do dito emprestimo, certas de que a influencia das ditas casas lhes dará os meios de executar as ditas commissões da maneira mais vantajosa de Sua Magestade Imperial as quaes compras, embarques; e remessas não são incluidas nas commissões já mencionadas, mas as ditas casas poderão receber as commissões costumadas sobre compras, embarques, pagamentos, ou remessas de dinheiro, ou para outros quaesquer serviços, que dellas forem requeridos, e para as quaes não ha nesta;

Quinta Parte. XXXI.

commissão especifica declarada, isto he, de 2 ½ por cento sobre as compras, ou vendas de quaesquer mercadorias recebidas, ou embarcadas.

1 por cento sobre a compra ou venda de ouro, ou prata em barra, excepto aquelle, que for rechido do Brasil, em paga do interesse, ou para o fundo de amortisação do presente emprestimo.

1 por cento sobre todas as Letras de cambios remettidas para o Brasil, ou mandadas de lá para Londres.

¼ por cento sobre todos os seguros para o embarque de fazendas, ou mercadorias.

⅛ por cento sobre todos os seguros para o embarque de ouro, ou prata em barra, ou em especie: e para todas as mais transacções, para as quaes não ha neste, huma Commissão especifica, os Srs. (Bazeth e Companhia) receberão tal commissão qual for ajustada entre elles, e os Representantes de S. M. I. que estiverem nesta, durante o tempo dos seus poderes legaes.

Para os fins deste Ajuste, e de todas as materias com elle connexas, conveio-se que as ditas Firmas dos Senhores Bazeth, Parqhuar, Crawford, e Companhia; Fletcher, Alexander e Companhia; Thomas Wilson e Companhia, comporão, e formarão huma só parte como se todos os Socios das differentes Firmas fossem Socios geraes no Negocio. ☞

CEDULA.

100 Libras Esterlinas

LETRA D, N.ᵒˢ

Emprestimo de 3,000,000 Libras Esterlinas para o Serviço do Imperio do Brasil.

A todos a quem este presente for,

Por quanto Dom Pedro pela Graça de Deos e Unanime Proclamação de seu Povo, Imperador Constitucional e Defensor Perpetuo do Brasil etc. etc. etc. com o parecer do Seu Conselho de Estado tem resolvido fazer hum Emprestimo na Europa de tres milhões de Libras Esterlinas para o serviço do Seu Imperio, e tendo havido por bem nomear á nós Felisberto Caldeira Brant, do Conselho de S. M. I., Marechal de Campos do Exercito Nacional e Imperial etc. etc. etc. e a Manoel Rodrigues Gameiro Pessoa, do Conselho de S. M. I. etc. etc. etc. Seus Plenipotenciarios para esse fim promettendo de cumprir, e preencher inviolavelmente tudo quanto nós o dito Felisberto Caldeira Brant, e Manoel Rodrigues Gameiro Pessoa tratarmos, ou estipularmos em Seu Nome; e tendo em virtude dos poderes e authoridade, de que somos revestidos, entrado em negociação para fazer hum emprestimo da dita somma de 3 milhões de Libras Esterlinas para o serviço, e em Nome de S. M. I. Saibão por tanto todos, que em virtude dos plenos poderes, de que somos revestidos por S. M. I, e para o fim acima mencionado Nós Felisberto Caldeira Brant, e Manoel Rodrigues Gameiro Pessoa, por este presente, e em Nome de S. M. I. entramos nesta Escriptura Geral empenhando para o exacto, e pleno cumprimento della, a sagrada palavra de S. M. I.

1.ᵃ Certificados ao portador, vencendo interesse á rasão de 5 por cento serão emitidos á monta adequada para completar a dita somma de 3 Milhões de Libras Esterlinas, o qual dinheiro será posto a disposição de S. M. I. na forma, e maneira ajustadas.

Huma Cedula dos ditos Certificados será annexa á este presente, e promettemos, que o interesse deste emprestimo, commeçando do 1. de Abril proximo passado será pago todos os seis mezes em Londres ao portador dos ditos Certificados, á rasão acima mencionada, a saber, a ½ por cento no primeiro de Outubro proximo fucturo, e a ¼ por cento no primeiro do seguinte Abril, e assim continuará a ser pago cada 1. de Outubro, e 1. do Abril de cada anno successivo.

2.ª De mais promettemos, que hum fundo de amortisação de, ao menos 1 por cento sobre a somma destes Certificados com o interesse, que se accumular será annualmente applicado ao seu resgate principiando desde, e depois do primeiro de Janeiro de 1825, o dito resgate será por compra quando os Certificados estiverem ao par, e abaixo delle, e quando acima do par se determinará por sortes que se hão de tirar em Londres no primeiro de Abril de cada anno, e o resultado será immediatamente publicado na Gazeta de Londres, os numeros assim tirados serão pagos ao par com o interesse vencido no 1. de Outubro seguinte: os Certificados resgatados serão cancellados, e depositado no Banco de Inglaterra na presença de hum Tabellião, nas dos Agentes do emprestimo, e na do Enviado em Londres de S. M. I. ou na de alguma pessoa dividamente authorisada por S. M. I. ou pelo Enviado, o numero e a somma dos Certificados resgatados serão publicados huma vez por anno na Gazeta de Londres. O interesse resgatado por sorte, ou por compra será applicado ao fundo de amortisação, quando os Certificados estiverem acima do par, a somma annualmente empregada no fundo de amortisação não excederá 1 por cento da sua monta com o interesse sobre aquelles, que tiverem sido resgatados, se alguma parte do emprestimo ficar para resgatar no fim de trinta annos ella será então paga ao par.

3.ª Sendo esta divida contrahida com a Authoridade de S. M. I., e para o serviço de seu Povo, os recursos do seu Imperio são applicaveis ao seu pagamento porem, em ordem de assegurar a maior pontualidade na execução das suas promessas feitas; neste S. M. I. especialmente empenha as rendas procedidas das suas Alfandegas, e mandará ao Administrador desse ramo da renda Publica em o Rio de Janeiro, que estabeleça hum fundo particular dos direitos ali recebidos, como tambem dos dos outros seus portos de Mar, e não permittirá, que se faça outra qualquer applicação dos ditos Direitos aos fins geraes do seu Governo, até que huma somma seja remettida, adequada ao pagamento do interesse sobre este emprestimo, e o resgate do Capital, conforme as condições da presente Escriptura Geral. Sendo ajustado que existirá sempre em Londres ás ordens dos Agentes do emprestimo huma provisão para o interesse de seis mezes, e para a metade da somma, que se deve annualmente applicar ao fundo de amortisação.

4.ª Nós o dito Felisberto Caldeira Brant, e Manoel Rodrigues Gameiro Pessoa em Nome, e por conta de S. M. I. por este nos empenhamos que o pagamento do interesse deste emprestimo, e o resgate delle serão effeituados tanto em tempo de Guerra, como de paz, quer os Portadores de Certificados pertenção a huma Nação amiga, ou inimiga, que se hum estrangeiro for Portador de tal Certificado, e se elle morrer abintestado o mesmo passará aos seus representantes na ordem da successão estabelecida pelas leys do paiz, de qual era

subdito, e que taes Certificados são, e serão livres de Sequestro, tanto das re-
clamações do Estado, como das dos Individuos.

O presente Instrumento, ou Escriptura Geral, com os originaes Plenos Poderes de S. M. o Imperador do Brasil serão depositados no Banco de Inglaterra, em nossa presença, na presença dos Agentes do emprestimo, e na de
hum Tabellião para ali ficarem, até que todo o emprestimo tiver sido resgatado, e então a dita Escriptura Geral será cancellada, e entregue em fé, e
testemunho do que Nós o dito Felisberto Caldeira Brant, e Manoel Rodrigues
Gameiro Pessoa temos em virtude dos poderes, de que somos revestidos por S.
M. I. assignado os nossos nomes respectivos, e affixado os Sellos das nossas
Armas, em Londres aos 7 de Setembro do anno do Senhor 1824.

(Assignado) *Felisberto Caldeira Brant* (L. S.)

Manoel Rodrigues Gameiro Pessoa (L. S.)

Assignado, Sellado, e entregue na presença de

John Hambrook
John H. Spenceley, Tabellião.

Cedula dos Certificados mencionados na Escriptura Geral

A	N.º 1 a	500	500	de Lib. 1,000	de Lib.	500,000
B	N.º 1 a	1,000	1,000	500	....	500,000
C	N.º 1 a	5,000	5,000	200	....	1,000,000
D	N.º 1 a	12,000	12,000	100	....	1,200,000

Lib. 3,200,000

Outros Certificados de 100 Libras cada hum serão emittidos para que,
com as a cima 3,200,000 Libras Esterlinas produsão a somma de 3,000,000 Libras Esterlinas: os Certificados desta segunda somma não serão emittidos até
que elles estiverem annexos a presente Cedula.

Assignado pelos Plenipotenciarios, e as tres Casas na presença de

J. W. Frettfeld.   { New Bronk.
J. W. Frettfeld Junior. { Building.

Londres.

LETRA I.

Senhor. = Tenho a honra de apresentar a V. M. I., os Balanços, e Copias, que demonstrão o estado da Fazenda Publica desde Julho do anno de 1823 até o fim de Dezembro de 1824, em continuação da Exposição feita pelo ex-Ministro da Fazenda Manoel Jacinto Nogueira da Gama em Setembro do dito anno de 1823.

No Balanço N. 1 se vê a Receita, e Despeza que houve em todas as Caixas no anno de 1823.

No de N. 2 a Receita, e Despeza de todo o anno de 1824, havendo de augmento na Caixa de Geraes sobre a Receita de 1823 (não comprehendidos os Saldos) a quantia de 1:825:282U553 réis, assim como tambem houve de maior Despeza a quantia de 1:553:778U645 réis.

No dito N. 3, se mostra a Receita, e Despezas dos Diamantes brutos, e lapidados no mesmo anno de 1824.

A Demonstração N. 4 manifesta a importancia do que tem entrado no Thesouro pelas Caixas suppletorias desde 3 de Agosto de 1822 até o ultimo de Dezembro de 1824, o que monta a 1:017:710U660, existindo unicamente no principio deste anno na Caixa dos Sequestros a quantia de 89:943U741 réis.

O N. 5 mostra em resumo a Receita, e Despeza de todo o anno de 1824, não só do que entrou no Thesouro, como do que se recebeo por conta do primeiro terço do Emprestimo, e sua distribuição.

O N. 6 mostra a somma recebida por conta do primeiro terço do Emprestimo, e tambem a conta dos Agentes Brasileiros datada de 31 de Dezembro de 1824, existindo ainda de Saldo no fim do dito anno de 1824 libras 216380=1310.

N. 7 apresenta o estado da Divida activa do Thesouro Publico com algumas observações.

N. 8 mostra o estado da Divida passiva na qual se não comprehende o Emprestimo de Inglaterra.

N. 9 he a Tabella da Divida em Junho de 1823 comparada com a Divida no fim de 1824.

N. 10 he a Demonstração comparativa da Receita, e Despeza de 1824 com a do anno de 1820.

N. 11 são os Orçamentos da Receita, e Despeza ordinaria, e extraordinaria para o corrente anno de 1825, apresentando hum Deficit de 3:608:561U585 réis, que deve ser supprido pelo Emprestimo.

N. 12 he a Relação dos Proprios Nacionaes nesta Provincia, de que ha noticia, bem como dos valores por que alguns forão comprados, incluindo-se tambem o numero das embarcações de guerra.

A Exposição N. 13 he o resumo do Estado da Fazenda de cada huma das Provincias pelas declarações dos respectivos Contadores Geraes. A imperfeição, e defeito que se observa neste quadro provem da inobservancia das Ordens que se tem expedido ás mesmas Provincia por vezes, e da confusão nas Juntas de Fazenda pelos eventos politicos. Neste corrente anno tem chegado de algumas dellas, Balanços regulares com as declarações exigidas sobre o estado da sua divida activa, e passiva.

Quinta Parte. XXXII.

Era evidente não poder o Thesouro Publico desta Corte com a renda ordinaria supprir as despezas extraordinarias, que os acontecimentos politicos exigirão desde o anno de 1821. Huma revolução no Brasil a maior que se podia imaginar occasionou successos assombrozos. Foi necessario crear-se huma Marinha de Guerra, hum Exercito, combater, e expulsar os Luzitanos armados do territorio Brasileiro ao Norte, e ao Sul, subsidiar as Provincias necessitadas com armamento, e dinheiro, expugnar a anarquia, que se apoderou de algumas, e as assolou; fazer expedicções navaes dispendiosas, e finalmente defender, e sustentar a Cauza Sagrada do Imperio contra os seus numerosos inimigos internos, e externos. Todas estas difficuldades, que parecião insuperaveis forão vencidas pelo Genio transcendente de V. M. I. assistido pela Protecção Divina. A economia austéra que V. M. I. tem observado nas suas despezas Pessoaes, e nas de sua Caza, com a mais exacta Arrecadação da Renda Publica, e melhor fiscalisação nas despezas de todas as Repartições produsirão o effeito de hum menor empenho do que se devia suppor, e esperar em similhante empreza. A Divida Publica que em 26 de Fevereiro de 1821 era de 9:548:168U953 réis, no fim do mesmo anno de 9:870:918U096 réis no ultimo de Junho de 1823 de 12:156:145U961 réis, no fim de 1824 importou em 11:860:027U602, não comprehendida nesta somma a divida contrahida em Inglaterra pelo primeiro milhão Esterlino de que ainda existia o Saldo de Libras 216:380n13m10.

O Orçamento da Despeza neste corrente anno avulta consideravelmente, porque comprehende o juro annual de todos os Emprestimos, inclusive os de Inglaterra, e a despeza annunciada com a compra das duas Fragatas nos Estados Unidos da America, importando tudo em 2:034:950U145 réis. As despezas com a Marinha, e Exercito tem crescido sensivelmente como era de esperar pelo augmento de ambos, que devem absorver este anno para mais de nove milhões de Cruzados.

Pelo §. 14, Art. 15, Cap. 1. Tit. 4 da Constituição do Imperio pertence ao Poder Legislativo estabelecer meios convenientes para pagamento da Divida Nacional. Segundo os melhores principios de Credito Publico, hoje adoptados, e praticados pelas Nações mais illustradas, ella deve ser fundada, applicando-se-lhes a mais segura Renda para pagamento do seu juro, e estabelecendo-se huma Caixa de amortisação competentemente dotada para o seu resgate gradual. Esta providencia deve comprehender as mais Provincias do Imperio, observando-se a respeito das suas dividas o mesmo systema que for adoptado na Capital para a sua divida geral. Sendo impraticavel que a receita ordinaria nestes primeiros annos possa occorrer as despezas ordinarias ainda no estabelecimento de Paz, comprehendendo-se nellas, como cumpre, o pagamento dos juros da divida publica, o seu difficil deverá ser preenchido por impostos novos ou addicionaes, e emprestimos. Quanto a impostos, o producto dos existentes será maior sendo mais exacta a sua arrecadação, o que não tem sido nas Provincias pela confusão, e desordens das cousas. O Tabaco, e Agoardente são artigos que podem e devem supportar huma gravissima imposição no seu consumo interno sendo alliviados quanto for possivel na sua exportação para fora do Imperio; o Vinho, e Azeite doce podem pagar maiores direitos d'entrada. O Dizimo ou Decima rural, imposto o mais importante do Imperio, convem que seja restabelecido com as modificações convenientes. He necessario, e justo que os donos dos predios rusticos contribuão com parte da sua renda para as despezas do Estado, como os proprietarios dos predios urbanos. O Banco necessita de hum auxilio tal, que o ponha em circunstancias de pagar á vista as suas Notas. Este estabellimento deve merecer muita consideração á Assembléa Legislativa.

Os Balanços, e Contas juntas offerecem sobejas noções sobre o estado da Fazenda Publica nos annos de 1823, e 1824. A Demonstração comparativa da Receita e Despeza, de 1824 com a do anno de 1820, em N. 10, he Documento digno da Attenção de V. M. I..

Termino esta breve exposição declarando novamente a V. M. I. a minha insufficiencia no penosissimo exercicio do Emprego de Ministro da Fazenda, que acceitei por obediencia, e continuo a exercer para demonstrar a V. M. I. a minha docilidade, e resignação, e Merecer por ella aquella honroza demissão, que devo esperar da Bondade e Munificencia de V. M. I. em premio maior que ambiciono, de vinte tres annos de serviços em diversos Empregos, e sobre tudo do muito amor, respeito e obediencia, que tenho, e professo á Augusta Pessoa de V. M. I., que Deos Guarde por muitos e felizes annos, como todos havemos mister. Rio de Janeiro 27 de Setembro de 1825 — (Assignado) *Marianno José Pereira da Fonseca.*

TRADUCÇÃO.

Contracto feito nos doze dias de Janeiro de 1825, entre Feliberto Caldeira Brant, Membro do Conselho do Imperio do Brasil, Marechal de Campo do Exercito Nacional, e Imperial etc. etc. etc., e o Cavalleiro Manoel Rodrigues Gameiro Pessoa, Membro do Conselho do Imperio do Brasil etc. etc. etc. Plenipotenciarios devidamente authorisados por Sua Magestade Imperial D. Pedro I, Imperador Constitucional e Perpetuo Defensor do Brasil, a fim de contrahirem hum Emprestimo para o Serviço do Imperio do Brasil, e Nathan Mayer Rothschild, Negociante da Cidade de Londres, pela outra parte.

Por quanto D. Pedro I. por Graça de Deos, e Unanime Acclamação de Seu Povo, Imperador Constitucional, e Perpetuo Defensor do Brasil etc. etc. etc. Com o parecer do Seu Conselho d'Estado Resolveu contrahir na Europa hum Emprestimo de 3:000,000 Lib. para o Serviço do Imperio, e Houve por bem de nomear, e Designar o dito Marechal Feliberto Caldeira Brant, e o Cavalleiro Manoel Rodrigues Gameiro Pessoa, Seus Plenipotenciarios para aquelle fim, promettendo guardar inviolavelmente, cumprir, e executar tudo aquillo, que elles prometterem, ou estipularem em seu favor na negociação, ou Contracto do dito Emprestimo, e o mencionado Marechal Feliberto Caldeira Brant, e o Cavalleiro Manoel Rodrigues Gameiro Pessoa, em virtude dos poderes, e authoridades á elles conferidas para esse fim, assignárão, e executárão huma obrigação geral a favor de S. M. o Imperador do Brasil pela importancia de 3:000,000 Lib., huma copia de qual, está inserta na Cedula junta, a qual foi devidamente depositada no Banco de Inglaterra, e certificados especiaes, se preparárão para se executarem, como se requeira na repartição, e distribuição do dito Emprestimo, em sommas de 1000 Lib. e 500 Lib., 200 Lib. e 100 como abaixo será convencionado; e por tanto hum milhão de Lib. St. parte do dito Emprestimo, foi tomado em, ou pouco mais ou menos, no mez de Agosto ultimo pelos

Srs. Bazeth Farquhar Crawford e Comp. , os Srs. Fletcher Alexandre e Comp. ,
e os Srs. Thomaz Wilson e Comp. , todos negociantes da Cidade de Londres,
á razão de cem Lib. de Capital por cada 75 Libras moeda , e certificados especiaes se lhe passarão pelo montante de hum milhão trescentas e trinta tres
mil Lib. de Capital; e são presentemente Agentes para o pagamento dos dividendos do dito milhão trescentas e trinta e tres mil e trescentas Lib. de Capital, e por-quanto o dito Nathan Mayer Rotschild tem contractado , e ajustado com o dito Marechal Felisberto Caldeira Brant , e o Cavalleiro Manoel
Rodrigues Gameiro Pessoa , tomar os restantes dous milhões de Lib. St. do
referido Emprestimo nos termos , e condições aqui mencionadas , e ora he por
este agora convencionado , por , e entre as partes aqui juntas do modo seguinte ;
convem a saber.

I.

Que o dito Nathan Mayer Rotschild immediatamente tomará sobre si o mencionado Emprestimo de dous milhões de Lib. , a razão de cem Lib. de fundo
por cada 85 Lib. , moeda , fazendo ao todo a somma de dous milhões trezentas e cincoenta e duas mil e novecentas Lib. de fundo , e deverá , e guardará
o seu producto como , e quando o mesmo for pagavel , ou recebivel na conformidade do artigo 2.º deste Contracto ; por conta, disposição , e ordem do
dito Marechal Felisberto Caldeira Brant, e o Cavalleiro Manoel Rodrigues Gameiro,
Pessoa, como Agentes , e Plenipotenciarios de Sua dita Magestade Imperial, como
a cima se disse.

II.

Que o sobredito Nathan Mayer Rotschild pagará os ditos dous milhões de
Lib.; em doze prestações mensaes, e iguaes de 166,666 Lib. » 13» S. 4 D. cada
huma; a primeira della, será devida aos 15 dias de Janeiro corrente , e cada
huma das onze prestações restantes se pagará no 15.º dia de cada mez seguinte,
até que as doze prestações inteiramente se paguem , e satisfação , sugeitas não
obstante , a deducção de 4 por cento abaixo mencionada.

III.

Convierão as partes contrahentes, deste ; que os dividendos dos dias 2.352,900
Lib. de fundo , começarão , e serão calculados , desde o primeiro dia de
Outubro ultimo , e então coupons , ou dividendos promissorios (para serem pa-
gos pelo Governo do Brasil no escriptorio do dito Nathan Mayer Rotschild de
Londres) juntar-se-hão aos Certificados para se publicarem em seguimento deste
Contracto, e conveio-se tambem , que o dito Nathan Mayer Rotschild podesse
assignar taes coupons , em nome dos Plenipotenciarios por conta do Governo do
Brasil.

IV.

Por quanto foi estipulado no Contracto geral , que hum fundo de amortização de hum por cento pelo menos sobre a importancia dos Certificados emittidos , como nelles se menciona , com o interesse accumulado annualmente ,
se applicarão á amortização ; principiando desde , e depois do primeiro dia
de Janeiro de 1825 ; e foi tambem estipulado , que o interesse , que accrescer

devido a respeito dos Certificados amortizados, seria addicionado ao fundo de amortização, ora por este se assenta em que o dito Nathan Mayer Rotschild pagará os dividendos dos ditos 2.352.900 Lib. de fundo em o seu escriptorio em Londres, com a recepção de taes dividendos, que elle dito Nathan Mayer Rotschild fizer do dito Governo do Brasil, e o mesmo Nathan Mayer Rotschild fará taes compras, como se precisar, por conta do seu fundo de amortização, logo que o dito Nathan Mayer Rotschild for fornecido pelo Governo do Brasil dos fundos necessarios para fazer taes compras, ficando entendido, que dos dividendos semestraes em Abril, e Outubro seguinte, poderão ser recebidos pelo dito Nathan Mayer Rotschild, de quaesquer fundos em suas mãos, ou que provierem de dividas delle por conta das ditas prestações, e no caso que o dito Nathan Mayer Rotschild venha largar o seu interesse em qualquer dos ditos Certificados, elle terá a liberdade de tomar taes termos, como bem imaginar, e ajustar com os compradores delles, com condição porém, que o Governo do Brasil, não estará ligado a pagar somma alguma para dividendos álem dos da somma de 2.352.900 Lib. de fundo a cima mencionadas, e que da ultima das ditas prestações mensaes, o dito Nathan Mayer Rotschild poderá deduzir 1 por cento tirado dos referidos 2.352.900 Lib. de fundo, á conta do fundo da amortização, pagando-lhe, ou cedendo-lhe Sua dita Magestade pelo Serviço, que nella prestar o dito Nathan Mayer Rotschild a Commissão de 1 por cento da maça dos dividendos, que annualmente accrescer devida, e pagavel em respeito ao mesmo fundo, quer o dito Nathan Mayer Rotschild seja, ou não seja o proprio possuidor dos ditos Certificados, ou de qualquer parte, delles nos tempos em que taes dividendos se tornarem devidos respectivamente, e então será tambem permittida a usual corretagem de ¼ por cento de todas as compras, que forem feitas pelo dito Nathan Mayer Rotschild, para o dito fundo de amortização, como a cima se menciona, mas não de outros encargos, ou Commissões quaesquer, respectivamente ao pagamento de taes dividendos, ou compras por conta de taes fundos de amortização, como a cima se disse.

V.

Que será concedido, e pago por Sua dita Magestade Imperial ao dito Nathan Mayer Rotschild, e he por este expressamente authorisado a deduzir das ditas doze prestações mensaes, logo que ellas se tornarem progressivamente devidas; huma Commissão de 4 por cento sobre a importancia do dinheiro, que antecedentemente se deixou á sua guarda, por conta, disposição e ordem do dito Marechal Felisberto Caldeira Brant, e o Cavalleiro Manoel Rodrigues Gameiro Pessoa, em quanto Agentes, e Plenipotenciarios, como a cima se refere, por, e em respeito ao producto do dito Emprestimo de dous milhões de Labras, da qual ultima Commissão ¼ parte liquida de todas as deducções, se pagará ao dito Felisberto Caldeira Brant, huma outra parte liquida de todas as deducções se pagará ao Cavalleiro Manoel Rodrigues Gameiro Pessoa (sendo o dito Marechal Felisberto Caldeira Brant, e o Cavalleiro Manoel Rodrigues Gameiro Pessoa expressamente authorizados por Sua dita Imperial Magestade, a receber tal Commissão) e as restantes duas quartas partes, pertencerão ao dito Nathan Mayer Rotschild, e será recebida, e arrecadada por elle em plena compensação do trabalho, e despezas feitas, e por fazer pelo Nathan Mayer Rotschild no manejo, e negociação do dito Emprestimo de 2.000.000 Lib., e to-

Quinta Parte. XXXIII.

dos encargos do preparo dos Certificados, Escriptos, Recibos, Leys, Deligencias, Corretagem, Escripturarios, Sallarios, e outros objectos, excepto quanto ao pagamento dos dividendos dos ditos 2.352.900 Lib. de fundo, e á applicação do fundo de amortisação, a respeito do qual, Commissões distinctas de 1 por cento, e ¼ por cento se concederão ao dito Nathan Mayer Rotschild ; como á cima se mencionou, e contractou.

VI.

Foi de mais contractado por, e entre as partes aqui juntas, o dito Nathan Mayer Rotschild pagará adiantado ao dito Marechal Felisberto Caldeira Brant, e ao Cavalleiro Manoel Rodrigues Gameiro Pessoa para o serviço de Sua dita Imperial Magestade, qualquer somma, ou sommas, que elles possão requerer, não excedendo á somma de 300.000 Lib, por conta das prestações, que forem devendo relativas ao dito Empréstimo, e naquelle caso se concederá ao mesmo Nathan Mayer Rotschild a respeito de taes adiantamentos o interesse de 3 por cento por anno, pelo tempo, ou tempos respectivos a taes avanços até que a somma destes esteja em devida forma creditada na Conta do dito Marechal Felisberto Caldeira Brant, e o Cavalleiro Manoel Rodrigues Gameiro Pessoa, em seguimento do artigo 2.º deste Contracto.

VII.

Foi de mais estipulado por, e entre as partes aqui juntas, que o dito Nathan Mayer Rotschild pagará, e dará ao dito Marechal Felisberto Caldeira Brant e ao Cavalleiro Manoel Rodrigues Gameiro Pessoa em quanto Agentes, e Plenipotenciarios como a cima se declara, enteresse, e conforme o preço de 3 Lib, por cento por anno sobre todas as sommas para serem levadas ao credito delles, e sobre todos os balanços, que possão ficar de tempos em tempos em suas mãos, respectivamente á dita somma de 2.000.000 Lib., ou por conta do Governo do Brasil; porém tal interesse deve unicamente principiar computado a respeito das ditas prestações aos differentes tempos, quando o mesmo respectivamente se tornar devido, e pagavel pelo dito Nathan Mayer Rotschild, como se estipulou no 2.º artigo deste Contracto.

VIII.

E o dito Marechal Felisberto Caldeira Brant, e o Cavalleiro Manoel Rodrigues Gameiro Pessoa em quanto Agentes, e Plenipotenciários na forma dita por este juntamente, e cada hum de per si, convem com o dito Nathan Mayer Rotschild, que Sua dita Imperial Magestade, ou Seus Successores quererão de quando em quando, depois de todas as ditas Prestações serem pagas devidamente, ou contadas pelo dito Nathan Mayer Rotschild, remetter ao dito Nathan Mayer Rotschild os dividendos, que accrescerem devidas a respeito dos ditos 2.352.900 Lib. de fundo, de modo que taes dividendos possão ficar nas mãos do dito Nathan Mayer Rotschild pelo menos, seis mezes previamente aos respectivos tempos em que os taes dividendos ficarem devidas, e o seu interesse, ao premio de 3 Lib. por cento dará o dito Nathan Mayer Rotschild ao mesmo Felisberto Caldeira Brant, e Manoel Rodrigues Gameiro Pessoa, por conta do

Governo do Brasil, dos tempos em que taes dinheiros vierem ás mãos do dito Nathan Mayer Rotschild, até á epocha, em que os dividendos a respeito dos quaes o mesmo for limitado, e tornar devidos, e pagaveis; e de mais a mais, que elles farão executar, e cumprir, ou concorrerão para que se execute, e cumpra, todos quantos actos, e acções forem assim requeridos, e necessarios, para a melhor, mais perfeita, e absoluta ratificação, e confirmação do dito Emprestimo de 2.000.000 Lib. assim contractado com o dito Nathan Mayer Rotschild na forma acima; e bem assim, que os ditos Marechal Felisberto Caldeira Brant, e o Cavalleiro Manoel Rodrigues Gameiro Pessoa em quanto Agentes, e Plenipotenciarios na forma referida, deverão assignar, e executar os Certificados assim referidos, e todas e tantas outras seguranças, quantas o dito Nathan Mayer Rotschild julgar conveniente publicar, no designio de conduzir o dito Emprestimo de 2.000.000 Lib. ao seu completo effeito. Em plena fé do que, as ditas partes para este presentes pozerão neste as suas mãos.... o dia, e anno em cima primeiramente escripto.

No caso em que, diamantes, ou productos se remettão para pagamento dos dividendos em vez de moeda, o dito Nathan Mayer Rotschild preceberá a Commissão do costume sôbre a venda de taes diamantes, ou productos.

Felisberto Caldeira Brant
Manoel Rodrigues Gameiro Pessoa. } Assignados.
Nathan Mayer Rotschild.

Está Conforme.

Brant. — Gameiro.

CEDULA.

A todos a quem estas forem presentes. Por quanto Dom Pedro por Graça de Deos, e Unanime Acclamação de Seu Povo, Imperador Constitucional, e Perpetuo Defensor do Brasil etc. etc. etc. com o parecer do Seu Conselho d'Estado Resolveo tomar tres milhões de Libras esterlinas por hum Emprestimo na Europa para o Serviço do Seu Imperio, e Houve por bem de Nomear, e designar a nós Felisberto Caldeira Brant, Membro do Seu Conselho, Marechal de Campo do Exercito Nacional e Imperial etc. etc. etc. e Manoel Rodrigues Gameiro Pessoa, Membro do Seu Conselho etc. etc. etc., Seus Plenipotenciarios para aquelle fim, promettendo inviolavelmente guardar, prehencher, e cumprir o que nós o dito Felisberto Caldeira Brant, e Manoel Rodrigues Gameiro Pessoa promettermos, ou estipularmos em Seu favor, e por quanto em seguimento dos poderes, e authoridades em nós envestidas temos entrado, em huma negociação para contrahir, por Emprestimo os ditos 3:000:000 Libras para o Serviço, e proveito de Sua Magestade Imperial; achão por consequenc'a todos, que debaixo dos plenos Poderes em nós envestidos por Sua Magestade Imperial, e no designo antes mencionado, nós Felisberto Caldeira Brant Pontes, e Manoel Rodrigues Gameiro Pessoa entramos pelas presentes em Nome de Sua Magestade neste Contracto geral, empenhando para estricto, e devido cumprimento delle, a Sua Imperial, e Sagrada Palavra.

I.

Certificados ao Portador o interesse, ou premio de 5 por cento por anno serão emittidos por tanta importancia, quanta for adquada para levantar a dita somma de 3:000:000 Libras, a qual importancia será posta á disposição de Sua Magestade Imperial, na forma, e maneira convida sobre huma Cedula de taes Certificádos, para se annexar ás presentes. E promettemos, que o interesse sobre este Emprestimo principiando desde o primeiro de Abril ultimo, será pago aos Semestres em Londres aos Portadores de taes Certificados, ao premio mencionado; a saber 2 e meio por cento em o primeiro de Outubro proximo, e 2 e meio por cento em o primeiro de Abril seguinte, e assim em cada primeiro de Outubro, e primeiro de Abril de cada anno subsequente.

II.

Promettemos além disto, que hum fundo de amortisação, pelo menos de 1 e meio por cento sobre o montante dos Certificados, que se emittirem com o interesse accumuládo, se applicará annualmente á sua amortisação, começando desde, e depois do 1. de Janeiro de 1825; tal amortisação se fará por compra, quando os Certificados estiverem ao, ou abaixo do par; quando superiores ao par, serão determinadas por partes, para se tirarem em Londres no 1. de Abril de cada anno, e o resultado se fará immediatamente a saber, por avisos na Gazeta de Londres dos numeros assim tirados para se pagarem ao par com o devido interesse delles no 1. de Outubro seguinte; os Certificados resgatados serão cancellados, e depositados no Banco de Inglaterra na presença de hum notario publico, dos Agentes do Emprestimo, e do Enviado em Londres de Sua Magestade o Imperador, ou de alguma pessoa devidamente authorisáda por Sua Magestade, ou pelo Enviado; os numeros, e importancias dos Certificádos amortisados se publicarão huma vez por anno na Gazeta de Londres, e o interesse delles, quer seja amortisado por sorte, quer por compra, se annexará ao fundo de amortisação, quando os Certificados excederem ao par. A somma annualmente empregada no fundo de amortisção não excederá 2 por cento sobre a sua importancia com o interesse sobre aquelles que houverem sido amortisados: Se qualquer parte do Emprestimo não ficar amortisáda a expiração de 30 annos, a mesma então se pagará ao par.

III.

Este debito sendo contrahido debaixo da authorisação de Sua Magestade Imperial, e para o serviço de Seu Povo, todos os recursos do seu Imperio se applicarão para a sua sobrabilidade, somente em ordem a assegurar a ultima pontualidade em o cumprimento das promessas por este feitas: Sua Magestade especialmente hypothecará as rendas provenientes de Suas Alfandegas, e instruirá o administrador deste Ramo das suas rendas no Rio de Janeiro para completar hum fundo particular de suas Alfandegas lá, e daquellas dos Seus outros portos maritimos, e não permittirá que delles se faça appropriação alguma para as applicações geraes do Seu Governo até que huma somma adquada se remetta para o pagamento do interesse sobre o Emprestimo, e amortisação do Capital, em conformidade das Condições do presente Contracto geral; sendo assentado, que sempre haverá em Londres á disposição dos Agentes do Emprestimo Receita para o interesse de 6 mezes, e para huma metade da somma que annualmente se deve applicar ao fundo de amortisação.

IV.

Nós os ditos Felisberto Caldeira Brant, e Manoel Rodrigues Gameiro Pessôa, em Nome de Sua Magestade Imperial, por este promettemos, que o pagamento do interesse deste Impresso, e sua amortisação se effectuará em tempo de guerra, assim como em tempo de paz sem distincção alguma, quer os compradores dos Certificados pertenção a huma Nação amiga, ou inimiga.

Que se hum Estrangeiro for possuidor de qualquer Certificado destes; e morrer abintestado, o mesmo Certificado passará aos seus Representantes na Ordem da Successão estabelecida pelas Leys do Payz do qual elle for subdito, e que taes Certificados serão, e ficarão izentos de Sequestro tanto á requisições do Estado, como dos Particulares.

O presente Instrumento, ou Contracto geral com os plenos poderes originaes de Sua Magestade o Imperador do Brasil, será depositado no Banco de Inglaterra em nossa presença, na dos Agentes do Emprestimo, e na de hum Notario publico, para ali ficar, até que o Emprestimo seja totalmente resgatado, e então o dito Contracto Geral se cancelle, e entregue. Em fé, e testemunho do que, nos o dito Felisberto Caldeira Brant, e Manoel Rodrigues Gameiro Pessoa temos, em virtude dos Plenos Poderes em Nós investidos por Sua Magestade Imperial, assignado os nossos respectivos nomes, e affixado os Sellos das nossas Armas, em Londres, aos 7 dias de Setembro de 1824.

Felisberto Caldeira Brant. (L. S.) Assignado.

Manoel Rodrigues Gameiro Pessoa. (L. S.) Assignado.

Assignado, sellado, e entregue na presença de

John Hambrok. — John H. Spendey.

Notaires publiques.

Cedula dos Certificados referidos a este no precedente Contracto Geral.

A. Nº. 1. a	500	500 de Lib.	1,000 Lib.	500,000
B. Nº. 1. a	1,000	1,000 »	500	500,000
C. Nº. 1. a	5,000	5,000 »	200	1,000,000
D. Nº. 1. a	12,000	12,000 »	100	1,200,000
			Rs.	3,200,000

Certificados ulteriores de 100 Lib. cada huma, se emittirão para com os 3,200,000 Lib. de fundo acima produzirem 3,000,000 Lib.

Esta ultima emissão não se fará até que se lhe ajunte a presente Cedula.

Quinta Parte. XXXIV.

Hei por bem approvar, e ratificar os quatro artigos emmendados, e comprehendidos na obrigação geral sobre o emprestimo do Brasil, assignada pelos Meus Plenipotenciarios o Tenente General Felisberto Caldeira Brant, e o Conselheiro Manoel Rodrigues Gameiro Pessoa, e depositála no Banco de Londres em dezesete de Setembro deste anno; os quaes artigos prometto em Fé, e Palavra Imperial fazer observar, e cumprir inviolavelmente. Mando ao José Pereira da Fonseca, do Meu Conselho de Estado, Ministro e Secretario de Estado dos Negocios da Fazenda, Presidente do Thesouro Publico o tenha assim entendido, e faça executar com os despachos necessarios. Palacio do Rio de Janeiro trinta de Dezembro de mil oito centos vinte e quatro, terceiro da Independencia e do Imperio. — Com a Rubrica de Sua Magestade o Imperador. — Marianno José Pereira da Fonseca. — Cumpra-se, e registe-se, e se expeção as ordens necessarias. Rio de Janeiro quatro de Janeiro de mil oitocentos e vinte cinco. — Fonseca.

Marianno José Pereira da Fonseca, do Conselho de Estado de Sua Magestade o Imperador, Ministro e Secretario de Estado dos Negocios da Fazenda, e Presidente do Thesouro Publico etc. Faço saber á Junta da Fazenda Publica da Provincia do Maranhão: que Sua Magestade o Imperador querendo Providenciar sobre a exacta observancia dos artigos da Escritura geral, com que foi contrahido em Inglaterra o Emprestimo de tres milhões de Libras esterlinas a bem do Imperio do Brasil, e confiando na efficaz cooperação dessa Provincia para o pagamento annual dos juros e fundo de amortisação do dito Emprestimo: Ha por bem ordenar, que a Junta da Fazenda logo que esta receber faça recolher a hum cofre particular todo o rendimento dos Direitos d'Alfandega de importação, e exportação até prefazer huma quantia tal que possa produzir em Londres a somma annual de sessenta mil libras sterlinas, cujo valor deverá achar-se indefectivelmente em poder de hum dos Contractadores e Agentes do dito Emprestimo Nathan Mayer Rothschild, ametade no principio de Abril, e outra ametade no primeiro de Outubro do anno proximo futuro de mil oitocentos e vinte seis, devendo observar, e praticar o mesmo nos annos subsequentes. O mesmo Augusto Senhor recommendando a sobredita Junta a impreterivel execução desta Sua Imperial Determinação permitte que ella faça as remessas em letras ou generos, como lhe parecer mais seguro ou ventajoso, ou mesmo oneroso á Fazenda Publica, com tanto que não faltem de modo algum em Londres os fundos respectivos da sua quota nos prazos determinados, no que essencialmente interessa o Credito Publico deste nascente Imperio e a Honra Nacional, podendo a mesma Junta no caso de insufficiencia dos Direitos mencionados lançar mão de qualquer outra renda da Provincia, ou valer-se de qualquer recurso extraordinario, a fim de satisfazer a tão importante, e sagrado empenho, correspondendo-se em tro sim para melhor execução das Imperiaes Ordens sobre este objeto com o Agente Diplomatico do Brasil em Londres, o Conselheiro Manoel Rodrigues Gameiro Pessoa, e o sobredito Contractador do Emprestimo Nathan Mayer Rothschild, o que muito se recommenda á mesma Junta. Joaquim Hippolito da Almeida a fez no Rio de Janeiro aos vinte seis de Setembro de mil oitocentos e viote cinco. — Marcelline Antonio de Souza a fez escrever. — Marianno José Pereira da Fonseca.

Huma igual para Pernambuco.

Outra dita para a Bahia com a differença de que os Contractadores, que devem receber a quota desta Provincia são Bazeth, Farquhar, Crawford e C., Fletcher Alexandee e C., e Thomaz Wilson e C.

Tendo recebido os officios de numeros 17, 18, 19, e 20 os levei ao conhecimento de S. Magestade o Imperador, o Qual Sciente do seu contheudo muito se comprazeu com a participação de haverem VV. Ex e S. consuminado o Emprestimo total contractado com Rothschild a venda dos dous milhões sterlinos a 85; e em consequencia do bom êxito deste negocio, que estimou se effectuasse por maior preço que o offerecido em Mayo do anno proximo passado, Houve por bem o Mesmo Augusto Senhor Mandar significar-lhes a Sua Imperial Approvação, a qual não podia ter lugar por motivos obvios em quanto se não realisasse de todo o Emprestimo projectado. Ficão acceitas as letras no valor de Lib. 16,286»17»1» remettidas com o Officio N. 19, e quanto ao de N. 17 passou para o Ministro dos Negocios do Imperio por ser o seu objecto da privativa, e exclusiva competencia desta Repartição, por onde se participarão á VV. Ex. e S. as Imperiaes Determinações. Assentindo á indicação de VV. Ex. e S. tenho ordenado ao Thesoureiro Mór José Caetano Gomes proceda a fazer saques por conta do Emprestimo sobre Rothschild pelas quantias que forem concorrendo, e que não poderão chegar a Lib. 30:000 por cada Paquete segundo se tem observado, devendo o Banco do Brasil concluir o saque de Lib. St. 500:000, de que foi encarregado anteriormente. Tenho presentes as observações de VV. Ex. e S. expendidas nos seus sobreditos Officios, as quaes sendo em geral verdadeiras exigem neste Paiz modificações prudentes em rasão de preoccupações vulgares, e circunstancias peculiares, que frequentes vezes tornão impraticaveis os principios geraes em toda a sua extensão. Deos Guarde a VV. Ex. e S. Palacio do Rio de Janeiro 28 de Fevereiro de 1825. — Marianno José Pereira da Fonseca — Srs. Felisberto Caldeira Brant Pontes, e Manoel Rodrigues Gameiro Pessoa.

Sua Magestade o Imperador confiando no zelo, intelligencia, e patriotismo de Vossas Senhorias, os Tem encarregado de negociar na Europa hum Emprestimo de tres milhões de libras sterlinas para acodir ás despesas urgentes, e extraordinarias, que exigem a fundação, defensão, segurança, e estabilidade do novo Imperio do Brasil. Nesta honrosa, e importante commissão Vossas Senhorias procederão com a maior actividade, e circunspecção, tomando todas as previas, e necessarias informações, consultando as pessoas mais versadas em similhantes negocios, e examinando com madureza as condições das propostas, que fizerem os Capitalistas e Banqueiros. Sua Magestade Consigna, e Hypoteca para pagamento dos juros, e principal do sobredito Emprestimo a renda de todas as Alfandegas do Imperio, e com especialidade a da Alfandega da Corte, e Cidade do Rio de Janeiro, a qual só por si excede annualmente a somma de cinco milhões de cruzados, e Promette fazer cumprir estricta, e religiosamente todas as condições do Contracto, que se ajustar. Vossas Senhorias serão authorisados para contractarem o dito Emprestimo com huma ou mais pessoas mutuantes ou agentes, e adoptarem sobre a venda das Apolices, á medida que se lhes figurar mais proficua ao Imperio, seja por conta do Governo, ou por hum preço fixo a cargo dos Agentes. Tambem serão authorisados para convencionar sobre as commissões respectivas de todos os actos relativos ao mesmo Emprestimo em todo o tempo da sua duração, segundo os usos, e estilos observados geralmente em similhantes transacções, podendo tomar nellas aquella parte, que lhes possa, ou deve competir na qualidade de negociadores, commissarios, ou de agentes, cooperando activamente para elle se effectuar com os estrangeiros associados neste negocio. Quando possa ter lugar no ajuste do tempo apresado para o resgate do principal a isenção por tres annos de qualquer prestação para esse fim, será huma tal condição muito favoravel ao Thesouro Nacional pelo menor desfalque da renda Publica no primeiro triennio, devendo contribuir com a somma destinada paga pagamento dos juros, e obrigado sómente do quarto anno em diante addicionar-lhe as quantias estipuladas para o sobredito resgate tempo em que lhe será menos sensivel e gravosa similhante obrigação com o augmento da mesma renda publica, e suppressão de muitas despezas pelo reconhecimento da Independencia do Imperio, harmonia de seus membros, e estabilidade do seu systema politico. Deverão Vossas Senhorias no caso de baixar o preço das Apolices de oitenta, não progredir no empenho de obter o Emprestimo por inteiro, mas limitar se á quantia sómente de hum milhão de libras esterlinas, dando immediatamente conta para Sua Magestade Imperial Resolver o que julgar conveniente. O Mesmo Augusto Senhor Espera com rasão, e com justiça obter da nova Assemblea Geral, que se vai reunir, huma plena approvação deste Emprestimo, para cuja extraordinaria providencia se conformou com o parecer unanime dos seus Ministros e Conselheiros de Estado. Nos papeis inclusos acharão Vossas Senhorias a proposta do Emprestimo feita por Edouard Oxenford, residente em Inglaterra, e a sua correspondencia com o ex-Ministro da Fazenda sobre este objecto. Vossas Senhorias informando-se do caracter, e faculdades deste sugeito, e seus conceitos, e achando-o capaz de realisar a sua proposta com as alterações feitas pelo ex-Ministro, e acceitas por elle Oxenford, e outras modificações, que a diversidade de circunstancias fação necessarias, poderão contractar com elle o projectado Emprestimo, ou admitti-lo para hum dos agentes, não achando todavia Vossas Senhorias melhores condições em outras cazas, e com outros Agentes. Verificado que seja o Emprestimo Vossas Senhorias cuidarão em remetter para aqui tres mil contos de reis do seu producto com a maior brevidade, e pela maneira que lhes parecer mais vantajosa, dando preferencia ás patacas Hespanholas sobre outra qualquer moeda, ficando os remanescentes do Emprestimo á disposição do Governo, mas colocado de modo, que possa ser proveitoso em quanto se lhe não der applicação. As remessas sobreditas podem ser feitas nos Paquetes, e Navios de guerra Inglezes nas proporções, que julgarem convenientes, segundo o conceito das embarcações, precedendo imprescindivelmente o seguro das quantias remettidas. Podem tambem ter lugar as remessas em louras a pagar aqui em patacas Hespanholas, se este meio for mais vantajoso que a remessa em especie. Sua Magestade Imperial Espera o melhor exito neste negocio pelo bom conceito que faz dos talentos, luzes, e patriotismo de Vossas Senhorias, confiando sobre tudo na protecção Divina, que tão benignamente o Tem ajudado; e assistido na difficil, mas gloriosa empreza de fazer do Brasil hum Imperio livre, Augusto e Independente. Deos Guarde a Vossas Senhorias. Palacio do Rio de Janeiro em cinco de Janeiro de mil oitocentos e vinte quatro. — Marianno José Pereira da Fonseca. — Srs. Felisberto Caldeira Brant Pontes, e Manoel Rodrigues Gameiro Pessoa.

ILLUSTRISSIMO E EXCELLENTISSIMO SENHOR,

Em observancia das Ordens de V. Ex., tenho a honra de apresentar á Demonstração (da forma, que foi possivel) do estado do Thesouro Nacional, não só desta Provincia como de todas as mais do Imperio, nos annos de 1823, e 1824, em continuação da exposição apresentada em Setembro do sobredito anno de 1823 á extinta Assembléa pelo Excellentissimo Conselheiro d'Estado M. J. N. da Gama, sendo Presidente do mesmo Thesouro.

N.º 1. Hé o Balanço da Receita e Despeza que houve em todas as Caixas no anno de 1823.

N.º 2. Hé da mesma forma a Receita, e Despeza de todo o anno de 1824, havendo de augmento na Caixa do Geraes, sobre a Receita de 1823 (sem se comprehenderem os saldos), a quantia de rs. 1,825.282U553; bem como tambem houve em maior Despeza a quantia de 1,553,778U645.

N.º 3. Mostra a Receita, e Despeza dos Diamantes brutos, e lapidados no mesmo anno de 1824, pelo qual se reconhece, que a importancia da extracção não corresponde ás Despezas ordinarias, sem se calcular com o fundo empregado na mesma extracção.

N.º 4. He a demonstração da importancia do que tem entrado no Thesouro, pelas Caixas supplementarias, desde 3 de Agosto do 1822, até o ultimo de Dezembro de 1824, que monta á Rs. 1,017,710U660, existindo unicamente na Caixa dos Sequestros a quantia de 89,843U741 rs.

N.º 5. Mostra em resumo a Receita e Despeza de todo o anno de 1824; não só do que entrou effectivamente no Thesouro, como do que se recebeo por conta do primeiro terço do Emprestimo de Londres, e sua distribuição.

N.º 6.º Mostra a distribuição do primeiro terço do Emprestimo contrahido em Londres, e tambem a conta dos Agentes, datada de 31 de Dezembro de 1824, existindo ainda de saldo Lib. esterlinas, 216,380,,13, 10.

N.º 7; Apresenta o estado da Divida activa do Thesouro com algumas observações.

N.º 8. Tambem mostra o estado da Divida passiva, naqual não se comprehende o Emprestimo de Inglaterra.

N.º 9. He a Tabella da Divida em Junho de 1823, comparada com a que decorreo até o anno de 1824.

N.º 10. He a Demonstração comparativa da Receita e Despeza de 1824, com a do anno de 1820.

N.º 11. São os Orçamentos da Receita e Despeza ordinaria, e extraordinaria para o corrente anno de 1825; apresentando hum Deficit de rs. 3,608.561U585 que deve ser supprido pelo Emprestimo.

N.º 12. He a relação dos Proprios Nacionaes, de que ha noticia, bem como dos valores porque alguns forão comprados, incluindo-se tambem o numero das embarcações de guerra.

N.º 13. He da mesma forma a relação de alguns artigos, que podem soffrer mayores Direitos, quando se julgue ter lugar a imposição de novos Direitos.

N.º 14. He a exposição, em resumo do estado de cada huma das Juntas das Provincias, pelas declarações dos respectivos Contadores Geraes.

Não foi possivel apresentar-se neste quadro o estado completo da Fazenda desta Provincia, e de todas as mais do Imperio: alguns esforços fez o Excellentissimo Conselheiro de Estado M. J. N. da Gama quando Presidente do Thesouro Publico, desejou apresenta-lo á extincta Assembléa.

A providencia agora determinada por V. Ex., para se tomar nota do capital da Divida atrasada a proporção, que se for fazendo pagamento por conta della huma medida acertada;

Quinta Parte. XXXV.

porque por esta forma no fim de cada semestre se pode conhecer o estado da Divida. Esta mesma providencia a cerca da Divida atrazada (pois que toda a corrente, desde que S. M. I. tomou as redeas do Governo, lhe paga impreterivelmente) ja tinha sido determinada pelo mesmo Excellentissimo Conselheiro de Estado em Agosto de 1823, ao que unicamente se deo principio.

He portanto muito provavel que para o futuro se apresentem Tabellas mais circunstanciadas do Estado da Fazenda de todas as Provincias do Imperio.

Rio de Janeiro, de Agosto de 1825.

ANTONIO HOMEM DO AMARAL.

(Nam transcrevemos os Numeros 1 e 2, por já se achar impressos na Typographia Nacional.)

N.º 3.

Balanço dos Cofres dos Diamantes no anno de 1824.

Entrada. Brutos.

	Quilat.	Gr.	Quilat.	Gr.
Saldo do anno antecedente	1,470	2		
Recebido d'Administraçã do Tejuco	9,892	1		
Accrescimo de pezo		1	11,363	3

Sahida.

Vendidos	8,334	2		
Entregues para o Museo	178	3 ¾		
Ao Administrador da Fabrica para se lapidarem	1,560	1 ¼	10,083	3 ¼
Existente no fim do anno de 1824			1,279	3 ¾

Lapidados

	Pedras.				
Saldo do anno antecedente	819	626		¼	
Recebido do Administrador da Fabrica	203	132	¾	758	¼
Existentes no Thesouro	1,022				
Ditos no Cofre da Fabrica	440			389	2
	1,462	Diamantes com		1,147	2 ¾

Pode-se orçar a remessa annual do Tejuco em 10,000 Quilates, dos quaes applicão-se a Lapidaçã da Fabrica 2,000 , cujo valor se pode orçar, depois de lapidados, em 60,000U000

E para vender 8,000 Quilates que, segundo o preço de 7U200 rs. ultimamente vendídeos á Samuel Phillips importaõ em 57,600U000   117,600U000

Nº 4.

Demonstração das quantias que tem entrado no Thesouro, desde 3 de Agosto de 1822, até o fim de Dezembro de 1824, provenientes do Emprestimo contrahido no mesmo anno, Dons gratuitos, Sequestros, e Subscripções para a Marinha, a saber :

Emprestimo até	1823	439,778U000	
Dito	1824		439,778U000
Dons gratuitos até	1823	80,108U799	
Ditos	1824	14,838U777	94,947U576
Marinha	1823	90,937U394	
Dito	1824	72,126U470	163,063U864
Sequestros até	1823	154,243U232	
Ditos	1824	165,677U998	319,921U230
		Rs.	1,017.710U660

Da importancia a cima só ficou existente no fim de 1824, na Caixa de Sequestros rs. 89,943U741.

Nº 5.

RECEITA E DESPEZA

Resumida do Thesouro Publico em todo o anno de 1824.

~~~~~~~~~~

Receita.

Alfandega	Rs.	2,380.235U675
Administração das diversas Rendas pela Mesa do Consulado . .		827.671U472
Casa da Moeda		775,981U228
Decima		139.354U162
Correio, Ancoragem dos Navios Estrangeiros, Passagem dos Rios, Chancellaria Mór, Pescarias das Baleas, e outros		363,251U916
Remessas das Juntas, incluidos 120,707U509 rs., valor das Barras de Ouro para se cunhar, e remetes-se o seu producto		191,229U278
Diversas Receitas		184,314U689
Passagens das Caixas para a de Geráes por Suprimento . . .		509,400U471
Suprimento pelo Banco		427,000U000
Por conta do Emprestimo de Inglaterra para Letras sacadas pelo mesmo		250,000U000
	Rs.	6,048.438U891
Caixa conta velha pelo Saldo existente no fim do anno de 1823 .		5,525U045
	Segue Rs.	6,053.963U936

Suprimento extraor dinario pelo Banco, de que nao houve Receita viva

Transporte Rs.   6,053.963U936

nos Cofres da Thesouraria Mór relativamente ao sobredito anno, applicado na forma da Relaçao N. 1 . . . . Rs.   1,181.489U342
Remessa de Londres em ouro, e prata por conta
de Lib. 999,975 liquido de 1,333.300 Lib. primeira terça parte do Emprestimo, de que no
bem naõ houve Receita viva nos Cofres da Thesouraria mór, sendo toda a importancia applicada ao pagamento do que o Thesouro deve ao
Banco, que foi levada em conta dos artigos con-
tantes da demonstraçaõ N. 2 . . . .   2,382.744U040   3,564.233U58u
                                Rs.   9,618.197U518

Com a Remessa a cima vieraõ 321 Barras, e diversos pedaços de Prata, e juntamente acom-
panháraõ estas o N. de 2,527, 4tª, 8tª, e 16tª de pezos, que se remettérao á Casa da moeda, para
se cunhar em moeda Provincial, e que tudo pezou 50,577 marcos, 4 onças, 6 oitavas, e 36 graõs.
   N. B. A importancia do Emprestimo, com que se fez pagamento ao Banco, naõ entrou
na Caixa Geral do Thesouro Publico, pela razaõ de que os suprimentos feitos pelo Banco
saõ por elle despendidos em conformidade de Ordens expedidas.
   N. B. No Rendimento da Casa da Moeda está incluida a quantia de 263,049U642 rs.,
valor de barras de ouro remetidas de Minas para se cunharem, e voltar o seu pro-
dncto, bem como a importancia das Chapas de Cobre compradas para se reduzirem á
Moeda Provincial, e por isso o seu Rendimento liquido importou em 512,951U586 rs.

Despeza.

Casa Imperial . . . . Rs.   206,097U979
Capella Imperial 58,445U896
Pagamento a Criados do Senhor Don João VI., incluindo divida
   atrazada 27,831U160
Ordenados, Pençoes, Tenças, Congruas e Tachigraphos . . .   427,953U260
Expediente de Tribunaes, e mais Estações 115,873U896
Obras Publicas incluidos gratificações e materiaes 170,933U042
Soldos, Pençoes, Monte Pio, Commissariado do Exercito, Praças
   mortas reformadas, Obras, e outras Despezas Militares . .   1,365.496U594
Ditos da Marinha, Perias, generos, fretamento de Embarcações e
   outras Despezas proprias desta Repartiçaõ 1,543.928U952
Arsenal do Exercito 436,771U842
Hospital Militar, e Academia Medico Cirurgico 83,845U743
Pagamento de Juros, e amortização de varios Emprestimos . .   278,845U863
Dito, por conta de quantias recebidas por Sequestros 6,769U950
Suprimento as Juntas de Fazenda, incluida a Despeza com o al-
   deamento dos Indios na Provincia do Espirito Santo . . .   94,283U052
Despeza com a Extracçaõ Diamantina no Tejuco 67,885U201
Dita, com o transporte de Colonos Alemaes 42,367U964
Ordenados e Ajudas de Custo aos Empregados Diplomaticos nas
   Cortes Estrangeiras 13,486U340
Ditos, adiantados, e Ajudas de custo á Presidentes, e Secreta-
   rios nomeados para o Governo das Provincias 6,649U340
Pagamento de duas Letras Sacadas pelos Agentes do Imperio,
   por Freitas e Costa de Londres distribuido em diversos objectos
   por Ordem do Governo 45,122U635
Dito, ao Lord Cochrane por conta das prezas, que se julgarem
   improcedentes 200,000U000
Remessas á Junta de Minas, proveniente do ouro que veio a
   cunhar-se 84,902U644
                               Segue Rs.   5.275,544U976

Transporte Rs.   5.273,542U076

Importancia d'Ouro, Prata, e Chapas de Cobre remettido para a
Casa de Moeda 411,160U4o8
Diversas Despezas . . . .   0∘.461U476
                                                 5,702,117U857
Soldos existentes no fim do anno de 1824 . . . . .   271,846U079
                                                 Rs.   6.053,963U936
Supprimento extraordinario feito pelo Banco para manutenção das
Forças existentes na Provincia Cisplatina, como da relação
N. 1 . . . . Rs.   1.181,489U342
Pagamento feito ao Banco, por conta do que
o Thesouro lhe deve proveniente do que se
recebeo por conta da primeira terça parte
do Emprestimo contrahido em Londres como
da relação N. 2 . . . . . .   2.382,844U040   3.544,833U382
                                                 Rs.   9.613,9?U318

*N. 1. Relação dos Supprimentos feitos pelo Banco do Brasil para manutenção
das Forças de Terra, e Mar, existentes na Provincia Cisplatina no anno
de 1824; a saber:*

Pelo que pagou de Letras sacadas pelo Encarregado da Thesouraria das
Forças terrestres existentes na Provincia Cisplatina. Rs. 902,665U963
Idem, idem, pelo Commandante em Chefe Barão de L.   0,000U000   912,595U963
Idem, idem, pelo Commandante das Forças Navaes.   166,190U854
Quantia emittida em 24 de Dezembro de 1822. .   3,496U024   166,190U854
Importancia de 5 Consignações remetidas em moeda metalica para a
referida Provincia incluidos os Fretes 102,702U825
                                                 Rs.   1.181,489U342

*N. 2. Demonstração das quantias recebidas pelo Banco do Brasil em todo o
anno de 1824 por conta da primeira terça parte do novo Emprestimo contrahido em Londres para serem creditados na conta, do que o Thesouro Publico lhe hé devedor.*

Pelo importe da primeira Remessa em dinheiro de conta do Governo recebida de Ingla-
terra, e applicada á amortisação das seguintes Contas; a saber:
A conta de compra de ouro . . . . . .   Rs.   55,113U780
A dita da Praça de Commercio 161,200U375
A dita do Museo Publico 7,451U684
A dita de Cobre 67,293U491
A dita da Caixa Central da compra de metaes.   117,709U493
A dita de premios e Despezas dos Supprimentos .   1.007,400U027   1.384,643U000
Pelo importe da segunda Remessa em dinheiro recebida de Inglaterra,
applicada ás seguintes contas, a saber:
A conta da Caixa Central da compra de metaes .   Rs.   161,240U507
A fim de Supprimentos Extraordinarios . . .   338,666U993   499,907U500
Idem da terceira Remessa idem, applicada á conta de supprimentos
extraordinarios 4o5,7o3U840
                                                 Rs.   2.2?,U840

N. 6.

ESTADO DO EMPRESTIMO CONTRAHIDO EM INGLATERRA ATÉ O FIM DE 1824 A SABER:

Remessa em metal, a saber :
Em ouro constando de 25:000 Soberanos
reputados pelo Banco a 4U8oo réis....   120:000Uooo
Em Pezos e meios Pezos Hespanhoes , e differentes moedas de prata , sendo os pezos
reputados a 1Uooo réis 2:232:744Uo4o

                               2.382:744Uo4o

Letras sacadas pelo Banco , cuja importancia
entrou no Thesouro 250:000Uooo

                    Réis.,   2,632:744Uo4o

Além da importancia em metal , que toda ficou no Banco , por conta da divida do Thesouro, se receberão 321 barras , e diversos pedaços de prata , que pezarão 30:577 ms. 4 onc. 5 oit. e 36 gráos conjunctamente com 2:327:4ª2 e 16 de Pezos , que se achão na Casa da Moeda para se reduzir a moeda provincial de 640 e 320 réis.

O Emprestimo consta de 3:000:000 Lib. liquidas , das quaes já se tem Lib. 783.594»6»2 (por conta do 1.º Terço) conferida a Conta recebida dos Agentes na data de 31 de Dezembro de 1824, havendo de Saldo Libras St. 216:380»»13——10, cuja importancia distribuída consta dos artigos seguintes ;

Pela Repartição da Fazenda .....»..... Lib.   716:016» 14» 7
Idem dos Negocios Estrangeiros.........   30:878» 2» 1
Idem da Marinha ....   36:699» 9» 6

                                       783:594» 6» 2
                                       216.380»13»10

Saldo disponivel ....   'Lit......   999:975»——»——

Este Saldo disponivel ao Cambio de 67/2 ds. por 1Uooo réis, importa em réis 760:353U570

N. B. Na seguinte conta dos Agentes do Emprestimo em Londres consta a des ribuição do 1.º Terço do mesmo Emprestimo.

CLASSIFICAÇÃO DA DESPEZA.

... ento ... Andate em Londres ... Emprestimo ... importancia ... por ordem do ... te ... fim do anno de 1824 conforme as Contas recebidas dos ditos Agentes.

RECEITA.

Producto líquido da primeira parte do Em-
prestimo contrahido por Bazeth Farqhuar
Crawford e Comp.; Fletcher Alexander e
Comp.; e Thomaz Wilson e Companhia . Lib.   999.975» ... »

DESPEZA.

PELO THESOURO PUBLICO DIRECTA-
MENTE

Recebidos de Bazeth, Farqhuar Crawford e
   Comp.; Fletcher, Alexandre e Comp.;
   e Thomaz Wilson e Comp. pelo Navio
   Sparrowhawk em ouro e prata, inclusive
   a Commissão e despezas d'esta remessa Lib.   310.070» 8» 4
Dito pelo Navio William Curtis, idem ...   109.562» 10» 2
Dito pelo Navio Rores, idem ....   109.754» 14»10
Dito pela Galera Bride, idem ....   63.609» 4» 5
Dito em Letras de Cambio a pagar á ordem
   do Conselheiro Thesoureiro Mó32.410» ,15»36.410» 15» 6
Importancia da Commissão, e desconto rela-
tivo a esta primeira terça parte do Em-
prestimo ....   79.998» ... »
Importancia dos juros, que pagarão no 1.º de
   Outubro de 1824 idem ....   10.611» 1» 4
                                        ─────────────
                                         716.016» 14» 7

PELA SECRETARIA DE ESTADO DOS
NEGOCIOS ESTRANGEIROS

Legação de S. M. o Imperador nas Côrtes
   Estrangeiras ....   8.273» 16»—
Despeza dos Colonos Alemães...........   22.604» 6» 1
                                        ─────────────
                                          30.878» 2» 1

PELA DITA DOS DA MARINHA

Compra de Munições de Guerra, e Navues   21.249» 4» 2
Dita do Barco de Vapor, e despezas relativas   15.450» 5» 4
                                        ─────────────
                                          36.699» 9» 6
                                        ─────────────
                                         783.594» 6» 2
                       Saldo d'esta Conta..   216.380» 13»10
            Libras.... Libr»996.975»—»996.975»—»

N.º 7.

ESTADO DA DIVIDA PASSIVA DO THESOURO PUBLICO, NO FIM DO ANNO DE 1824.

Dizima de Sentenças da Chancellaria em execução	50:189U782
Diversos, que devem de novos e velhos Direitos	30:090U000
Dizimo atrazado por Administração	21:220U227
Dito por contracto arrematado por Manoel dos Santos Cruz	6:283U332
Donativo de Officios	2:042U085
Bancas do Pescado	3:054U700
Gabriel Fernandes de Castro por Direitos d'Alfandega (execução)	7:168U211
Sizas . . . . (dito) .	5:333U662
Imposto para o Banco . . . . (dito) .	24:180U000
Contracto dos botequins, e tavernas; resto	7:882U803
Decima atrazada até Junho	68:981U324
Dotação dos Vigarios para a Capella Imperial	7:867U004
Fallecido Thesoureiro da Ucharia José Joaquim de Mattos, saldo	9:707U089
Thesoureiro do Museo, resto de supprimento para o mesmo, e que se deve deduzir das Consignações	600U000
Que se deve haver pelos bens de Officiaes d'Alfandega conforme a Portaria de 15 de Fevereiro e a de Abril de 1823	19:206U000
Rs.	264:067U399

Por Emprestimo a diversos.

Leonardo Antonio Gonçalves Basto	1:855U519
Bibliothecario Roque Schuck	1:000U000
Barão de Santo Amaro	800U000
Fallecido Nunes, Capital e Premio	27:414U838
Conde de Amerval, idem	15:704U000
José Saturnino da Costa Pereira	1:000U000
Conselheiro Leonardo Pinheiro de Vasconcellos Capital e Premio	4:080U000
D. Luzia Perpetua Carneiro	4:800U000
Visconde de Mirandella, adiantamento para ser encontrado	600U000
Lucas José Obes	2:500U000
Manoel José Gregorio de Brito, em Lisboa	400U000
José Carneiro Pissarro, dito	1:700U000
Conego Francisco da Mai dos Homens, dito	11:175U000
José Joaquim Alves, dito	320U000
Antonio Januario Lopes da Silva, dito	450U000
Marquez de Louté, dito	5:985U000
Conde da Louzãa D. Luiz, dito	1:280U000
Conselheiro Manoel José Sarmento, por ter recebido de mais das suas contas	1:643U116
Rs.	337:674U872

N Não he nesta Nota Divida alvidada mas a Provincia Provincia suppôs supprimento, antunes arrendabento dinheiro áerão das pequena proposta, bem reprehendou uado do valor dos erratos gostro obpelecebem de guerras, acomacheou nemectidocmos tidos nas mesmas Provincias, vinhas, importando em 4:664:174:564 reis deste Annoo anda data Lisaboa Junho de 18a3 de 1823.

OBSERVAÇOENS.

As quantias de 50:289U782 reis da Dizima da Chancellaria e reis 30:000U000 de novos e velhos Direitos achão-se em execução.

A do fallecido Nuncio he provavelmente perdida, á excepção do que se poder apurar de producto de huma pequena chacara na ponta do Catú, que se mandou sequestrar: talvez convenia escrever-se ao nosso Encarregado de Negocios em Roma para informar, se o fallecido Nuncio teria alguns bens para satisfação desta divida.

A do Conde d'Amerval poder-se-ha cobrar, visto que a quantia emprestada foi para compra de benfeitorias, e Escravos de hum sitio na Tejuca, que hypotecou para pagamento da mesma divida.

A de D. Luiza he cobravel, advertindo-se, que ha a encontrar 1:170U000 reis, que o Thesouro deve pela compra de huns quadros para o Museo.

A do Visconde de Mirandella he para se encontrar no que lhe deve o Thesouro, quando apresentar o documento, que se lhe exigio.

A da Decima he incobravel a quantia de 20:959U207 reis por terem fallecido os Superintendentes, e o restante de 48:022U117 reis, que he cobravel, deve haver grande diminuição, por depender de ajustamento, e abatimento na liquidação das contas.

A do Thesoureiro do Museo he para pagar em prestações e nesta anno já entregou a quantia de 250U000 reis de duas prestações.

O Conselheiro Leonardo Pinheiro entregou mais em Março este corrente anno 1:200U000 rs. por conta da sua divida.

A quantia de 19:266U559 reis foi paga pelo Thesouro á hum Hespanhol Ylasseyo e á João Rodrigues Ribas, importancia de fazendas desencaminhadas de dentro d'Alfandega, para se haver a mesma quantia pelos bens dos Officiaes della, a quem pertencia a responsabilidade das mesmas, na forma determinada nas Portarias de 13 de Fevereiro, e 2 de Abril de 1823.

A divida do Conselheiro Manoel José Sarmento he cobravel, visto que tem aqui devedores, como consta da Procuração do seu Procurador.

De todas as mais dividas talvez se cobre a maior parte com muita demera, menos as das que forão para Portugal.

<hr />

N.º 8.

ESTADO DA DIVIDA PASSIVA DO THESOURO PUBLICO
NO FIM DO ANNO DE 1824.

Thesouraria Geral dos Ordenados, e pagadoria do Thesouro.

Ordenados.......................... 19:287U073
Jungumas.......................... 402 4:002U640
........Segue.... 23:689U23:689U713
Quarta Raztura XXXXI IXXXVII.

	Transporte	23:689U713
Pensões	53:579U251	
Tenças	2:183U742	

	79:452U706
Entrada das Provedorias dos Defuntos, e Auzentes........	875:161U816
Alugueis das Cazas, em que estão os Tribunaes...........	16:453U799
Papeis correntes	100:000U000
Obras Publicas	11:102U279
Resto da caza comprada para a Typographia Nacional.......	4:864U880
Divida antiga reduzida a Cedulas, a saber:	
Capital 40:049U275	
Premio 29:703U980	
	69:753U255
Caixa dos Sequestros	299:471U638

	Rs.	1.456:260U355

Emprestimo pelo Thesouro.

Contrahido em 1796 ; a saber :	
Capital 362:305U782	
Juros 186:604U986	
	549:000U768
Dito em 1808 para a Fabrica da Polvora	20:000U000
Dito em 1811 com a caza de Dias Vinva e Filhos , a saber :	
Capital 8:282U246	
Juros 609U664	
	8:891U910
Dito em 1818 para a Colonia dos Suissos	12:850U000
Dito em 1822 , a saber.	
Capital 369:142U200	
Juros 5:143U704	
	374:285U904

	Rs.	965:026U582

Repartições Militares.

Thesouraria Geral das Tropas até 1821 , a saber :	
Soldos 25:822U318	
Fardamentos 1:228U713	
Alugueis de cazas 4:834U600	

Segue........

Transporte. Rs. 31:885U631

N. B. Para a mortisação desta divida recebe a Thesouraria mensalmente 1:000U000.

Tropa do Sul supprida pelo Banco, que importa a sua divida conforme a conta geral do mesmo Banco em 4.314:832U644 rs.

Hospital Militar pela Thesouraria das Tropas 25:457U287

Rs. 57:342U918

Arsenal do Exercito.

Consignações atrazadas 171:310U000
Generos e outras despezas 702:304U508

Rs. 873:614U508

Marinha.

Generos, e mais despezas atrazadas................Rs. 999:446Up46

Banco.

Consignações, com que o Banco entrou mensalmente no Thesouro para serem pagas pelas Provincias da Bahia, e Pernambuco, e que deixarão de o ser de 1821 em diante 315:000U000
Supprimentos extraordinarios................................. 2,276:530U525
Idem á Tropa do Sul, que foi supprida pelo Thesouro de Portugal com 50:000U000 reis mensaes até Setembro de 1820. 4,314:832U644
Idem por Aviso de 5 de Abril de 1817 .... 362,487U120
Idem com a factura da casa onde esteve o Correio 9:911U624

7,278:761U913
Premio, e despeza indistinctamente 108:973U280
A Junta do Commercio para Faroes debaixo da garantia do Thesouro alem dos premios vencidos 27:000U000
A Intendencia Geral da Policia debaixo da mesma garantia 93:600U000

120:600U000

Rs. 7,508:335U193

Decretos transigidos 111:443U640 reis.

N. B. Esta quantia com a denominação de Decretos transigidos não se deve reputar divida contrahida com o Banco, porque procede de transacções particulares com os seus proprietarios, e esta somma está comprehendida na divida do Arsenal , e averhar-se o pagamento quando este tiver lugar , e por tanto não entra em linha de divida do Banco.

Na importancia dos supprimentos extraordinarios devem-se abater 3o.oooUooo réis com todos os premios , que se tiverem carregado sobre esta quantia , porque não consta que entrasse na caixa do Thesouro , como se participou ao Banco em Portaria de 25 de Novembro de 1824.

Recapitulação da divida passiva.

Ordenados	19:287U073
Congruas	4:402U640
Pensões	53:579U251
Tensas	21:185U742
Auzentes	875:161U816
Alugueis de cazas onde estão os Tribunaes	16:453U790
Papeis correntes	100:000Uooo
Obras Publicas	11:102U270
Resto da caza onde está a Typographia	4:864U880
Caixa dos Sequestros	299:471U638
Divida antiga das cedulas, Capital	40:049U275
Emprestimos , e supprimentos. Dito	8,172:035U611
Juros	33:035U611
Repartições Militares	57:342U918
Arcenal do Exercito	873:614U508
Dito da Marinha	999:446U046

Rs. 11,860:027U602

N⁰. 9.

ESTADO DA DIVIDA PASSIVA DO THESOURO PUBLICO

No fim de Junho de 1823 , comparado com o fim de Dezembro de 1824.

Artigo da Divida.	Em Junho de 1823	Em Dez. de 1824	Differença
Repartição da casa do Snr. D. João	23:130U472 »	U	U
Thesouraria dos Ordenados, e Pagadorias do Thesouro	112:005U613 »	79:452U706 »	32:552U907
Provedoria dos Defuntos e Auzentes	859:595U763	875:161U816	15:566U053
Obras , e outras	203:243U401	13:420U940	70:822U461
Administração Diamantina			
Segue Rs.	1:197:975U249	1:189:035U492	

Transporte Rs.	1:197:975U249	1:087:035U462
do Tejuco (*)	25:566U968	U	U
Sedulas da divida antiga	42:539U631	40:049U275	2:480U356
Compra de Metaes	369:211U271	U	U
Conta dos Emprestimos, e Supprimentos	4:086:325U912	4:156:671U135	70:345U223
Juros dos Emprestimos, e Sedulas	1:155:105U566	331:035U614	824:069U952
Thesouraria Geral das Tropas	63:422U720	57:342U918	6:079U802
Consignações do Hospital Militar	7:500U000	U	U
Arsenal do Exercito	1:083:590U039	873:614U508	209:975U531
Tropa do Sul, e Marinha .	2:677:764U603	4:314:832U644	1:637:068U041
Pagadoria da Marinha ...	1:346:500U407	999:446U046	347:144U451

Rs. 12:055:582U456 11:860:027U602

(*) A Divida da Administração Diamantina em 1823 se orçava em Rs. 400:000U000

Artigos em que se angmentou a Divida.

Provedoria dos Defuntos, e Ausentes 15:566U053
Emprestimos, e Supprimentos 70:345U223
Tropa do Sul, e Marinha 1:637:068U041 1:722:979U317
N. B. O Emprestimo de Inglaterra não se comprehende no artigo acima.

Artigos em que diminuio.

Repartição da Casa do Snr. D. João VI. .. 23:130U472
Thesouraria Geral dos Ordenados 32:552U907
Obras, e outras 70:822U461
Sedulas da antiga Divida 2:480U356
Compra de Metaes 369:211U271
Hospital Militar 7:500U000
Administração Diamantina 25:566U968
Juros de Emprestimos, e Sedulas 824:069U952
Arsenal do Exercito 209:975U531
Pagadoria da Marinha 347:144U451
Thesouraria Geral das Tropas 6:079U802 1:918:534U171

Diminuição da Divida desde o 1.º de Julho de
1823 até Dezembro de 1824 .... 195:554U854

N.º 10.

DEMONSTRAÇÃO COMPARATIVA DA RECEITA E DESPEZA

Do anno de 1824, com a do anno de 1820.

Receita.	1824.	1820.	Differença.
Alfandega, e Consulado	2,824.957U729	1,719.823U084	1,105.134U645
Casa da Moeda	512.931U586	148.101U487	364.830U099
Compra de Pesos, prata em pinha, e			
Chapas de cobre	263.049U642	3,956.655U083	3,693.605U441
Correio	9.369U830	14.927U130	5.557U300
Passagens de Rios	44.750U906	44.669U954	80U952
Ancoragem de Navios	20.992U000	12.490U180	8.501U820
Meios Soldos das Patentes	17.152U484	21.835U272	4.682U788
Chancellaria, Novos, e velhos Direitos,			
Ordens Militares, e Tenças . .	38.443U801	41.958U777	3.518U976
Ditos dos Escravos, e Guias dos Vian-			
dantes que vão para Minas . . .	32.351U580	13.117U920	19.233U660
Decimas	139.364U162	137.289U311	2.064U851
Sello do papel, e Heranças . . .	27.105U557	36.333U577	9.227U018
Dizimo do Assucar, e Miunças . .	162.424U385	187.750U153	25.331U868
Siza, e meia Siza	101.102U354	75.101U786	26.000U568
Carne Verde	71.685U360	39.386U620	32.299U640
Subsidio Litterario	59.521U857	40.700U000	18.821U857
Equivalente do Tabaco, subsidio da Agoar-			
dente, fumo, e outros	110.097U439	87.003U985	23.067U454
Venda da Polvora Ingleza . . .	25.810U460	1.599U000	24.213U460
Baleas	26.250U000	42.000U000	15.750U000
Sobras das Juntas por intervenção do Banco	U	850.000U000	850.000U000
Por conta do Emprestimo de Inglaterra			
por intervenção do Banco . . .	250.000U000	U	250.000U000
Saques, e remessas das Juntas . .	321.105U608	701.475U981	430.370U373
Suprimentos Extraordinarios do Banco	427.000U000	1,155.000U000	728.000U000
Dito de Particulares	40.000U000	68.000U000	28.000U000
Ausentes	25.198U636	84.623U032	59.424U396
Venda de Diamantes Brutos . . .	99.976U000	120.000U000	60.024U000
Passagens de Cofres	483.201U835	99.000U000	385.201U835
Receitas diversas	53.607U858	16.836U367	36.771U491
	Rs. 6,048.436U891	9,715.689U699	

Artigos que tiverão diminuição.

Compra de pesos prata em pinha , e Chapas de Cobre	3.693:605U441	
Correio	5:557U300	
Meio Soldo das Patentes	4:682U788	
Chancellaria , Novos e Velhos Direitos , Ordeus Militares, e Tenças	3:518U976	
Sello do papel , e Heranças	9:227U018	
Dizimo do Assucar e Miunças	25:331U868	
Baleas	15:750U000	
Saques, e remessas das Juntas	480:370U373	
Sobras das Juntas por intervenção do Banco	850:000U000	
Supprimentos Extraordinarios do Banco	728:000U000	
Ditos de Particulares	28:000U000	
Ausentes	59:424U396	
Venda de Diamantes brutos	60:024U000	5:963:492U160

Artigos que tiverão augmento.

Alfandega , e Consulado	1:105:134U645	
Casa da Moeda	354:830U099	
Passagens de Rios	80U952	
Ancoragens de Navios	8:501U820	
Direitos de Escravos , e Guias de Viandantes que vão para Minas	19:233U660	
Decima	2:064U851	
Siza , e meia Siza	26:000U568	
Carne verde	32:298U640	
Subsidio Literario	18:821U857	
Equivalente do Tabaco , subsidio de agoardente, fumo , e outros	23:087U454	
Venda da Polvora Ingleza	24:213U480	
Emprestimo Inglez	250:000U000	
Passagens de Cofres	385:201U835	
Receitas diversas	36:771U491	2:296:241U352

Rs. 3:667:250U808

Por esta demonstração se vé que a Receita de 1820 excedeo a de 1824 em 3:667:250U808 rs.

Deve notar-se que esta differença não procede de diminuição das Rendas Nacionaes no mencionado anno de 1824 mais sim de se ter lançado em Receita partidas , que de sua natureza não são Rendas Nacionaes, as quaes importarão no sobredito anno de 1820 (como se vé no respectivo Balanço no artigo — Entradas procedidas de compra de Pesos, etc.) em 3:956:655U083 rs.

Na mesma conformidade se encontra na Receita de 1824 a quantia de
263:049U662 rs. em tudo similhante á nota acima e portanto deduzindo-se estas duas quantias das suas respectivas Receitas , he a Entrada effectiva a saber :

Em 1820 . . . . Rs. 6,759.034U616
Em 1824 . . . . 5,785.389U229

Alem da differença a cima mencionada há mais a notar , que entrárão no Thesouro por conta
das sobras das Juntas de Fazendas; a saber :

Em 1820 . . . . Rs. 1,551.475U981
Em 1824 . . . . 221.105U668

Differença Rs. 1,330.370U313

Despeza.	1824.	1820.	Differença
Casa Imperial pela Dotação de SS. MM.			
II. e das Senhoras Princezas	181.199U996	U	181.199U996
Despezas com o Enxoval , e Baptizado da			
Serenissima Sra. D. Francisca	8.626U066	U	8.626U066
Capella Imperial	58.445U898	83.030U357	24.585U459
Ordenados e Commedorias das Criadas .	10.586U755	54.166U000	43.579U255
Enfermaria	1.046U792	8.468U400	7.421U608
Botica	U	45.136U460	45.136U460
Imperial Bibliotheca	3.621U242	3.443U449	177U793
Guarda Imperial	4.635U490	5.841U464	1.188U974
Obras na Imperial Quinta , Paço da Ci-			
dade , Capella Imperial , e Bibliotheca	46.418U802	174.586U060	128.167U258
Meios Ordenados aos Criados do Snr. D.			
João VI. Pencionistas do Bolcinho Ca-			
valharices , e outras miudezas . . .	27.531U160	U	27.531U160
Particulares da mesma	U	203.651U793	203.651U793
Ucharia idem	U	436.000U000	436.000U000
Cera para gasto da mesma	U	18.840U000	18.840U000
Diversas despezas pertencentes á Casa do			
Sr. D. João VI.	U	672.888U448	672.888U448
Ordenados , Congruas , Pensões , Tachi-			
graphos , e obra Pia	427.953U360	447.777U130	19.823U768
Despeza com Expediente de Tribunaes ,			
e outras	115.873U876	163.675U489	47.801U613
Obras Publicas	124.514U439	81.540U716	42.973U593
Tropa , fornecimento de viveres , expedi-			
ções e outras militares	1,365.460U594	1,216.050U691	115.410U903
Arsenal do Exercito	436.771U842	390.624U508	46.147U334
Hospital Militar , Academia Medico Cirur-			
gico	85.245U743	70.135U417	15.110U326
Marinha	1,543.998U292	1,034.581U746	509.346U546

Segue Rs. 4,441.893U029 5,104.441U307

Transporte Rs.	4:441:893U029	5:104:441U307	
Pagamento por conta do Eutimo e Juro	272:842U282	239:781U250	33:061U032
Dito por conta dos Sequestros	9:759U950	U	9:759U950
Supprimento e despezas das Juntas de Fazenda......	94:283U032	63:400U000	30:883U032
Adiantamentos de Ordenados, e Pensões.........	8.207U673	16:229U370	8:021U697
Pagamento por conta da divida de Auzentes........	3:960U336	11:774U540	7:814U204
Dito ao Conselheiro Sarmento por conta	U	60:000U000	60:000U000
Adiantamentos de Ordenados aos Empregados nas Cortes Estrangeiras	13:486U340	22:075U545	8:589U205
Dito para diversos objectos por conta do Governo...	45:122U635	U	45:122U635
Dito ao Brigadeiro Fructuoso Rivera pela despeza que fez com a Tropa do seu commando em Monte-Video..	1:050U000	U	1:050U000
Despezas com os Ericeiros...	707U859	16:000U000	15:292U141
Extracção Diamantina	67:857U201	11:952U604	55:904U597
Supprimento ao Erario de Portugal	U	220:000U000	220:000U000
Diversas despezas.........	86:516U701	126:931U918	40:415U214
Remessa para Minas do ouro que veio a cunhar-se...	84:902U444	U	84:902U444
Pagamento de Pezos Hespanhoes, chapa de Cobre, remessa da mesma, e de Prata, e Ouro para ser tudo cunhado na Casa da Moeda	411:160U405	3:870:305U182	3:459:144U777
Ao Almirante Cochrane por conta das Prezas........	200:000U000	U	200:000U000
Colonos Alemães.........	40:367U964	U	40:367U964
Rs.	5:782:117U857	9:762:891U716	

Artigos que tiverão diminuição.

Capella Imperial.......................	24:584U639
Ordenados e comedorias dos Criados........	43:579U266
Emfermarias	7:421U608
Botica	45:136U460
Guarda Imperial	1:188U974
Segue Rs.	121:910U646

Sexta Parte. XXXIX.

Transporet, Rs.	121:910U946
Obras na Imperial Quinta , Paço etc........	128:167U258
Diversas despezas da Casa do Sr. D. João VI..	672:888U448
Particulares da mesma..................	203:651U792
Ucharia dita......................	436:000U000
Cera para gasto da mesma..............	18:840U000
Ordenados, Congruas, Pensões etc.........	19:823U768
Despeza com o Expediente dos Tribunaes....	47:801U613
Adiantamento de ordenados e Pensões.......	8:021U697
Pagamento por conta d'Auzentes........	7:814U204
Dito ao Conselheiro Sarmento por conta.....	60:000U000
Despeza com os Ericeiros..............	15:292U141
Supprimento ao Erário de Portugal........	220:000U000
Despezas diversas.....................	40:415U211
Pagamento aos Empregados nas Cortes Estrangeiras	8:589U205
Dito de Pezos Hespanhoes, Chapas de Cobre remessas das mesmas, e de Prata , e Ouro para ser tudo cunhado na Casa da Moeda.	3:459:144U777 5:468:361U060

Artigos que tiverão augmento.

Casa Imperial pela Dotação de SS. MM...	181:199U996
Despeza com o Enxoval , e Baptisado da Serenissima Senhora Dona Francisca.......	8:628U966
Imperial Bibliotheca...................	177U793
Meios Ordenados aos Criados do Sr. D. João VI. Pensionistas do Bolsinho , e outras miudesas	27:631U160
Obras Publicas	42:973U523
Tropa , fornecimento de viveres , expedições , e obras Militares..................	155:419U903
Arsenal do Exercito....................	46:147U334
Hospital Militar , Academia Medico-Cirurgica.	15:110U346
Marinha...........................	500:346U546
Pagamento por conta do Emprestimo e Juros..	33:061U032
Dito por conta de Sequestros	91:759U960
Supprimentos e despezas das Juntas de Fazenda	30:883U032
Ditos para Diversos objectos por ordem do Governo	45:122U635
Extracção Diamantina	55:904U597
Remessa para Minas do ouro que veio a enuhar-se	84:902U444
Pagamento ao Brigadeiro Fructuoso Rivera etc.	1:050U000
Ao Almirante Cochrane por conta das Presas..	200:000U000
Colonos Alemães......................	40:367U954 1:487:587U201

Rs.	3:980:773U859

N. 11.   N. 11.

ORÇAMENTO DA RECEITA E DESPEZA

Ordinaria, e Extraordinaria para o anno de 1825,
a saber

Receita Ordinaria.

Saldo dos Rendimentos Geraes ao fim de 1823 . . .	266,618U331
Alfandega	2.300,0,0U000
Administração do Mercado e pela Meza do Consulado	800,000U000
Chancellaria Mór	38,000U000
Correio	10,000U000
Passagens dos Rios, Serras	40,000U000
Ancoragem dos Navios Estrangeiros	20,000U000
Meio Soldo, Direitos, Emolumentos dos Officios, e Donativos de Officios	44,000U000
Decima	140,000U000
Administração da Pesca das Balea	21,000U000
Arrematação dos Ramos do reconcavo	17,740U331
Dita das Bancas do Pescado	3,021U000
Diversas Receitas miudas	20,000U000
Venda de Polvora pelo Arsenal do Exercito	16,000U000
Imposto da Carne Verde	70,000U000
Subsidio Literario pelo Thesouro	15,000U000
Sello do Papel, Sizas, e Donasões	27,000U000
Casa da Moeda pela cunhagem de ouro, e prata, e producto das cupras das moedas em Moeda Provincial	500,000U000
Dotação da Capella Imperial	7,867U004
Esposição de Philip Samuel	100,000U000
Remessa Provincia Minas Geraes por pagamento de Tropa aqui destacada	12,000U000	4.471,146U867

Receita Extraordinaria.

Saldo de Caixa dos Sequestros	89,943U741
Subscripção para augmento da Marinha	40,000U000
Dons Gratuitos	80,000U000
Sequestros	40,000U000
Cofre dos Defuntos e Ausentes	40,000U000
Dito da Bulla da Crusada	8,000U000	277,943U741

Rs.	4.749,090U608

Despeza ordinaria

Casa Imperial

Dotação de S. M. o Imperador, e das Senhoras Prin-cezas	Rs. 209,499U99	
Mesada de S. M. a Imperatriz	19,200U000	
Guarda Imperial.	4,695U000	
Ordenados, e Comedorias dos Criados com exercicio no Paço, e Mestres das Senhoras Princezas, The-soureiro, Escrivão dos Filhamentos, e Matricula Anotador dos Foros	15,738U000	
Enfermaria dos Criados, e Ordenados dos Empre-gados na mesma	1,400U000	250,532U99

Despeza Militar, pela Thesouraria Geral das Tropas.

Prets, Telegraphos, e Registos	Rs. 348,000U000	
Soldo dos Officiaes, Monte Pio, e Pensões . . .	894,000U000	
Commissariado	180,000U000	
Manutenção dos Escravos que trabalhão nas Fortifi-cações, e fornecimento ao Batalhão do Imperador.	48,000U000	
Obras Militares	130,800U000	
Arsenal do Exercito	138,520U000	
Amortização do Emprestimo para a Fabrica de Pol-vora, pago pela Alfandega	4,000U000	
Hospital Militar	72,000U000	1,815,320U000

Despeza da Marinha.

Prets, Soldos, e Ordenados	Rs. 192,678U000	
Feria dos Operarios.	156,000U000	
Soldadas e Commedorias dos Algarves, Remeiros, Pensões a Viuvas, Commedorias dos Escravos, e Sallarios á Maraja dos Navios dezarmados . .	66,000U000	
Compra de generos, e consumo dos Armazens calcu-lada pela mão d'obra	199,800U000	
Guarnições das Embarcações armadas	793,569U000	
Empregados no Corte das madeiras	30,000U000	
Sallarios dos que guarnecem as Presas	54,107U000	1,492,154U000

Despeza Ecclesiastica.

Capella Imperial e Sé	Rs. 53,600U000	
Armação nos dias festivos, musicas, e despezas miudas	4,800U000	
Congruas dos Parochos	18,856U300	
Paramentos para as Igrejas	2,000U000	79,256U300

Despeza Civil.

Ordenados	Rs. 409,000U000	
Pensoes e Tenças	85,000U000	
	Segue Rs. 464,000U000	3,639,263U89

Transporte Rs.	498,000U000	3.637,263U893
Juros do Emprestimo antigo vencido em hum anno.	18,204U000	
Bibliotheca Imperial e Publica	4,700U000	
Expediente de Tribunaes, e outros Repartiçoes.	100,000U000	
Muzeo	2,880U000	
Meios Ordenados dos Criados do Senhor Dom João VI, e Enfermaria dos mesmos	5,888U000	
Amortização por conta do principal, e juros do Emprestimo contrahido em 1822	63,200U000	
Pagamento de juros de 5 p. % de amortização do Emprestimo contrahido em Londres	796,226U400	
Dita para a Colonia dos Suissos	4,800U000	
Consignaçoes pela compra das bemfeitorias da Cadeya.	16,590U000	
Dita para a Extracção Diamantina	70,000U000	
Azeite para a illuminação da Cidade	3,800U000	
Fabrica de Lapidar Diamantes	10,000U000	
Compra de Casa do Conde dos Arcos no Campo da Acclamação	44,560U000	
Dita dos Trapiches do Sal, para o Arsenal da Marinha	66,720U000	
Ordenados dos Empregados Diplomaticos, e vencimentos das pessoas que forão estudar á Europa.	84,957U600	
Expediente das Secretarias Diplomaticas, e Pensões de 200 lb. á Viuva do Hypolito José da Costa calculadas pela Despeza do quartel ultimo de 1824.	2,875U280	
Premios sobre o principal da quantia que o Thesouro deve ao Banco	444,920U145	
Ajudas de custo, e outros Pagamentos correntes	40,000U000	
Pagamento á Tropa de Minas aqui destacada, para Remessa da mesma Provincia	12,000U000	2.255,431U455

Obras.

Quinta da Boa Vista	50,000U000	
Fazenda de Santa Cruz	18,000U000	
Capella Imperial, e Paço da Cidade	12,000U000	
Alfandega, e Consulado	54,000U000	
Casa da Moeda	4,000U000	
Capella de S. Cristovão	4,000U000	
Muzeo	4,000U000	
Sallão dos Senadores	5,000U000	
Encanamento do Maracanã	12,000U000	
Telegraphos	4,800U000	
Carioca, e Passeio	12,000U000	179,800U000

Despeza Extraordinaria.

Despeza com a Tropa de Sul cujo pagamento he suprido pelo Banco incluindo o augmento de 10,000U rs. mensaes	335,267U676	
Agio da Prata, premios, commissoes, fretes e seguros relativos á dita despeza	30,307U200	
Despeza com a Marinha de Monte Video	455,000U000	
Dito com o transporte de Alemães pago pelo Thesouro	40,000U000	
Por Conta da divida dos Defuntos, e Ausentes	20,000U000	
Segue Rs.	5.60,474U876	6.072,495U317

	Transporte Rs.	53o,474U876	6.072.495U317
Consignações ao Commissario Geral para fornecimento dos Alemães		24,000U000	
Consignações estabelecidas a diversos, incluindo as de Samuel, que não tem recebido, desde Setembro do anno passado alem de 13,986U rs., resto do Armamento que se-lhe comprou, para ser tudo encontrado nos 100,000U rs., que se devem entregar por não ter effeito a applicação a que forão distinados		302,386U000	
Dita para a divida da Tropa		12,000U000	
Dita para a divida da Marinha		13,000U000	
Dita ao Banco , pela Alfandega		144,000U000	
Pretes atrazadas pagos pelo Thesouro . . .		104,656U000	
Pagamentos atrazados pela Thesouraria Geral dos Ordenados		45,970U000	
Compra de 2 Fragatas		560,000U000	
Petrechos de Guerra , e generos da Marinha . .		400,000U000	
Supprimento por consignação á Provincia de Santa Catharina		54,000U000	
Dito á do Espirito Santo, para as despezas correntes, e aldeamentos dos Indios		45,670U000	2.285,156U876
Somma a Despeza ordinaria e extraordinaria	Rs.		8.352.652U193

RECAPITULAÇÃO

Da Receita e Despeza ordinaria, e extraordinaria do Thesouro Publico

	Ordinaria.	Extraordinaria.	Total.
Receita.	Rs. 4.471,146U867	277,943U741	4.749,090U608
Despeza	6.072,495U317	2.285,156U876	8.357,652U193
Deficit		Rs.	3.608,561U585

Observação.

Pelo presente Orçamento se mostra : que sendo a despeza ordinaria, e extraordinaria de 8,357,652U193 rs., e a receita ordinaria de rs. 4.471,146U867, ha hum deficit de rs. 3.886,505U326 que deve ser preheuchido com a importancia calculada da Receita extraordinaria de rs. 277,943U741, e o excedente pelo Emprestimo.

N.º 12.

PROPRIOS NACIONAES.

Palacio Imperial da Cidade,
Imperial Quinta da Boa-Vista,
Palacete no Campo da Acclamação,
Imperial Fazenda de Santa Cruz,
Capella Imperial com todo o dormitorio , que he do Convento do Carmo.

Casa na Guarda Velha onde existe o Quartel General.
Quartellamento junto á mesma Casa.
Dito na rua dos Barbonios.
Dito na Praça de Moura.
Dito na Praia Vermelha.
Dito em S. Christovão.
Dito em Mata Porcos.
Dito na Praia de D. Manoel.
Sallão das Cortes, e Correio Geral.
Grande Quartellamento no Campo d'Acclamação.
Barracão no Campo d'Acclamação.
Armazens na Praia Grande.
Casa das Armas, e Fortaleza da Conceição.
Fortalezas do Castello, Ilha das Cobras, Praia Vermelha, S. João, Lage, Santa Cruz, Villagalhon, Leme, Pico, Gravatá, e Ilha de Santa Barbara.
Laboratorios de Fogos.
Arsenal do Exercito.
Dito da Marinha.
Fabrica da Polvora.
Chacara no caminho da Lagoa, onde esteve o General Napion, que se diz pertencer á Nação.
Alfandega, e Caza de arrecadação dos Direitos da Meza da Estiva, e Consulado estacionadas na Praça do Commercio.
Trapiche do Trigo.
Casa onde está o Banco do Brasil.
Passeio Publico.
Casa na rua do Ouvidor.
Terreno immediato, sobre o qual ha letigio.
Dito junto ao Quartellamento em Mata Porcos.
Casa na rua da Mizericordia.
Thesouro Publico, Casa da Moeda, Thesouraria Geral das Tropas, Casa de Lapidar Diamantes, e para as Bellas Artes, tudo no mesmo pavimento.
Armazem fronteiro, onde estão algumas Carruagens de S. M. I.
Bancas do Pescado.
Pequena Chacara nos fundos do morro do Castello no caminho de Santa Luzia, onde dão lições os Alumnos de Cirurgia.

Proprios Nacionaes com os preços, por que se comprárão.

Casa do Muzeo 32:000U000
Terreno contiguo ao mesmo com frente ao Campo 6:000U000
Casa da Typographia (pela avaliação) 14:600U000
Casa e Chacara do Conde dos Arcos para o Paço dos Senadores . 44.568U000
Terreno no Largo do Convento d'Ajuda 4:200U000
Dito na Estrella, onde se edificou o Armazem da Polvora 600U090
Dito da nova Cadêia 6:054U064
Benfeitorias da mesma 22:000U000
Huma Fasenda denominada Morro queimado em Cassagallo 10,468U800

Armazens chamado de Sal, encorporados hoje no Arsenal da Marinha, alem de 3,336U rs. metade da Ciza á cargo do Thesouro..   66,720Uooo
Chacara na Lagoa de Rodrigo de Freitas, que está annexada á Fabrica da Polvora......................................   10,000Uooo
Salla fronteira ao Mar (onde esteve o Correio) encravada em huma Propriedade do Banco, na qual se gastou de principal, que vence pelo Banco......................................   9,911U624

N. B. O Banco está de posse d'esta Salla: parece de razão que o mesmo Banco dezonerasse o Thesouro d'aquella quantia, visto que está de posse da mencionada Salla, ficando assim alliviado o Thesouro da quantia de rs. 9,911U624 com os correntes premios.

Alem dos Proprios Nacionaes, de que se faz menção tem o Thesouro no Banco do Brasil 576,000U rs. dos quaes 500,000U rs. estão a render á beneficio dos Accionistas por espaço de vinte annos, e 76,000U rs. estão reduzidos á Acções, cujo rendimento annual se vai applicando á amortisação da divida.

Embarcações de Guerra armadas, de que se compoem a Esquadra Nacional e Imperial.

Huma Náo 1
Cinco Fragatas 5
Seis Curvetas 6
Doze Brigues 12
Quatro Charruas 4
Quinze Escunas 15
Onze Barcas 11
                                       54

Ditas desarmadas

Tres Náos 3
Huma Charrua 1
Dois Bergantins 2
                                       6

N.º 13

ESTADO DOS COFRES DAS PROVINCIAS.

Com o Officio de 27 de Setembro de 1824 do Visconde da Laguna acompanhou o Orçamento da Receita e Despeza da Provincia Cisplatina pelo qual se vê o seu estado de Finanças demonstrado no Documento N. 1.

Alem da quantia annual de 245:261U676 rs. supprida pelo Thesouro em consignações mensaes de 20,438U473 rs. se mandou augmentar mais 10,000Uooo rs. mensaes.

importancia demonstrada de 36,206U759 rs. de divida de viveres para o Exercito, deve estar hoje paga; em consequencia da Portaria de 20 de Outubro do anno passado. Bem que no dito Orçamento o Visconde não faça menção da importancia precisa para as Forças de Mar, com tudo deve-se calcular annualmente com o supprimento de rs. 155,000U000, e do proximo pela maior força enviada em Abril ultimo, tambem deve ser accrescentado o supprimento.

Esta quantia he só para soldos, viveres, e solidadas, pois que os mais geros de Marinha são fornecidos pelo Arsenal da Marinha da Corte.

Tabella N. 2 mostra o estado da Fazenda Publica das Provincias a cargo da segunda Repartição do Thesouro, sobre o qual nada se pode dizer sem que se apresentem os competentes Balanços até 1824.

Relação N. 3, he o resumo do estado dos Cofres das Provincias a cargo da terceira Repartição do Thesouro, a vista das relações ou balancetes enviados das respectivas Juntas, podendo-se clarificar o estado de cada huma dellas na forma seguinte.

PROVINCIA DO ESPIRITO SANTO.

Esta Provincia ainda está em circunstancias de ser soccorrida pelo Thesouro Publico. O orçamento da Receita e Despeza remetido em Março de 1824 apresenta hum Deficit ou maior despeza da quantia de 12,943U728 rs. incluidos os 30,000U000 rs., com que o Thesouro suppre por consignações para as despezas correntes.

Deficit apresentado em 1823 foi de 33,105U034 rs., que comparado com o de 1824, houve a favor da Provincia a diminuição de 20,161U306 rs.

Fazia parte (ainda ha 3 annos) do rendimento desta Provincia as rendas os Campos, depois de feitas as suas proprias despezas. Parece por tanto, que converia fossem enviadas áquella Provincia alem das consignações do Thesouro as quantias que se forem remettendo de Campos tendo lugar esta providencia, é que a Provincia com as proprias rendas, possa igualmente pagar as suas despezas.

No anno de 1824, entrou no Thesouro, remetido de Campos a quantia de 8,530U rs. que descontada de 40,400U rs. que o Thesouro remetteo no mesmo para as despezas da Provincia, e aldeamento dos Indios, ficão rs. 31,870U rs., que lhe justamente a quantia, que se pode dizer supprida pelo Thesouro. O orçamento da Despeza com o aldeamento dos Indios monta annualmente a 15,670U rs. que junta aos 30,000U rs. fazem a total importancia de rs. 45,670U000 supprida pelo Thesouro.

CAMPOS.

Pelas relações de Receita e Despeza de 1824, exige de Saldo 2,277U272 rs.

BAHIA.

Da relação da Receita e Despeza se vê o seu estado até o segundo Semestre de 1823, havendo de Saldo rs. 30,398U727.

PERNAMBUCO.

A relação da Receita e Despeza do mez de Março ultimamente recebida, mostro existir de Saldo 3o,886U467 rs.

ALAGOAS.

P a relacao del Recebido e Despeza do mesmo anno, consta ser o Saldo 8,53oU2o9 rs. disproporcional ao de 19,413U566rs. que existia em 18a. As convulções Politicas nas Provincias, bem que se considerem já acabadas com tudo não dão ainda lugar a esperar hum bom resultado das suas finanças, como era de desejar, e por isso o Thesouro vai supprindo na forma possivel: tendo enviado para esta em 1824, quatro mil arrobas de carne sêcca importando 7,362Uooo rs.

PARAHIBA DO NORTE.

Do resumo dos Balanços recebidos em Officios de 9 de Outubro de 1824, 12 de Janeiro do corrente anno de 1825 consta haver de Saldo naquelle anno a quantia de 37,736Uo2o rs. sendo o que existe em 1822, 51,120U867 rs.

RIO GRANDE DO NORTE.

O orçamento da Receita e Despeza remettido em Officio de 6 de Novembro de 1824, concernente ao mesmo anno apresenta o Saldo de 8,886U225 rs. que se deve verificar, quando vier o competente Balanço, devendo notar-se que no anno de 1821 existião 15,676U950 rs. de Saldo.

CEARÁ.

No anno de 1824 existia de Saldo 10,994U818 rs. 12 quando em 1821 existia 34,034U856 rs., com tudo apezar do Saldo a cima foi esta Provincia soccorrida neste corrente anno com 4950 alqueires de farinha, que importarão em 4:158Uooo rs., e 1:oooUooo rs. por conta do frete da Embarcação que conduzio os prezos á esta Corte.

MARANHÃO.

A Relação da Receita e Despeza datada em 3 de Outubro de 1824, mostra existir em Cofre 6,595U231 rs. saldo excesso, e dever o mesmo desfalque diminuto a vista de rs. 387,396U398 que existião em 1818. Os motivos de tal diminuição são patentes pelas desgraçadas circunstancias da Provincia.

PARÁ.

O Balanço resumido de 1822 remetido em Officio de 14 de Setembro de 1825 mostra ser no saldo naquelle anno 221,84oU348 rs. A falta dos Balanços das Provincias não permittes apresentar-se o estado actual da Fazenda Publica.

dellas até o fim de 1824, apezar de repetidas ordens, que determináo as Juntas remettão no principio de cada hum anno os Balanços do anno anterior. He de esperar que neste corrente anno possão cumprir o determinado, por terem cessado as commoções Politicas nas mesmas Provincias.

Do Officio do Visconde da Laguna com a data de 27 de Setembro de 1824 se conhece que os Rendimentos da Provincia Cisplatina forão orçados por tempo de hum anno na quantia de .... Rs.   427:200U000

Que por isso se lhe devem remetter do Thesouro Publico annualmente a quantia de 245:261U676

                      Rs.   672:461U676

Que as Despezas do Exercito forão orçadas pelo espaço de hum anno na quantia .... Rs.   518:938U476

Das mais Repartições .... Rs.   153:523U200

                      Rs.   672:461U676

Consta do mesmo Officio que a Divida Passiva da Repartição da Intendencia de Viveres do Exercito estava em 13 de Setembro de 1824 ....   36:206U759

Não fallando na Divida atrazada, que he relativa ao mez de Agosto. Ignorando-se que hajão Dividas Activas ....

Contadoria Geral da 4.ª Repartição aos 20 de Abril de 1825.

(Assignado)   ELIAS ANICETO MARTINS VIDIGAL.

TABELLA GERAL DO ESTADO DA FAZENDA PUBLICA

Das seis Provincias da Segunda Repartição do Thesouro Nacional desde o 1.º de Junho de 1823, até 31 de Dezembro de 1824.

MINAS GERAES.

Nada se pode demonstrar sobre a sua Receita e Despeza, e consequentemente do melhoramento das suas Rendas, ou do seu deficit, que possa haver por não terem ainda vindo os Balanços dos annos de 1820 até o de 1824, sendo por esta razão que o estado da Fazenda respectiva, he ainda o mesmo calculado, até 30 de Junho de 1823, e mostrado na Exposição apresentada na extincta Assembléa; e o mesmo acontece, quanto ás Dividas activas, e passivas.

GOYAZ.

Está na mesma razão em tudo quanto se diz sobre a Provincia de Minas Geraes.

MATTO GROSSO.

O mesmo como as antecedentes.

SANTA CATHARINA.

Pelo Officio de 12 de Março de 1824, consta ser a Renda de hum anno calculada pelo termo medio dos tres annos antecedentes (incluida a consigna-ção de 24:000U000 réis feita pelo Thesouro, e mais 80U000 rs, do Sequestros aos Portuguezes, que não fazem a Renda da Provincia)Rs...... 47:883U856
Idem, a Despeza pelo mesmo modo................................. 79:625U824

Deficit Rs......... 31:741U968

A Divida activa não vem declarada, e somente se diz no seu Officio de 23 de Julho de 1824, que della só resta, o que está, em execução, pertencente á Renda do Subsidio Literario por Administração do anno de 1822. A Pas-siva pela Tabella, que acompanhou o sobre dito Officio da Junta, do anno de 1823...Rs...... 45:356U053

RIO GRANDE DO SUL.

Pelo Balanço de todo o anno de 1823, ultimo que ha no Thesouro; a saber:
Receita em todo o dito anno....................Rs...... 505:455U045
Despeza no dito anno.................................. 478:428U292

Maior Receita....... 27:026U753

Divida Activa até o fim de 1823.....Rs...... 118:882U848
Dita Passiva dito............................... 205:320U747

SÃO PAULO.

Pelo Balanço de todo o anno de 1823, ultimo que ha no Thesouro.
Receita em todo o dito anno....................Rs........ 306:818U226
Despeza no dito anno................................. 268:130U104

Maior Receita(*).. 38:688U122

Divida Activa até o fim de 1828............ 89:207U455
Dita Passiva.................................. 185:487U265

(*) A maior Receita, mostrada provem, da economia administrativa praticada sobre os paga-mentos que podem fazer-se a vista das Rendas, que vão entrando nos Cofres , como se poudesse , quanto a esta Provincia na exposição dos trabalhos, que se apresentarão á extincta Assembléa. De mais , em prova de que as Rendas da mesma Provincia não bastão para as suas despezas, vem a nota no fim do Balanço de que se trata, de ter a Junta da Fazenda lançado mão de diversas Rendas de differentes, destinos, e mesmo dos Dinheiros de Auzentes etc., cujos soccorros men-suraõ a somma de 170,698U891, os quaes supprimentos da Receita acima indicada vem em ultima demonstração a haver huma maior Despeza de 132,210U749 rs., e não a maior Receita apontada.

Contadoria Geral da Segunda Repartição , em 16 de Abril de 1824.

(Assignado) JOÃO JOSÉ RODRIGUES VAREIRO.

RELAÇÃO DOS ULTIMOS BALANÇOS QUE SE TEM RECEBIDO

Das Juntas de Fazenda abaixo declaradas, á cargo desta Repartição com declaração da importancia de suas respectivas Receitas, e Despezas, assim como Dividas activas, e passivas.

ESPIRITO SANTO.

Pelo Orçamento remettido em 10. de Março de 1824.

Receita, incluindo as Consignações destinadas
pelo Thesouro.....................Rs........ 46:231U852
Despeza.................................. 59:175U580

Deficit.......... 12:943U728

CAMPOS.

Pelas Relações de Receita, e Despeza de 1824.

Receita.....................Rs........ 27:535U673
Despeza incluindo as remessas feitas ao Thesouro. 25:258U401

Saldo Rs........ 2:277U272

BAHIA.

Pelo Balanço do 2.º Semestre de 1823.

Receita.................................... 802:901U957
Despeza.................................... 772:503U230

Saldo.......... 30:398U727

PERNAMBUCO.

Pelo Balancete do mez de Março de 1825.

Receita.....................Rs........ 146:065U965
Despeza.................................. 115:179U498

Saldo.......... 30:886U467

ALAGOAS.

Pelo Balanço do anno de 1823.

Receita.....................Rs........ 123:144U795
Despeza.................................. 114:614U586

Saldo.......... 8:530U209

PARAHIBA DO NORTE.

Pelo Balanço de 1824.

Receita.................................... 259:573U059

Despeza 217:837U039

                                    Saldo.............. 37:736U029
Dividas activas até 1822. Rs... 47:526U118
Ditas passivas até 1823........ 4:927U545

RIO GRANDE DO NORTE.

Pelo Orçamento remettido em Officio de 6 de
Novembro passado, pertencente ao anno de 1824.
Receita ....Rs...... 50:767U544
Despeza 41:879U319

                                    Saldo........ 8:888U225
Dividas activas até 1823 Rs...... 8:318U370
Ditas passivas até o mesmo anno.. 79:898U806

CEARÁ.

Pelo Balanço dado em 31 de Dezembro de 1824.
Receita...........................Rs...... 31:454U684
Despeza 20:459U871

                                    Saldo.............. 10:994U813

MARANHÃO.

Pelo Balanço do 1.º de Janeiro até 15 de Outubro de 1824.
Receita ....Rs........ 461:398U731
Despeza 414:574U808

                                    Saldo.............. 46:823U923

PARÁ.

Pelo Balanço de 1822.
Receita 380:315U875
Despeza 357:475U527

                                    Saldo.................. 22:840U348

N. B. Nas Provincias, aonde se não menciona o estado da divida activa, e
passiva, he em consequencia de não existir differença do que já se disse na
exposição do estado da Fazenda Publica, dada no anno de 1823; e não se
menciona a Provincia do Piauhy pelo mesmo motivo acima, assim como nas
Relações das Provincias da Parahiba do Norte, e Ceará, não vai classificada a
Receita, e Despeza de cada huma dellas, visto não estar nos ultimos Balanços
recebidos: e nada mais se pode dizer das outras Provincias pela pouca noticia
que ha das suas rendas, com as clarezas recommendadas nas ordens, que se
tem expedido, mui positivamente á este respeito; ao que ainda não cumprirão.
Contadoria Geral da Terceira Repartição do Thesouro Publico em 14 de Abril
de 1825.   (Assignado) *Marcelino Antonio de Sousa.*

RELAÇÃO DA RECEITA E DESPEZA DA PROVINCIA DO ESPIRITO SANTO

Conforme o Orçamento, que acompanhou a Conta da Junta de 10 de Março do anno passado, bem como a do Districto de Campos, extrahida das Relações dadas pelo Juiz de fora do mesmo.

RECEITA.

Decima dos Predios da Cidade, e das Villas de Benevente e Guaraparim	1:004U614
Siza, e meia siza	2:492U217
Dizimo do assucar exportado	2:300U977
Imposto de 5 rs. em libra de carne verde	389U804
Sello do papel, e heranças	644U324
Contracto de 80 rs. em cada canada de agoardente da terra	1:632U400
Subsidio dos generos importados, e exportados	957U134
Donativo dos Officios de Justiça	945U865
Novos Direitos dos mesmos, e das cartas de seguro	90U648
Pensões de Engenhos	184U200
Passagens de Rios	144U333
Correio	70U447
Subsidio Literario	885U109
Proprios Nacionaes	25U119
Dizimo do Pescado depois de abolida a vintena	947U573
Imposto de 8U000 rs. em pipa de agoardente de consumo	1:044U200
Dizimo das Miuncas	1:701U068
Impostos estabelecidos pelo Alvará de 20 de Outubro de 1822	762U000
Consignação destinada do Thesouro para suprimento das despezas da Provincia	30:000U000
Rs.	46:231U852
Deficit em todo o anno	12:943U728
Rs.	59:175U580

DESPEZA.

Civil	Rs.	9,427U333
Ecclesiastica		2,926U600
Militar, a saber:		
Estado maior, soldo, gratificações, e ferragens	Rs. 1,455U850	
Tropa de Linha	13,341U600	
Pedestres	6,891U500	
Milicias	4,580U200	
Fortalezas	684U000	
Reformados	1,105U000	
Fardamentos	4,000U000	
Hospizes	2,500U000	
Rações de Etape	11,274U477	
Despezas com as Guardas, Fortalezas, e Destacamentos	480U000	46,311U647
(Segue Rs.		58,666U580

Transporte Rs.   58,666U58c

Marinha.

Despezas do Escaler em serviço das Fortalezas, soldos do Patrão, e
remeiros 5o9Uooc

                                     Rs.   59,175U58c

Rendimento, e Despeza annual do Districto de Campos.

Receita.

Subsidio Literario da parte do Sul do Rio da Parahiba	Rs. 8,333U66c
Dito da parte do Norte	1,078Uooc
Dizima, e Redizima do Pescado	226U25c
Imposto dos 10U rs. que pag.o as Tavernas	1,680U83c
Dito a favor do Banco	692U46c
Dito da Carne verde	3,000Uooc
Dito do Sal	57Uooc
Rendimento dos Officios de Justiça	773U31c
Sello do Papel, e Legados	2,927U40c
Correio	635U42c
Passagens de Rios	110U21c
Contracto das Sizas, e meias Sizas	6,517U58c
Dizimo do Assucar	544U51c
Madeira peroba vendida a Particulares	417U92c
Aguardente Gerebita	114U72c
	Rs. 27,535U67c

Despeza.

Civil		Rs. 776U16c
Ecclesiastica		1,319U06c
Literaria comprehendendo a quantia de 3o5Uooo rs. que se pagou ao Professor de Gramatica da Cidade da Victoria . . .		8u5Uooc
Soldos, Gratificações, Etapes, e ferragens . . .	Rs. 7,219U417	
Pret dos soldados da Companhia de Artilharia . .	4,224U610	
Fardamento para os ditos	925U840	
Despezas de Livros, curativos de soldados, dinheiro que se entregou no M. do Brigue *Independencia*, loxes, e outras despezas miudas do Quartel de Artilharia . . .	585U765	12,955U632
Extraordinaria		1,183U6oo
Remessas feitas ao Thesouro Publico em Notas do Banco, e diversas Letras		7,893U6oo
Alcance a favor do Thesoureiro precedido de maior despeza constante da Relação dada em Officio de 11 de Fevereiro do anno passado . . .		313U51c
	Rs.	25,258U64c
Saldo existente		2,277U022
	Rs.	27,535U67c

(Assignado)   MARCELINO ANTONIO DE SOUZA.

RELAÇÃO DA RECEITA E DESPEZA

Da Junta da Fazenda da Provincia da Bahia no segundo semestre do anno findo de 1823, conforme o seu Balanço remettido em 20 de Janeiro do corrente.

Receita.

Pelo saldo, existente na Junta na occasião da evacuação		13,452U804
Idem, idem em mão de diversos Thesoureiros, e Recebedores		7,111U059
Emprestimo para pagamento do Exercito . . . . . Rs. 8,000U000		
Por Passagem do Cofre dos Donativos para o Geral . .	8,695U580	16,695U580
Rendimento da Alfandega do Morro		532U308
	Rs.	37,791U251
Rendimento da Alfandega . . . . Rs. 222,730U204		
Sello, e Decima dos Legados	2,026U595	
Idem da Chancellaria	280U890	
Disimo do Assucar, Tabaco, e Algodão da Provincia.	66,169U651	
Idem de diversas Provincias	342U631	
Idem de Miunças, e Gado da Provincia	19,130U400	
Subsidio do Assucar, Tabaco, e Algodão idem . . .	73,700U108	
Idem de diversas Provincias	146U535	
Subsidio Literario	2,296U966	
Dizima do Tabaco, Agoardente, e mais generos da Terra	1,810U829	
Agoardente, e Vinhos de Mel	3,179U905	
Imposto de 80 rs. em canada dito	2,933U624	
Idem de 1U rs. em Pipa	160U500	
Rendimento de 1U400 rs. por escravo	406U000	
Idem para illuminação da Corte	1,954U656	
Imposto a favor do Banco	1,852U675	
Idem de 8U rs. em Pipa de Agoardente	10,030U625	
Imposto de 20 rs. em alqueire de Feijão, e Milho .	501U085	
Idem de 400 rs. em arroba de Tabaco	637U607	
Idem de 5 rs. em Arratel de Carne verde	27,347U800	
Donativo das Caixas de Assucar, e Rolos de Tabaco .	5,249U550	
Idem dos Officios, Terças partes, Meias Annatas . .	5,406U838	
Cartas de Seguro, Alvarás etc.	277U300	
Passaportes das Embarcações	1,623U840	
Ancoragem de Navios etc.	11,544U000	
Correio	168U020	
Direitos de Consulado da Provincia de Sergipe . .	168U914	
Hum por cento para Obra Pia	340U012	
Siza, e Meia Siza	7,338U304	
Decima dos Predios	10,195U002	
Proprios Nacionaes	119U879	
Foros das Terras	12U850	
Casa da Moeda, Rendimento do Cobre	16,828U800	
Quintos	26U290	
Segue Rs.	477,459U783	37,791U251

Sexta Parte. XLIII.

Transporte Rs.   477,459U783   37,791U051

Rendimentos Extraordinarios.

Bens sequestrados aos Portuguezes	61,156U542	
Sobras de varios Thesoureiros, e Administradores	1,656U058	
Donativo para a Caixa Militar da Villa da Caxoeiro, cobrado em Letras	2,400U000	
Pela baixa de hum soldado	100U000	
Administração dos Barcos pertencentes à Fazenda Nacional	338U208	
Venda de Generos	1,798U856	
Restituição sem declaração	400U000	
Fabricas, e Capellas	260U628	
Depositos	2,824U817	
Donativos, e Subscripções para a Marinha de differentes Villas	8,801U820	
Emprestimo pelo Commercio	157,924U000	
Idem pelo Banco	50,000U000	765,110U706
	Rs.	802,901U957

Despeza.

Restituição de Bens sequestrados	Rs. 1,230U600	
Thesoureria das Tropas	301,705U891	
Commissariado Geral, e parciaes, compra de Gado, e mais generos para o Exercito	211,476U488	
Trem	14,574U170	
Hospitaes Militares, e compras de medicamentos	17,337U155	
Compra de Cavallos, Sellins, e Barretinas	5,565U000	
Idem de Polvora	12,976U000	
Pagadoria da Marinha	67,612U861	
Compra de generos para os Armazens	36,388U423	
Idem de Embarcações	1,050U000	
Corte de Madeiras	268U000	
Medicamentos para a Marinha	609U460	
Thesoureria de Ordenados	75,000U000	
Mesa de Inspecção	2,000U000	
Expediente de Repartições	1,346U486	
Fabrica de Cobre	2,334U040	
Obras Publicas na villa da Cachoeira	236U200	
Despeza de transporte de hum Empregado	200U000	
Premio do Emprestimo do Banco	1,604U109	
Rebate de Bilhetes	1,340U972	
Passagem para o Cofre do Emprestimo	8,000U000	
Idem para a Caixa Geral do Cofre dos Donativos	8,663U580	
Remessa de Tabaco para Goa	252U175	772,503U250
Saldo no fim do Semestre	Rs.	30,398U727

(Assignado) MARCELINO ANTONIO DE SOUZA.

RELAÇÃO DA RECEITA E DESPEZA

Da Provincia de Pernambuco no mez de Março de 1825.

Receita.

Saldo do mez passado	Rs.	20,852U860
Dizimo de Miuncas		1,570U000
Novo Imposto de 5 rs. em libra de carne verde .		6,364U120
Passagens de Rios		333U333
Bebidas de Garapas		116U750
Rendimento da Alfandega grande		34,105U852
Sello das Fazendas		628U260
Emolumentos da extincta Meza da Balança . .		218U670
Contribuição dos Guardas de Embarque . . .		362U880
Dizimo de Algodaõ		21,062U832
Dito da Parahiba		634U942
Subsidio do dito		42,762U011
Imposto de 20 rs. por saca do dito		293U620
Sello dos Papeis		236U953
Direitos de Passaportes da Policia		5U400
Ditos dos Escravos embarcados para o Sul do Rio de Janeiro .		28U800
Dizimo do Assucar		8,774U540
Subsidio do dito		4,148U757
Pençoes das Caixas, e Peichos de assucar que se exportaõ . .		97U160
Subsidio d'Agoardente da Terra		246U220
Imposto de 50 rs. por couro salgado . . .		6,3U550
Novos Direitos de Cartas de Seguro . . .		7U200
Ditos das Provisões do Dezembargo do Paço . .		50U000
Novos Direitos dos Officios		158U400
Donativos dos ditos		25U000
Foros de Terras		112U000
Novo Imposto a favor do Banco		233U600
Aluguer de hum Ancorote		8U000
Siza, e Meia Siza		656U745
Rendimento Extraordinario		1,489U500
	Rs.	146,065U965

Despéza.

CIVIL, a saber :			
Ordenados	Rs. 4,800U000		
Obras Publicas	2,750U000		
Com o escaler da ronda da Alfandega, e guardas a bordo das Embarcações . .	556U640	8,106U640	
MILITAR			
Soldos, Preto, e Cavalgaduras . .	Rs. 16,000U000		
Ditos á Tropa da Parahiba . .	4,000U000		
Pagamento de gados para a dita .	1,965U000		
Fardamento para o Batalhaõ de Libertos .	2,300U000		
Trem	9,258U880		
Segue Rs.	33,523U880	8,106U640	146,065U965

	Transporte	32,523U880	8,106U640	146,065U965
Hospital		12,664U490		
Commissariado do Exercito . .		22,000U000		
Remonte do Esquadraõ de Cavalharia da Corte		1,000U000		
Instrumentos para os Batalhões da Provincia mandados vir de França . . .	846U675	59,935U084		
Ecclesiastica		4,000U000		
Literaria		4,000U000		
Marinha, a saber :				
Soldos, Soldados, e Comedorias . . . Rs. 3,547U532				
Jornaes de Trabalhadores 5,400U000				
Despezas miudas da Intendencia . . . 800U000				
Pagamento de generos para á dita . . . 10,000U000		19,747U532		
Extraordinaria, comprehendendo o pagamento de huma Letra de 10,000U000 rs. de Gervasio Pires Ferreira . . .			19,390U581	115,179U498
			Saldo Rs.	30,886U467

(Assignado) MARCELINO ANTONIO DE SOUZA.

RELAÇÃO DA RECEITA E DESPEZA

Da Provincia das Alagoas no anno de 1823.

Receita.

Saldo do anno passado	Rs.	16,492U453
Dizimo, e Subsidio do Algodaõ, e Assucar, e o por % do Consulado na villa de Maçay		61,964U65
Alfandega		5,069U758
Dizimo, e Subsidio de Assucar, pago na Thesouraria da Junta da Fazenda		1,042U605
Dito do Algodaõ idem		4U537
Dito de Miunças Contractado		11,701U958
Novo Imposto de 5 rs. em libra de Carne verde		2,417U408
Dito de 8U000 rs. em Pipa de Agoardente		2,400U000
Siza, e Meia Siza		1,802U592
Novos Direitos, e Donativos de Officios		935U400
Sello do Papel		806U568
Novo imposto de 30, e 40 rs. em Canada de Agoardente do paiz . . .		39U840
Subsidio Militar, e Literario		1U000
Novo imposto á favor do Banco do Brasil		480U600
Decima de Heranças, e Legados		2,218U003
Idem de Predios Urbanos		1,154U331
Ancoragem de Navios Estrangeiros		649U000
Monte Pio Militar		23U000
Repartições de soldos		976U071
Recebimento por Conta		2,578U994
Ditos de Ordem do Governo desta Provincia		8,413U302
Donativo voluntario		4,522U391

Segue Rs. 121,101U935

	Transporte Rs.	121,101U835
Subscripção para as despezas da Marinha		4aU960
Emprestimo do Juizo d'Auzentes a Fazenda Nacional desta Provincia-		2,000U000
	Rs.	123,144U795

Despeza.

Ecclesiastica	Rs.	2,477U177
Civil		13,282U287
Almoxarifado		19,200U000
Militar		61,416U141
Intendencia da Marinha, e Armazens Nacio-		
naes		4,730U242
Construcçaõ da Curveta Magaio		7,982U080
Bataria do Garagua		2,817U640
Construcçaõ d'Alvarenga para as visitas d'Al-		
fandega		137U240
Fortificações		281U120
Extraordinarias		3,290U661
		114,614U586

Saldo existente que passou ao seguinte anno	Rs. .	8,530U209

(Assignado) MARCELINO ANTONIO DE SOUZA.

RELAÇÃO DO RESUMO

Da Receita e Despeza da Junta da Fazenda da Provincia da Parahiba do Norte, de todo o anno de 1824, conforme os Balancetes recebidos em Officios de 9 de Outubro do mesmo anno, e 12 de Janeiro ultimo.

Cofre da Fazenda Publica.

Somma a Receita	Rs.	247,711U202
Despeza		217,220U059
		30,491U143

Cofre dos Depozitos.

Somma a Receita	Rs.	7,861U857
Despeza		616U980
		7,244U877
	Saldo	37,736U020

N. B. Na importancia total da Receita acima vai comprehendida a quantia de 108,481U254 rs. que existia de Saldo no anno de 1823; não obstante no resumo total da receita, naõ declarar, assim como naõ classifica as quantias recebidas, e nem as despendidas.

RELAÇÃO DA RECEITA E DESPEZA

Da Junta da Fazenda da Provincia do Rio Grande do Norte, pertencente ao anno de 1824, conforme o Orçamento recebido em Officio da mesma de 6 de Novembro do mesmo anno.

Receita.

Dizimo de Gados	Rs. 19,617U695
Idem do Pescado	1,616U103
Idem das Causas	759U666
Idem das Miunças	3,075U664
Idem do Sal	238U004
Idem das Rapaduras	103U020
Idem das Aguas ardentes	33U572
Idem do Algodão	1,429U528
Rendimento do sal vendido por conta da Fazenda . .	601U259
Dizimos administrados	30U400
Correio	58U647
Botica Nacional	24U102
Pio Brasil	10,600U000
Dito em Deposito	6,355U073
Dito de Alcance	160U666
Passagens da Ribeira	108U356
Direitos de Importação	1,408U208
Novo Imposto da carne verde	562U999
Subsidio Literario	336U239
Propina para Obra Pia	188U387
Dita de Munição de Guerra	56U000
Donativos de Officios de Justiça	157U000
Novos Direitos dos mesmos	160U743
Imposto a favor do Banco do Brasil	054U534
Siza dos bens de raiz	643U979
Meias Sizas	221U916
Sellos dos Papeis	685U002
Novos Direitos das Cartas de Seguro . . .	33U133
Decima dos Predios Urbanos	148U971
Dita de Heranças, e Legados	126U378
Imposto de 8U rs. em Pipa de Aguardente . .	783U579
Foros de Sismarias	202U616
Extraordinaria	155U302
	Rs. 50,967U544

Despeza.

Pela Folha Ecclesiastica	771U006	
Dita Civil	17,198U303	
Dita Militar	23,563U007	
Despeza extraordinaria Civil	202U563	
Dita Militar	142U840	41,879U319
	Saldo	8,888U225

(*Assignado.*) MARCELINO ANTONIO DE SOUZA.

RELAÇÃO DO RESUMO

Da Receita e Despeza da Junta da Fazenda da Provincia do Ceará, até 31 de Dezembro de 1824, recebido em Officio de 14 de Janeiro proximo passado.

Cofre da Fazenda Publica.

Somma a Receita até .	N.º 199 Rs. 25,911U077		
Despeza até	N.º 231 19,467U871	6,443U206	

Emprestimo Publiço.

Somma a Receita	N.º 1 Rs. 4,428U932		
Desdeza	N.º 1 992U000	3,439U632	
Propinas em Deposito · · . . .		1,114U675	
	Saldo Rs.	10,994U813	

MARCELINO ANTONIO DE SOUZA.

RELAÇÃO DA RECEITA E DESPEZA

Da Junta da Fazenda da Provincia do Maranhão desde o 1º de Janeiro até 15 de Outubro de 1824, extrahida do resumo que acompanhou o seu Officio de 18 do mesmo mez e anno.

Receita.

Saldo do anno p. p. . . . . Rs.	103,260U744
Alfandega	93,972U581
Inspecção do Algodaõ	193,320U851
Novos Direitos dos Officios, e Cartas de Seguros . .	601U726
Sello dos Papeis	2,904U939
Heranças, e Legados	2,358U876
Sizas dos bens de raiz	5,262U084
Decima	1,811U880
Venda de Polvora	2,363U760
Correio Geral	716U545
Contribuição para a Junta do Commercio	2,457U280
Barcaça	281U600
Dizimos	44,046U988
Chancellaria	1,695U550
Bulla da Santa Crusada	683U060
Rendimento pertencente a Capella Real das Merces . .	3,210U000
Cofres dos Depositos	300U036
Segue Rs	457,249U600

Transporte Rs.   457,349U600

Diversos Devedores 2,486U,81
Extraordinarias 1,662U950

Despeza Civil.

Ordenados . . . . Rs.   47,183U776
Pensões 1,750U000
Professores Regios 2,179U083
Expediente das Repartições Publicas 2,959U310
Alugueres de Cazas 1,285U465
Typographia Nacional 1,027U877
                                          57,384U253

Ecclesiastica.

Congrua 8,835U242

Militar.

Soldos . . . . Rs.   229,642U858
Fardamentos 11,152U862
Hospital 2,225U319   243,021U039

Marinha.

Compras feitas pelo Expediente da Inten-
  dencia da Marinha . . . . . . Rs.   50,192U739
Ferias pagas pelo mesmo Expediente .   17,573U452
Com Galiotas , Calcetas , e mais Despezas
  Miudas 5,300U000
Diversos Fretes a Embarcações 3,250U000   76,316U211
Gratificação 4,437U503
Supprimentos ao Pará 10,000U000
Extraordinarias 14,580U160   414,574U808

                            Saldo existente em Cofre   Rs   46,833U923

      (Assignado)   MARCELINO ANTONIO DE SOUZA.

RELAÇÃO DA RECEITA E DESPEZA

Da Junta da Fazenda da Provincia do Pará, conforme o Balanço resumido do anno
de 1822, remettido em Officio de 14 de Setembro de 1823.

Receita.

Saldo do Anno de 1821 . . . . Rs.   8,782U613
Dizimos de Miunças, e Gado da Cidade, e dif-
  ferentes villas 61,859U643
                        Segue Rs.   61,859U643   8,782U613

Transporte Rs.	61,859U643	8,782U613
Idem dos Generos do Sertaõ, e embarque	43,463U262	
Idem de Arroz . . . . idem	17,253U674	
Idem de Algodaõ . . . . idem . . .	6,504U610	
Imposto das Sizas, e meias Sizas	7,976U842	
Decima dos Predios	4,909U491	
Sello dos Papeis	2,852U783	
Novos Direitos, Alvarás, e Rendimentos da		
Chancellaria	459U211	
Ancoragem de Navios, Faroes, e Tonelladas	1,891U640	
Imposto no Algodaõ	14,765U478	
Idem da carne verde	21,186U309	
Meio real em lib. da data	2,221U031	
Rendimento d'Alfandega	58,153U824	
Subsidio Literario	9,308U192	
Direitos dos Escravos vindos da Costa d'Africa	10,921U600	
Dous por % de Exportaçaõ	11,121U605	
Imposto a favor do Banco	3,828U840	
Pesqueiro da Ilha de Joannes	9,300U919	
Rendimento de diversas Fazendas de gado .	23,108U483	
Serraria de Mont'Alegre	573U600	
Correio	804U000	
Contribuiçaõ para a Junta do Commercio desta		
Corte	1,975U609	
Imposto nos Escravos applicado para a Policia	653U800	
Venda de Polvora	504U745	
Cacual da Villa Franca	3,863U685	
Consignaçaõ do Maranhaõ	29,163U049	
Receitas extraordinarias	6,928U805	
Terças das Camaras	5,188U794	
Depositos	11,951U242	371,533U262

Rs. 380,315U875

Despeza.

Ecclesiastica	20,765U708
Militar	159,628U467
Hospital	23,144U565
Trem	3,648U358
Armazens Nacionaes	67,638U680
Arsenal da Marinha	2,836U875
Embarcaçoes de Guerra	16,366U798
Ordenados	27,547U809
Expediente da Junta	346U635
Fortificaçoes	222U380
Obras Publicas	549U815
Despeza com a Alfandega	475U480
Idem com varias diligencias, e commedorias	1,910U352
Idem por conta de diversas Provincias . .	2,507U170
Idem com os Pesqueiros da Villa Franca, e	
Ilha de Joannes	5,686U221
Idem com diversas Fazendas	4,092U048
Idem com a arrecadaçaõ de Dizimos, e outras	
Rendas	5,953U766
Idem com diversas Serrarias	336U980
Idem com o Viveiro d'Especiarias . . .	277U775

Segue Rs.	334,117U824	380,315U875

Transporte Rs. 334,117U824   380,315U87

Despeza com a propagação do pax Vaccino	99U800
Idem com o Cacoal de Villa Franca	656U340
Idem, Idem de Igaripe Mar	73U300
Idem com as minas d'Ouro da Ferucojva	511U640
Idem com a Corte de Madeiras	178U425
Idem com os Armazens de Aurá	266U077
Tenças	1,143U000
Extraordinaria	5,697U933
Idem com a Praça de Macapá	3,895U801
Ajudas de Custo	2,034U165

Saldo existente   357,475U52

Rs. 29,840U34

(*Assignado*) MARCELINO ANTONIO DE SOUZA.

LETRA N.

DEMONSTRAÇÃO DA RECEITA DO THESOURO PUBLICO

Do Rio de Janeiro, em todo o anno de 1825, sem comprehender as extraordinarias e eventuaes; a saber:

RECEITA.

Alfandega.

1.	Direitos de 24 por cento	410:442U778
2.	Ditos de 15	937:619U252
3.	Ditos de Vinho branco, e tinto	261:077U070
4.	Ditos do Vinagre	4:300U984
5.	Ditos de licores, e agoardente	46:210U530
6.	Ditos de Azeite doce	5:431U434
7.	Novo Imposto dos Escravos	24:111U400
8.	Equivalente do Contracto do Tabaco	22:858U000
9.	Direitos novissimos dos Escravos	264:024U000
10.	Ditos de Sahida dos Escravos da Costa d'Africa	266:658U100
11.	Ditos de Guarda Costa	45:427U369
12.	Ditos de Baldeação	903U884
13.	Ditos de reexportação	17:900U675
14.	Ditos de 400 reis em arroba de fumo Estrangeiro	1U250
15.	Novo Imposto do Sal Brasileiro	2:067U600
16.	Dito de dito Estrangeiro	40:064U640
17.	Rendimentos d'Armazens	2:548U700
18.	Ditos de 30 reis por alqueire de Trigo	3:874U370
19.	Sello d'Alfandega	26:315U560

Segue Rs ... 2,351:825U744

	Transporte............Rs..	2,351:825U744
20.	Emolumentos dos Officios d'Escrivão da Balança, Meirinho, e Porteiro d'Alfandega..................	13:222U900
	Rs.........	2,365:048U644

Nova Administração na Meza do Consulado.

21.	Consulado de Sahida......Rs..	184:655U815
22.	Dizimo do Café..............	234:840U962
23.	Dito de Miunças, incluindo 200U000 reis de Contrato antigo........	7:083U983
24.	Dito do Acucar, incluindo reis 4:528U460, arrecadados pelo Thesouro..................	147:746U464
25.	Imposto de 4U000 reis por pipa de Aguardente de Consumo.......	19:028U398
26.	Dito de 1U600 reis, por dita de Aguardente Geribita..........	17:231U460
27.	Subsidio Litterario, incluindo reis 14:154U379 arrecadados pelo Thesouro,..................	60:242U098
28.	Imposto de 400 reis em arroba de Tabaco de corda..............	35:045U389
29.	Siza, incluindo 15:336U178 reis arrecadados pelo Thesouro..	99:051U343
30.	Meia Siza incluindo 2:712U893 reis idem..................	151:788U458
31.	Impostos para auxilio do Banco, incluindo 1:707U640 reis idem...	24:612U008
32.	Dito sobre os Botequins, e Tavernas, incluindo 2:090U000 reis por conta de antigos Contractos.	22:962U000
		868:288U878

Casa da Moeda.

33.	Producto d'Ouro em pó reduzido a moedas de 4U000 reis..Rs..	3:385U116	
34.	Senhoriagem de Moedas d'Ouro...	10:763U037	
35.	Dita de de Prata..............	15:552U740	
36.	Moedas febres, escovilhas, enservos, e accrescimos de Fundições,	538U954	
37.	Chapas de cobre cunhadas, em Moeda Provincial.............	531:723U475	
	Rs...	561,943U322	3,233:337U522

		Rs.	561:943U3zz	3,233:337U5zz
	Transporte..............			
38.	Resto do producto de differentes pessas de Prata, que se cunhárão em Moedas...................		2:863U8z4	
				564:807U146
39.	Correio Geral..............		13:z94Uz4o	
40.	Passagens de Rios..........		39:115U13o	
41.	Ancoragem de Navios Estrangeiros.		23:664Uooo	
42.	Meios Soldos das Patentes Militares, incluindo 16:756U1o5 reis vindos de differentes Provincias.		28:5z9U185	
43.	Novos Direitos.............		46:615Uo73	
44.	Velhos Direitos............		7:zz5U754	
45.	Chancellaria das Ordens Militares.		1:z15U613	
46.	Mestrado das ditas Ordens.......		1:56Uooo	
47.	Tres quartas dos Terças dos Habitos..................		z7Uooo	
48.	Direitos dos Escravos, que vão para Minas..................		3o:581Uooo	
49.	Emolumentos das Guias dos Viandantes das Minas...........		z:69oUo8o	
50.	Decima................		148:393Uzo1	
51.	Barca da passagem da Ilha das Cobras...................		8Uooo	
52.	Sello do Papel, e Decima de Legados..................		4o:16zU35z	
53.	Administração da Pescaria das Baleas		1o:5ooUooo	
54.	Novo Imposto da Carne verde.....		71:9o7U9o4	
55.	Joias da Imperial Ordem do Cruzeiro.		z:3zzU8oo	
56.	Dizima da Chancellaria, incluindo z1o39Uo38 reis pertencente ao triennio de 1819 a 18z1		3:934Uo64	
57.	Arrendamento das Bancas do Pescado		4:143U5oo	
58.	Rendimentos de Proprios Nacionaes.		z4oUooo	
59.	Emolumentos que pertencião aos Governadores das Fortalezas de Santa Cruz, Ilha das Cobras, Secretario do Governo das Armas, e Fisico Mór...............		5:z69Uo7o	
60.	Dizimo do Pescado...........		181:146U3z8	
61.	Donativos d'Officios		z:1o5U688	
62.	Pençoes impostas ás Freguezias para a fabrica da Imperial Capella..		z:696U475	
				5oz:zzzUo87
	Somma Rs.........			4,3oo:566U755

ANTONIO HOMEM DO AMARAL.

TABELLA DAS LEIS, E ORDENS

Pelas quaes se arrecadão as Rendas da provincia do Rio de Janeiro.

Rendas.	Ordens.
N.os 1. Do 24 por cento.	» Por Carta Regia de 28 de Janeiro de 1808
2. De 15 por cento.	» Pelo Tratado de Commercio de 19 de Fevereiro de 1810 , Decreto de 13 de Maio de 1821 , e Aviso de 3 de Janeiro de 1826.
3 { Do Vinho tinto. / Do dito em garrafas. / Do Vinho branco. / Do dito em garrafas. / Do Vinagre.	}
4 { Da Aguardente. / Dos Licores.	} Por Decreto de 30 de Dezembro de 1822.
6. Do Azeite.	
7 e 8. { Do equivalente do Tab. / Do Novo Imposto dos Escravos.	} Por Aviso de 31 de Janeiro de 1819 , e Portaria do Vice Rey de 30 d'Abril de 1802.
9. Do Imposto Novissimo dos Escravos.	» Por Alvará de 25 d'Abril de 1818.
10. De Sahida dos Escravos.	» Por Aviso de 24 d'Outubro de 1810.
11. De Guarda Costa.	» Por Carta Regia de 24 de Março de 1720.
12. De Baldeação.	} Por Alvará de 26 de Maio de 1812.
13. De Reexportação.	
14. Do Fumo Estrangeiro.	» Não ha Ordem ; regula-se pelo Brasileiro , vid N.o 28.
15. Do Novo Imposto do Sal Brasileiro.	} Por Aviso de 31 de Janeiro de 1810 , e Alvará de 30 de Maio de 1820.
16. Do dito Estrangeiro.	
17. Dos Armazens	» Por Alvará de 26 de Maio de 1812.
18. Contribuição dos Trigos.	» Por Aviso de 19 d'Agosto de 1815.
19. Rendimento do Sello.	» Por Decreto de 16 d'Agosto de 1821.
20. { Emolumentos do Officio d'Escrivão da Balança, / Meirinho, e Porteiro da Alfandega.	} Por Decreto de 22 de Março de 1818.
21. Direitos de 2 por cento de Consulado.	» Por Decreto de 7 de Julho de 1818.
22 a} / 24} Dizimo do Café, Miuncas, e Açucar.	» Ficarão pertencendo ao Estado por Concordatas , Carta Regia de 13 de Março de 1715, arrecadados na forma do Decreto de 16 d'Abril de 1821.

Sexta Parte. XLVI.

25 a)

27 { Impostos sobre a Aguardente da terra, etc., e subsidio Litterario, a saber:

» Imposto sobre a Aguardente debaixo da denominação = Equivalente do Contracto do Tabaco = Alvará de 10 de Janeiro de 1757.
Subsidio Litterario : Carta Regia de 27 de Outubro de 1773, que acompanhou a Ley de 10 de Novembro de 1772.
Subsidio de 1U000 reis por pipa: Provisão do Conselho Ultramarino de 29 d'Agosto de 1760.
Idem de 4U000 reis idem : Alvará de 30 de Maio de 1820 , e Resolução de Consulta de 4 de Fevereiro de 1822 , tudo arrecadado na forma das Instrucções, e Decreto de 4 de Fevereiro de 1823.

28 Imposto de 400 réis em arroba de Tabaco de corda. » Por Alvará de 28 de Março de 1808.

29 Siza. » Por Alvará de 28 de Maio de 1809.

30 Meia Siza. » Idem.

31 Imposto a favor do Banco. » Por Alvará de 20 d'Outubro de 1812.

32 Dito nos Botequins , e Tavernas » Por Carta Regia de 18 de Março de 1801, arrecadados na forma das Instrucções, e Decreto de 4 de Fevereiro de 1823.

33 Producto do Ouro reduzido a moeda de 4U000
34 Senhoriagem da moeda de ouro.
35 Dita de prata.
36 Moedas fabres , Escovilhas, Enscrros, e Accressimos de Fundições.

} Por Ley de 8 de Março de 1694.

37 Chapas de cobre cunhadas em Moeda Provincial. » Por Aviso de 15 de Setembro de 1812.

38 Resto do Producto de differentes pessas de prata, que se cunharão em Moeda. » Por Ley de 8 de Março de 1694.

39 Correio Geral. » Por Alvará de 20 de Janeiro de 1798, e regulado pelo Decreto de 8 d'Abril de 1805.

40 Passagens de Rios , e Serras , a saber :
Parahyba. » Por Provisão do Conselho Ultramarino de 29 d'Abril de 1711.

Parahybuna.	» Desanexou-se da Jurisdição da Provincia de Minas por Provisão do Conselho Ultramarino de 19 de Junho de 1723.
Parahyba nova.	» Por Ordem do Vice Rey em 1801.
Ubá.	» Por Aviso de 13 de Fevereiro de 1812.
S. João.	» Incorporou-se á Coroa por Carta Regia de 6 d'Outubro de 1758, e Ordem de 4 de Maio de 1759.
Caminho da Serra.	» Por Ordem da extincta Junta da Fazenda de 16 de Dezembro de 1808.
41 Ancoragem dos Navios.	» Por Alvará de 15 de Março de 1810.
42 Meio Soldo das Patentes.	» Por Aviso de 20 de Julho de 1808 se mandou receber no Thesouro Publico o Meio Soldo das Patentes dos Officiaes de Milicias, e Ordenanças, como os de Tropa da 1.ª Linha, e não consta a Ordem que os estabeleceo.
43 Novos Direitos.	» Pelo Regimento de 11 d'Abril de 1661.
44 Direitos Velhos.	» Idem.
45 Chancellaria das 3 Ordens.	» Idem.
46 Mestrado das ditas 3 Ordens.	» Entra no Thesouro depois que se estabeleceo a Corte no Brasil.
47 Trez quartas das Tenças dos Habitos.	» Idem.
48 Direito dos escravos que vão para Minas.	» Por Ordem do Conselho Ultramarino de 27 de Março de 1714, e Provisão do Vice Rey da Bahia de 17 de Agosto de 1715.
49 Emolumentos das Guias dos Viandantes que vão para Minas.	» Por Alvará de 3 de Março de 1770, e arrecadados em virtude dos Decretos de 20 d'Agosto, e 28 de Novembro de 1808.
50 Decima dos Predios Urbanos.	» Por Alvará de 27 de Junho de 1808.
51 Barca de passagem da Ilha das Cobras.	» Por Ordem do Vice Rey Conde de Rezende.
52 { Sello dos Titulos de Mercés.	» Por Alvará de 27 d'Abril de 1802.
Dito do Papel.	» Por Alvará de Junho de 1809.
Decima das Heranças, e Legados.	» Idem.
53 Pescaria das Baléas.	» Foi Administrada em virtude do Termo da Junta Administrativa dos Novos Impostos de 10 de Junho de 1816, e se acha em liquidação, tendo sido encampada por Resolução de Consulta da Junta do Commercio de 11 de Outubro de 1825.

54	Imposto de 6U000 na Carne verde.	» Por Alvará de 3 de Junho de 1800.
55	Joias da Imperial Ordem do Cruzeiro.	» Por Decreto do 1.º de Dezembro de 1822.
56	Dizima das Chancellarias.	» Estabelecida em 16 de Fevereiro de 1751, com a criação da extincta Relação, e o Alvará de 25 de S. tembro de 1651 lhe prescreve a forma da sua arrecadação, ampliada pelo de 27 d'Agosto de 1810.
57	Arrendamento das Bancas do Pescado.	» Faz se no Conselho da Fazenda por tempo de 1 anno.
58	Rendimentos de proprios Nacionaes.	» He o Rendimento de huma Propriedade de casas pertencente á Fazenda Nacional.
59	Emolumento que pertencia ao Governador da Fortaleza de Santa Cruz.	» Por Aviso de 9 de Maio de 1821.
	Dito dito da Ilha das Cobras.	» Por Portaria de 31 de Julho de 1821.
	Dito do Secretario do Governo das Armas.	» Por Portaria de 19 de Fevereiro de 1825.
	Dito do Fisico Mór.	» Por Portaria de 22 de Março de 1822, tudo estabelecido pelo Alvará de 3 de Fevereiro de 1810.
60	Dizimo do Pescado.	» Vid N. 22, o da Cidade se acha Contractado; e o do Reconcavo Administrado na forma do Decreto de 7 de Julho de 1823.
61	Donativos d'Officios.	» Por Provisão do Conselho Ultramarino de 23 de Dezembro de 1723.
62	Pensões impostas ás Freguezias para a Fabrica da Imperial Capella.	» Por Alvará de 20 d'Agosto de 1808, e arrecadada na forma da Resolução de Consulta da Meza da Consciencia, e Ordem de 25 d'Agosto de 1811.

LETRA O.

ORÇAMENTO DA RECEITA, E DESPEZA

Ordinaria, e extraordinaria do Thesouro Nacional do Rio de Janeiro para o anno de 1826, a saber :

———————————

Receita ordinaria.

Saldo dos rendimentos geráes no fim de 1825.......Rs...	243:350U664
Alfandega	2,400:000U000
Administração de diversas rendas pela Mesa do Consulado..	800:000U000
Chancellaria Mor....................................	50:000U000
Correios	12:000U000
Passagens de Rios, e Serra..........................	40:000U000
Ancoragem dos Navios Estrangeiros...................	26:000U000
Meios Soldos, Direitos de Escravos, que vão para Minas, Emolumentos das Guias dos Viandantes, e Donativos d'Officios.	54:000U000
Decima	140:000U000
Arrematação do Dizimo do Pescado, e Bancas..........	20:000U000
Diversas Receitas miudas............................	20:000U000
Imposto da carne verde, e Subsidio Litterario.......	86:000U000
Sello do papel, Decima de Heranças e Legados	40:000U000
Casa da moeda pela Senhoriagem do Ouro, e Prata, o producto das chapas cunhadas em moeda Provincial......	500:000U000
	4,431:350U644

Receitas extraordinarias.

Saldo da caixa dos sequestros........Rs.	157:703U264	
Subscripção para augmento da Mariuha.....	20:000U000	
Dons gratuitos...........................	10:000U000	
Cofre dos Defuntos, e Ausentes...........	20:000U000	
Por conta do Emprestimo de Inglaterra, récebidos nos 4 mezes do corrente anno...	512:491U003	
Subsidio que se pode esperar de 15 Provincias para os seus Senadores, e Deputados......	242:400U000	
		962:594U267
	Rs.	5,393:944U911

DESPEZA.

Casa Imperial.

Dotação de S. M. o Imperador	200:000U000
Segue Rs.	200:000U000

Septima Parte XLVII.

Transporte Rs...	200:000U000	
Dita do Sereníssimo Principe Imperial, e das Senhoras Princezas.....................	12:000U000	
Mezada de S. M. a Imperatriz.............	19:200U000	
Guarda Imperial dos Archeiros	5:536U400	
Porteiros da Camara de cavallo de Numero..	5:522U000	
		242:258U400

Secretaria d'Estado dos Negocios do Imperio pelo orçamento remettido ao Thesouro.

Ordenados.....................Rs...	11:974U000	
Folha das Despezas.......·.............	8:322U527	
Pela Administração das Imperiaes Quintas, e Fazendas..........................	60:000U000	
Pela Repartição do Almoxarife dos Imperiaes Paços........................	120:276U480	
Pela Repartição do Thesoureiro ....,...	41:877U676	
Academia Imperial das Bellas Artes	6:980U000	
Bibliotheca Imperial e Publica............	4:485U324	
Jardim Botanico da Lagoa de Rodrigo de Freitas ...,.......................	4:007U816	
Muzeo ....,...,,,....	2:880U000	
		260:803U823

Secretaria d'Estado dos Negocios da Guerra pelo Orçamento remettido ao Thesouro.

Soldos, e mais despezas desta Repartição Rs.	1,104:300U000
Commissariado Geral do Exercito	274:058U616
Hospital Militar	88:000U000
Arsenal do Exercito	211:000U000
Ordenados, e despezas da Secretaria........	18:000U000
	1,695:358U616

Despezas não comprehendidas no orçamento.

Ordenados dos Lentes do Hospital .... Rs	6:240U000	
Ditos dos Aposentados	1:080U000	
Telegraphos ...,.,.,.,....	4:000U000	
		11:320U000

Despezas extraordinarias não comprehendidas no orçamento.

Tropa de Montevideo supprida pelo Banco ....,,.....	1,094:954U862

Segue Rs...·,	1,094:954U862	1,706:678U616	503:062U223

Transporte	1,094:954U862	1,706:678U616	503:062U223

Agio da prata, premios, commissões , fretes , e seguros
relativos a esta remessa... 18:800Uooo

Tropa que tem marchado para
o Rio Grande , supprida pelo
Banco................. 330:000Uooo

Consignações para pagamento
da divida atrazada 12:000Uooo

Fazenda da cordoaria......, 12:857U260

Amortisação da divida da Fabrica da Polvora....,..... 4:000Uooo

1,472:612U122

3,179:290U738

*Secretaria d'Estado dos Negocios Estrangeiros pelo orçamento
remettido ao Thesouro.*

Ordenados do Corpo Diplomatico...,.Rs.,. 184:000Uooo
Ditos da Secretaria d'Estado , e despezas.... 15:608Uooo
Commissão mixta do Rio de Janeiro....... 4:700Uooo
Dita em Londres...,.,.....,.......... 4:400Uooo

208:708Uooo

Dita extraordinaria.............,.............. 30:000Uooo

238:708Uooo

*Secretaria d'Estado dos Negocios da Marinha, pelo orçamento
remettido ao Thesouro.*

Prets , soldos , ordenados , ferias de operarios
e outras....,...............Rs... 1,819:564U150
Ordenados , e despezas da Secretaria 15:949U320
Despacho Maritimo .,...,............ 2:070Uooo

1,837:583U470

Despeza extraordinaria não comprehendida no
orçamento.

Marinha do Sul, supprida pelo
Banco , pelos saques já feitos em proporção dos qua-
tro mezes deste anno Rs.. 743:828U160

Armazens do Sal, incorpora-
dos na Marinha ....,,,,, 30:000Uooo

773:828U160

2,611:411U630

Segue Rs.. 6,532:472U591

Transporte   6,532:472U591

Secretaria d'Estado dos Negocios da Justiça, e Ecclesiasticos.

Ordenados, e despezas da Secretaria...Rs...	12:652U000
Capella Imperial , e Sé	57:702U050
Armação nos dias festivos , musicos , e mais despezas	4:800U000
Paramentos para as Igrejas , que necessitão...	4:000U000
Congruas	14:324U620

93:478U670

Ordenados dos Empregados Publicos , Pensões , Tenças , despezas do Expediente dos Tribunaes , Repartições , e outras.

Conselheiros d'Estado ....Rs...	22:400U000
Camara dos Senadores	180:000U000
Dita dos Deputados	242:400U000
Desembargo do Paço	24:510U000
Couselho da Fazenda	28:820:000
Supplicação	42:420U200
Thesouro Publico	51:470U000
Chancellaria Mor	4:160U000
Secretaria das Mercês	950U000
Professores Publicos	11:350U000
Intendencia do Ouro	2:200U000
Casa da Moeda	20:309U450
Tachigrafos , e mais Empregados na Camara dos Senadores	8:000U000
Dita na dos Deputados	8:000U000
Alfandega	21:004U600
Diversos que não tem assentamento em folhas.	2:400U000
Diversas Rendas da Meza do Consulado	4:700U000
Correio	2:160U000
Folha extraordinaria	11:493U200
Tenças	14:666U131
Pensões	94:841U339
Dias do bolsinho do Sr. D. João VI.....	7:702U650
Amortisação por conta do principal , e juros do Emprestimo de 1822	60:519U788
Dita para a Colonia dos Suissos	4:400U000
Extração Diamantina	70:000U000
Compra de remedios , e despeza da Enfermaria dos criados do Sr. D. João VI, existentes nesta Corte , e dos de S. M. o Imperador.	3:800U000
Fabrica de lapidar diamantes	8:000U000
Azeite para illuminação da Cidade	3:800U000
Ajuda de custo , gratificações , papeis correntes , dos que não entrão em folha , e outros de	

Segue Rs......   956:527U358   6,625:951U261

Transporte Rs.	965,527U358	6,625:951U261
tracto successivo , que não pertençem á divida atrazada..................................	50:000U000	
Expediente das duas Camaras dos Senadores, e Deputados..............................	5:600U000	
Dito do Desembargo do Paço................	1:060U000	
Dito da Chancellaria Mór..................	286U000	
Dito da Imperial Ordem do Cruzeiro........	155U000	
Dito do Thesouro........................	6:230U000	
Dito do Conselho da Fazenda..............	1:440U000	
Dito da Caza da Moeda..................	29:600U000	
Dito do Correio........................	2:260U000	
Dito da Fabrica de lapidar diamantes	7:400U000	
Dito d'Alfandega	55:300U000	
Dito de diversas rendas na Meza do Consulado.	3:560U000	
Dito com a arredadação de diversas rendas..	12:000U000	
Pagamento do resto da Typographia comprada a Silva Porto............................	5:000U000	
Rs.	1,136:408U358	

OBRAS.

Sallão dos Senadores........	6:000U000	
Academia das Bellas Artes..	14:000U000	
Capella de S. Christovão....	10:000U000	
Aqueducto da Carioca , e Passeio...................	16.000U000	
Encanamento do Maracanã..	12:000U000	
Alfandega	40:000U000	
Caza para a fabrica e fundição da moeda de cobre	4:000U000	
		102:000U000

Despeza extraordinaria.

Transporte d'Alemães	40:000U000	
Consignações ao Commissario Geral do Exercito para fornecimento do mesmo	24:000U000	
Compra da caza do Conde dos Arcos , hoje Camara dos Senadores.................	44:560U000	
Consignações para a Provincia de Santa Catharina..............................	48:000U000	
Ditas para a do Espirito Santo , e Aldeamento dos Indios...........................	45:670U000	
Ditas a diversos por conta da divida atrazada..	240:000U000	
Ditas ao Banco pela Alfandega , incluindo o		
Rs.	1,680:638U358	6,625:951U261

	Transporte Rs.	1,680:638U358	6,625:951U261
augmento de proximo ordenado.........		372:000Uooo	
Ditas ao mesmo para serem conjunctamente ap- plicadas a juros e capital		228:000Uooo	
Pagamento atrazado pela Thesouraria Geral dos ordenados......................		31:000Uooo	
Dito dos juros do Emprestimo de 1796.....		185:189U834	
Amortisação da divida reduzida a cedulas...		71:926U628	
Por conta da caixa de sequestros, para paga- mento do que se for entregando, sem de- pendencia da Commissão		214:180U981	

2,782:937U801

Rs. 9,408:889U062

DEMONSTRAÇÃO

Do Producto annual de cada huma das Rendas, que se escripturão nesta Contadoria Geral; sua forma d'arrecadação, despeza que com ella se faz, e o seu producto liquido.

Rendimento da Decima.

Foi estabelecido nesta Corte, por Alvará de 27 de Junho de 1808. Consiste no pagamento da Decima, que pagaõ os Proprietarios de Predios Urbanos, deduzida de seu Rendimento liquido, depois de abatidos 10 p. %
para concerto, e falhas.

A arrecadaçaõ deste subsidio he feita, na Corte pelos Juizes dos dous
Bairros de S. José, e de Santa Rita, o primeiro he Superintendente nas
Freguezias de S. José, Rosario, e Engenho Velho, e o segundo, nas de
Santa Rita, Candellaria, e Sant'Anna, e na Cidade de Cabo Frio, e villas
pertencentes a esta Provincia, saõ Superintendentes os Juizes de Fora, ou
ordinarios dellas.

A despeza, que se faz com esta arrecadação, he a dos 2, e 3 p. % que
deduzem os Superintendentes das quantias, que arrecadaõ ,sendo a deducçaõ
dos 2 p. % para as despezas do Lançamento, Livros, Papel, etc., e a dos
3 p. %, para o seu premio, e dos mais Empregados n'Arrecadaçaõ.

O total producto desta Renda em o anno de 1825, segundo as certidões
do Lançamento pelo que respeita á Corte, e calculado pelo producto dos
ultimos annos, quanto á Cidade de Cabo Frio, e villas, importa em
Rs. 150,775U106

Deducçaõ dos 2, e 3 p. %. 7.449U290

Liquido producto . . . . Rs. 143,325U816

Rendimento da Siza, e Meia Siza.

Estabelecido por Alvará de 3 de Junho de 1809. Consiste no pagamento,
que se faz a Fazenda Nacional de 10 p. % nas transacções de compra, e
vendas de bens de raiz, e de 5 p. % nas de escravos ladinos. Esta renda
até o anno de 1816 esteve por administração, a despeza que se faxia

com a sua arrecadaçaõ era a de 2 p. % de premio dos respectivos Thesoureiros, e Escrivaes. Passou a ser contractada pelo triennio de 1817 a 1819,
por 170,600U000 rs. alem da quantia de 1,706U000 rs. da Propina de
1 p. % para a Obra Pia. No producto desta arrematação comparado com o do
triennio antecedente por administraçaõ houve o resultado de 5,609U435 rs.,
em prol da Fazenda Nacional. Finda esta, procederão os mesmos Contractadores a nova arrematação pelo triennio de 1820 a 1822, pelo preço
principal de 240,600U000 rs. alem da respectiva quantia de 2,406U000 rs.
de 1 p. % para Obra Pia.

Findo o Contracto, foi commettida a administração aos ex-Contracta-
dores, a cujo cargo esteve desde Janeiro até 17 de Maio de 1823, tempo
em que ella passou para a Mesa do Consulado n'Alfandega; isto he somente
pelo que pertencia ás transacções celebradas na Corte; ficando as da Cidade de Cabo Frio, e villas a cargo dos respectivos Juizes, os quaes fazem
as competentes Remessas ao Thesouro Nacional. Naõ se pode mostrar por
esta Repartição qual tem sido o Rendimento pertencente á Corte, visto
que as differentes rendas administradas pela referida Mesa, tem a sua
respectiva entrada pela Caixa da segunda Contadoria Geral, e por isso somente se pode dizer, que a sua importancia no anno de 1823 foi a de
39,819U490 rs., incluida a quantia de 31,005U594 rs. arrecadada no
mencionado tempo de Janeiro até parte de Maio; e que do anno de 1824
somente pelo que pertence ás Villas, e Cidade de Cabo Frio importou a
sua total em . . . . Rs. 13,961U645
Deducção dos 2 p. % de premio dos Thesoureiros, e
Escrivaes 264U737
Liquido 13,696U908

Impostos a favor do Banco do Brasil.

Foraõ estabelecidos por Alvará de 20 de Outubro de 1812. Consistem
nas imposições seguintes; de 12U800 rs. por anno de cada huma carroa-
gem, ou sege de quatro rodas; e de 10U000 rs. de cada huma sege de duas
rodas; de 12U800 rs. por anno de cada loja, armazem, ou sobrado, em
que se venda por grosso, atacado, ou a retalho, e varejado qualquer qualidade de fazenda, e generos seccos ou molhados, ferragens, louça, vidros,
etc., e lojas de Officios, Estanqueiros de tabaco, Boticarios, e Livreiros,
sem isempçaõ de pessoa alguma que tenha tres lojas; de 12U800 rs. por
anno, de cada Navio de tres mastros, de 9U600 rs. de cada Embarcação de
dous mastros; de 6U400 rs. de cada Embarcaçaõ de hum mastro; e de
barra fora; e de 4U800 rs. de cada huma das Embarcações pequenas, e
que naõ navegaõ fora da barra, exceptuadas somente quaesquer Embarcações destinadas á Pescaria, e os Botes, Bacaleres, e Lanchas pertencentes
ao serviço das Embarcações que já tiverem sido comprehendidas nesta imposiçaõ; e de 5 p. % das compras, e vendas de qualquer Embarcaçaõ.
O producto destas Imposições foi arrecadado pelo mesmo Banco, e entrou
nos Cofres delle por espaço de dez annos.

Findo este prazo no ultimo de Dezembro de 1822, principiou a arrecadaçaõ por conta da Fazenda Nacional em Janeiro de 1823, sendo a administraçaõ confiada a Manoel Moreira Lirio, que já se achava neste exercicio por conta do Banco.

Durante o tempo desta administraçaõ desde Janeiro até 17 de Maio do
dito anno de 1823, tempo em que ella passou para a Mesa do Consulado
n'Alfandega, o producto arrecadado importou em 4,173U290 rs., e o que
se tem recebido de algumas villas pertencente aos annos de 1823 a 1825,
importa na quantia de 335U220 rs.

Naõ se pode dizer por esta Repartição qual seja o producto annual destas

Imposições, vista que sendo ellas arrecadadas na Mesa do Consulado, a respectiva entrada no Thesouro he feita pela Caixa da segunda Contadoria Geral.

Passagens dos Rios Parahiba, e Parahibuna.

Achaõ-se administradas pelo Coronel José Antonio Barbosa Tixamorros, por conta da Fazenda Nacional. Consiste o seu Rendimento nos Direitos que se cobraõ de 200 rs. de passagem de cada pessoa, o de 360 rs. de cada animal.

A despeza he a do premio do Administrador, e a que se faz com o costeio da Barca da Passagem : estas despezas são deduzidas do producto, que arrecada o Administrador, o qual deduz em primeiro lugar a importancia dos 2 p. % -e seu premio pela administração, e cobrança, e em segundo a importancia da despeza do costeio da Barca de que apresenta as competentes contas, assim como a Certidão do Rendimento, vindo tudo assignado por elle, e pelo Escrivaõ.

O seu producto em hum anno regulado pelo termo medio dos tres annos de 1823 a 1825 importa em . . . . Rs. 29,665U320
Despeza regulada como acima 1,649U392

Liquido 28,016U128

Passagens da Parahiba Nova.

Estaõ administradas, como acima : O seu Rendimento consiste nos direitos de passagem que se cobraõ, de 80 rs. de cada pessoa, e de 160 rs. de cada animal. O seu Rendimento annual regulado como acima, importa em . . . . Rs. 4,747U766
Despezas 470U484

Liquido 4,277U282

Passagens de Ubá.

Esta renda está em todas as mesmas circunstancias, que a antecedente das Passagens da Parahiba Nova. O seu total producto em hum anno, regulado como acima importa em . . . . Rs. 6,617U093
Despeza 864U551

Liquido 5,752U542

Imposto applicado para o conserto do caminho da Serra da Fitrela.

Hé administrado, como acima. Consiste este rendimento na percepçaõ de 50 rs. de cada pessoa da Capitania de Minas, que sobe, ou desce por aquelle caminho ; e de 100 rs. de cada animal.

A sua despeza he unicamente de 2 p. % de premio do Administrador. O seu total producto em hum anno, regulado como acima importa em Rs. 7,964U550
Despeza dos 2 p. % 159U291

Liquido 7,805U259

Barca da Passagem da Ilha das Cobras.

O seu rendimento he proveniente das passagens que naquella Ilha se cobraõ das pessoas que desta Cidade para ali transitaõ na referida Barca. Esta arrecadaçaõ está a cargo do Governador da Fortaleza da mesma Ilha; o qual remette ao Thesouro Nacional; o producto liquido depois de abatida a importância da despeza feita com a Barca.

O seu total producto em hum anno, regulado pelo termo medio de tres annos importa em 32U800

Despeza regulada, como acima 15U200

Liquido 17U600

Passagens do Rio S. João.

Achaõ-se arrematadas por trez annos, que tiveraõ principio em Julho de 1824, e haõ de findar em Junho de 1827, pela total importância de 232U646 rs., a saber :

De preço principal 224U000
De propina de 1 p. % para a Obra Pia 2U240
De dita para munições de Guerra 6U400

Rs. 232U640

Desta importancia corresponde a hum anno a quantia de . . . 77U546

Ancoragem.

Consiste este rendimento nos direitos de 1U000 rs. por dia que pagaõ as Embarcações Estrangeiras estacionadas neste Porto. Saõ estes direitos arrecadados pela Mesa do Despacho Maritimo, e o seu producto he entregue mensalmente pelo thesoureiro da mesma Mesa com a competente Certidaõ do Escrivaõ, pela qual se verifica a importancia do rendimento, sendo a entrega acompanhada de Guia do Conselheiro Fiscal daquella Mesa. O producto annual desta renda calculado por termo medio dos tres annos de 1823 a 1825, importa em Rs. 21,113U000

Emolumentos que pertencião ao Governador da Fortaleza de Santa Cruz.

Saõ arrecadados, como acima, pela Mesa do Despacho Maritimo : estes emolumentos fazem parte dos que se percebiaõ naquella Mesa pelas Despachos de Embarcações, e eraõ distribuidos por diversas pessoas a quem competia, porem tendo-se determinado por Portaria de 9 de Maio de 1821, que elles fossem entregues no Thesouro Nacional, assim se tem cumprido até o presente. O seu producto annual calculado, como acima, importa em Rs. 1,189U073

Emolumentos que pertencião ao Governador da Fortaleza da Ilha das Cobras.

Procedem na mesma forma que os antecedentes; sendo a sua entrega no Thesouro determinada por Portaria de 31 de Julho de 1821. O seu producto annual calculado pela forma acima referida importa em Rs. 588,766

Emolumentos que pertencião ao Porteiro d' Alfandega.

Saõ arrecadados na Mesa do Despacho Maritimo, na mesma forma que os antecedentes, e foraõ mandados recolher ao Thesouro Nacional por Decreto de 12 de Novembro de 1822. O seu producto em hum anno, regulado pelos trez de 1823 a 1825, importa em . . . . Rs.   962U840

Emolumentos que pertencião ao Secretario do Governo das Armas da Corte.

Saõ arrecadados, como acima, e procedem na mesma que os antecedentes á a sua entrada no Thesouro foi determinada por Portaria da Secretaria d'Estado dos Negocios da Marinha de 19 de Fevereiro de 1825, e em virtude della entrou no Thesouro o producto que se achava arrecadado desde o mez de Setembro de 1824. O producto deste rendimento em hum anno regulado pelas entregas que se tem feito importa em . . . . Rs.   508U000

Emolumentos que pertencião ao Fisico Mór.

Estes Emolumentos, pertencentes ao cargo do Fisico Mór do Imperio foraõ mandados recolher ao Thesouro Nacional por Portaria da Secretaria d'Estado dos Negocios da Fazenda de 22 de Março de 1822. As entregas do seu producto saõ feitas aos trimestres pelo serventuario do cargo de Fisico Mór o Conselheiro Francisco Manoel de Paula.
O seu producto em hum anno regulado pelos trez annos de 1823 a 1825 importa em 1,490U026

Meios Soldos das Patentes Militares.

Consiste este Rendimento no pagamento d'ametade do soldo de huma mez correspondente aos Postos a que saõ promovidos os Militares, tanto da primeira, como da segunda, e terceira Linha. A arrecadaçaõ destes meios soldos, pelo que respeita aos da primeira Linha, he feita pelo Thesouraria Geral das Tropas, por onde em conformidade dos Decretos de 23 de Março, 12 de Abril, e 16 de Maio de 1821 se procede ao desconto pela decima parte dos seus vencimentos nos mezes em que os recebem até prefazer o computo dos meios soldos, e sello de suas respectivas Patentes, sendo o seu producto entregue aos trimestres pelo Thesoureiro Geral das Tropas, o qual apresenta huma relaçaõ nominal, e com as respectivas graduações das pessoas de quem foi aquella cobrança e pelo que pertence aos da segunda, e terceira Linha, he a sua arrecadaçaõ feita na Pagadoria da Thesouraria Mór do Thesouro Nacional, sendo o seu producto entregue mensalmente com a competente certidaõ do Escrivaõ, pela qual se verifica a importancia arrecadada. O producto deste rendimento em hum anno, regulado pelos trez de 1823 a 1825, importa em . . . . Rs.   15,340U960

Direitos dos Escravos que vão para Minas.

Saõ arrecadados na Pagadoria da Thesouraria Mór do Thesouro Nacional, e o seu producto he entregue mensalmente como o dos meios Soldos. Consiste este rendimento nos direitos de 4U500 rs. que se pagaõ de cada hum dos Escravos despachados para terrenos mineraes. O producto deste rendimento em hum anno, regulado como a cima, importa em . . . . Rs.   27,630U666

Emolumentos das Guias dos Viandantes das Minas.

Saõ arrecadados na Pagadoria do Thesouro Nacional, e seu producto he entregue mensalmente. Estes emolumentos saõ pagos pelos Viandantes das Minas pelas assignaturas das Guias de suas pessoas, e escravos, a razaõ de 240 rs. por cabeça. O seu producto em huma anno regulado pelos tres annos de 1823 a 1825 importa em . . . . Rs.   1,526U400

Arrendamentos de Barracas em que se vende o Pescado.

Saõ feitos no Conselho da Fazenda, por tempo de hum anno; e o seu producto he arrecadado na Pagadoria do Thesouro Publico.
O seu producto em hum anno, regulado como acima, importa em Rs.   4,555U500

Donativos de Officios.

Até o anno de 1807, o producto annual desta renda excedia a 12,000U rs., e depois do anno de 1808 era de esperar que o seu augmento fosse consideravel pelo preço a que chegassem as posteriores arremataçoes das serventias de Officios; porém tendo quasi todos os Officios sido dados de propriedade, e ficando a penas alguns, que pela tenuidade do seu rendimento naõ foraõ pedidos, por esta causa teve tal decadencia, que o seu producto nos trez annos de 1814 a 1816, e primeiro semestre de 1817 somente chegou a 407U771 rs. Presentemente se acha melhorada esta renda, por terem revertido para a Fazenda Nacional alguns d'aquelles Officios. O seu producto em hum anno regulado como acima, importa em . . . . . . Rs.   3,270U660

Trez quartos das Tenças dos Habitos.

Hé este rendimento arrecadado na Pagadoria da Thesouraria Mór do Thesouro Publico. Procede do pagamento que fazem os Cavalleiros das Ordens Militares de trez quartos das Tenças, que lhes saõ dadas, e de que devem tirar os respectivos Padroẽs. O seu producto em hum anno, regulado pelos trez annos de 1823 a 1825 importa em . . . . . . Rs.   57U000

Direitos Velhos.

Saõ arrecadados na Chancellaria Mór, onde elles se pagaõ pelas Cartas, Alvarás, Provisoẽs, e mais Titulos de Mercez, que transitaõ pela mesma Chancellaria. As entregas no Thesouro saõ feitas pelo Recebedor daquella Chancellaria, o qual apresenta á competente certidaõ do respectivo Escrivaõ, que verifica a importancia do rendimento em cada mez. O seu producto em hum anno regulado como acima, importa em . . . . . . Rs.   5,961U100

Novos Direitos.

Saõ arrecadados, e procedem em tudo, como acima, na parte dos Direitos Velhos.
O seu producto em hum anno, regulado da mesma forma, importa em Rs.   35,923U780

Chancellaria das trez Ordens Militares.

Este rendimento he arrecadado na mesma Chancellaria. Consisto nos direitos que nella se pagaõ pelo transito de papeis, que pelo seu objecto lhe pertencem. O seu producto em hum anno regulado como acima, importa em . . . . Rs.   1,262U614

Sello dos Titulos de Mercês.

A sua arrecadação pelo que respeita ao sello das Patentes Militares da primeira Linha he feita pela Thesouraria Geral das Tropas, na mesma forma que se pratica com a arrecadação dos meios Soldos das Patentes; e pelo que pertence ao Sello das Patentes de Officiaes da segunda, e terceira Linha, e mais Titulos de Mercez, he a sua arrecadação na Chancellaria Mór na mesma forma que a dos novos e velhos Direitos.

O producto annual deste rendimento regulado pelos tres annos de 1823 a 1825, importa em . . . . Rs.   7,186U815

Mestrado das tres Ordens Militares.

He o seu rendimento cobrado no Tribunal da Mesa da Consciencia e Ordens.

Procede de que a Fazenda Nacional pertence nos depositos que fazem os habilitados para professarem n'aquellas Ordens. O seu producto em hum anno, regulado como acima, importa em . . . . Rs.   1,700U000

Bulla da Santa Cruzada.

Este rendimento tem sido recolhido no Thesouro pelo Thesoureiro Geral da Bulla, declarando succintamente nas suas entregas serem ellas provenientes do rendimento da Bulla. A ultima entrega foi feita no anno de 1823, sem declaração do tempo a que pertencia aquelle producto da quantia de   Rs.   3,487U497

Joyas da Ordem Imperial do Cruzeiro.

Procede este rendimento das Joyas, que ad libitum dão os agraciados n'aquella ordem. A sua instituição conforme o artigo 15 do Decreto de primeiro de Desembro de 1822 foi para estabelecimento de huma Caixa Pia para mantença d'aquelles da mesma ordem que viessem a precisar de soccorros. A arrecadação deste rendimento he feita na Chancellaria da referida ordem, e o seu producto tem sido entregue no Thesouro Nacional em virtude da Portaria de 23 de Fevereiro de 1824, pela qual assim foi determinado. Do seu total producto em tres annos de 1823 a 1825, vem a corresponder a hum anno a quantia de . . . . Rs.   8,866U000

Dizima das Chancellarias Civis.

He este rendimento proveniente da Dizima de sentenças que transitão pela Chancellaria da Casa da Supplicação; das que transitão pela Chancellaria Mór do Imperio, sendo ellas proferidas pela Junta do Commercio. Tem esta renda andado sempre contractada, porem finda a ultima arrematação, que foi pelo triennio de 1819 a 1821, a penas tem entrado no Thesouro a quantia de 4,798U785 rs. arrecadada de diversos pelo sollicitador da Fazenda, em os tres annos de 1823 a 1825, desta quantia vem a corresponder a hum anno a de . . . . Rs.   1,589U595

Rendimento da Fabrica da Capella Imperial.

Procede este rendimento das Pensões impostas ás Frequezias para a Fabrica da Capella Imperial, e do que pagão os Cavalleiros pelos suas profiscoes. A arrecadação deste rendimento pelo que pertence ás pensões das Freguesias he feita na Thesouraria Geral dos Ordenados onde o Thesoureiro Geral recebe dos differentes Parochos, quando lhes paga as respectivas Congruas, e faz a competente entrega no Thesouro, e pelo que respeita ao pagamento que pelas suas profiçoes fazem os Cavalleiros das Ordens Militares, he a sua arrecadação feita pelo Thesoureiro da meza da Consciencia, e occasiões, em que se fazem os depositos dos habilitantes para professarem nas nas referidas ordens ;estas quantias pertencentes a Fabrica da Capella são entregues pelo Thesoureiro d'ella, declarando haver recebido do Thesoureiro da Meza da Consciencia e Ordens.

O producto deste rendimento nos tres annos de 1823 a 1825, importa na quantia de 5,557U714 rs. desta somma vem a pertencer a hum anno a quantia de . . . . Rs. 1.785U904

Proprios Nacionaes.

Procede este rendimento de huma morada de Casas, pertencentes a Fazenda Nacional, arrendada por anno por . . . . Rs. 240 000

JOÃO PRESTES DE MELLO.

ORÇAMENTO

DAS CONGRUAS, E ORDENADOS DOS EMPREGADOS DA CAPELLA IMPERIAL, E DAS CONGRUAS DOS PAROCHOS DO BISPADO DO RIO DE JANEIRO.

RELAÇÃO DOS PENSIONISTAS DO REAL BOLSINHO DE S. M. F.

Fr. Antonio de Arrabida . . . . Rs.	200U000
Antonio Pedro Gonçalves	120U000
Antonio Franco	76U000
Antonio de Almeida	146U000
Angelo Tinelle	240U000
Fr. Anastacio da May de Deos	200U000
Andre Heckel	100U000
Antonio Manoel Alvares	345U320
D. Anna Rita Pereira	201U600
Cyprianno José de Souza	96U000
D. Carlota Leonor	32U500
Domingos Mendes	38U400
Conego Eleuterio José Ferrão	100U000
Elizabела Maziot	76U800
Eufrazia Magdalena	48U000
Eugenia Maria Barboza Martinelle	60U000
Fr. Francisco de Assis	57U600
Francisco Riali	240U000
Francisco Gomes Diniz	57U600

Segue Rs. 2:440U620

Septima Parte. L.

Transporte Rs. 2:426U620

Francisco Martins	36U500
Francisca Ignez	38U400
Gertrudes Sebastianna	36U500
Gertrudes Victoria Lucia do Carmo, e Anna Placida do Coraçãode Jesus	244U000
Gertrudes Maria do Carmo	57U600
Gertrudes Clara Gomes	36U500
Genoveva Maria	24U000
O Padre João Mazzoni	153U600
João Pedro de Alcantara	182U500
Joaquim João	76U800
João Francisco Fasciotti	120U000
Conego Joaquim Arsenio Lopes Catão	125U000
João Dias	28U800
Joaquim Ignacio de Mello Serra	120U000
José da Mata Martins	76U800
João dos Reis	100U000
Joaquim Manoel Gago da Camara	240U000
Izidoro José Francisco	345U320
José Pedro Monteiro, e sua Irmãa D. Maria Rita	73U320
Fr. Joaquim José Leite	100U000
D. Joaquina Adelaide de Verna	57U600
Izabel Ignacia da Assumpção	100U000
Joaquina Roza	43U800
Joaquina Patronilha	36U500
D. Joanna Maria de Campos	175U200
Joaquina Roza	115U200
Joanna Francisca	76U800
D. Joanna Rita da Silva	48U000
D. Joanna Perpetua	76U800
D. Leocadia Joaquina	36U500
Manoel Coelho da Silva	76U800
Miguel Ferreira Gomes	76U800
Marcos Antonio Portugal	240U000
Manoel Gomes da Apresentação	43U800
Mathias da Cruz Xavier Pragana	76U800
D. Maria Francisca Romana	24U000
D. Maria Joanna de Portugal	200U000
D. Maria José de Verna	57U600
D. Margarida Barbara Joaquina de Alhuquerque	130U128
D. Marianna Margarida das Denominações	36U500
Maria de Jezus	36U500
D. Maria Clara Freire	36U500
D. Maria Emilia	38U400
D. Maria Rita da Silva	60U000
Marianna Thereza de Jezus	109U500
D. Maria Joaquina	57U600
Margarida Roza	36U500

Segue Rs. 6:651U100

Transporte. Rs. 6:651U100

Maria Rosa	73U000
Marianna Rosa d'Assumpção	19U200
Maria José de Carvalho	36U500
Maria Carlota	3aU500
Nicoláo Majoranini	120U000
O Conego Pedro Nolasco de Amorim Valladares	100U000
Rita Joaquina de Santa Auna	76U800
D. Rita Jacinta da Silva Medella	44U000
Roza Maria Gil	36U500
Roza Maria	18U250
Salvador Salvatori	20U000
Theodoro José da Cruz	76U800
Viscondeça de Tagoahi	80U000
Ursula Manna	20U000
Umbelina d'Assumpção	48U000

Rs. 7:752U650

RELAÇÃO DOS MINISTROS, E MAIS EMPREGADOS

Na Capella Imperial, e dos seus respectivos vencimentos, conforme os Diplomas de seus lugares, pagos pelo Thesouro Nacional, em virtude do Decreto de 25 de Novembro de 1808, a saber :

Congruas.

1	Bispo Capellão Mór .... Rs.	2:000U000
2	Monsenhor Antonio José da Cunha e Vasconcellos.	1:540U000
3	Dito José Maria Telles de Menezes	1:000U000
4	Dito D. João da Purificação Marques Perdigão	1:000U000
5	Dito Roque da Silva Moreira	1:000U000
6	Dito Inspector Fabriqueiro Duarte Mendes de S. Paio Fidalgo	2:000U000
7	Dito Francisco Correa Vidigal	1:000U000
8	Conego Doutoral Joaquim José da Silva Veiga ..	600U000
9	Dito Thomaz José de Aquino Pereira e Silva	600U000
10	Dito Manoel Antonio Netto	600U000
11	Dito Joaquim Arsenio Lopes Catão	600U000
12	Dito Placido Mendes Carneiro	600U000
13	Dito Manoel Xavier de Barbuda	600U000
14	Dito Antonio Pedro Monteiro	600U000
15	Dito Feliciano Joaquim da Silva	600U000
16	Dito José Dias da Costa	600U000

14:940U000

Transporte. Rs.   14:940U000

17	Dito Francisco dos Santos Moreira	600U000
18	Dito Eleuterio José Ferrão	600U000
19	Dito Pedro Nolasco d'Amorim Valladares	600U000
20	Dito Luiz Marcianno da Silva	900U000
21	Dito Narcizo da Silva Nepomuceno	600U000
22	Dito José de Araujo Landim	600U000
23	Dito Penitenciario Marcellino José da Ribeira Silva Buena	600U000
24	Dito Francisco Vieira Goulart	600U000
25	Dito Joaquim Duarte Contreiras da Silva	600U000
26	Dito Januario da Cunha Barboza	600U000
27	Dito Joaquim Pereira dos Reys	600U000
28	Dito José Libanio Dacier de Brito	600U000
29	Dito Francisco Antonio Gomes	600U000

Rs.   23:040U000

Ordenados.

30	Capellão Regente João José Rodrigues	Rs.	430U000
31	Dito João Maximo do Prado	260U000
32	Dito João Canuello Pinto e Castro	250U000
33	Dito Joaquim Sivirino Gomes	250U000
34	Dito João Campello	250U000
35	Dito José Jorge dos Santos	250U000
36	Dito Antonio Pereira Gonçalves	250U000
37	Dito Estevão José Pires	250U000
38	Dito Francisco José Rodrigues	250U000
39	Dito Francisco José Machado	250U000
40	Dito Diogo Martins de Barros	250U000
41	Dito Francisco José d'Oliveira	250U000
42	Dito Cezario dos Prazeres Torres	250U000
43	Dito Antonio da Costa Miranda	250U000
44	Dito Augusto de Santa Rita Manitti	200U000
45	Dito Innocencio José Gomes	200U000
46	Dito João José Pinto da Motta	200U000
47	Dito João José de Faria	200U000
48	Dito Pedro João Rodrigues	200U000
49	Dito Aposentado José Joaquim Borges	360U000
50	Dito dito Antonio Marianno Felizardo	270U000
51	Mestre de Cerimonias Wenceslau de Andrade Roza	320U000
52	Dito Bento José d'Almeida	250U000
53	Dito Sebastião da Cunha Lopes	200U000
54	Dito Fernando Pinto d'Almeida	200U000
55	Thesoureiro da Capella Antonio Pereira de Carvalho	400U000
56	Escrivão da Capella Thomé Maria da Fonceca	50U000
57	Thesoureiro do Thesouro Antonio Joaquim do Sacramento Guedes	400U000

Segue. Rs.   30:180U000

		Transporte	3o:18oUooo
58	Ajudante do dito João Simões da Fonseca		3ooUooo
59	Thesoureiro da Sacristia		2ooUooo
60	Dito Cyprianno José de Souza		2ooUooo
61	Confessor Joaquim Vieira Borges		2ooUooo
62	Dito José Pereira da Silva Maia		2ooUooo
63	Dito Lourenço Mendes de Vasconcellos		2ooUooo
64	Dito Domingos Rodrigues d'Abreu		2ooUooo
65	Organista Simão Portugal		36oUooo
66	Dito João Jaques		36oUooo
67	Sacrista Francisco Martins Vianna		2ooUooo
68	Dito José Martins Vianna		15oUooo
69	Dito Luiz Fernandes Igreja		1ooUooo
70	Dito Lourenço José Pescegueiro		1ooUooo
71	Dito Americo Joaquim de Macedo		1ooUooo
72	Dito Domingos Malaquias		1ooUooo
73	Dito Elesbão de Souza Coutinho		1ooUooo
74	Dito Joaquim dos Reys Pernes		1ooUooo
75	Dito Manoel José de Souza Lobo		1onUooo
76	Dito Bernardo Luiz d'Almeida		1ooUooo
77	Dito Fernando Martins Pinheiro		1ooUooo
78	Dito João Maria de Jezus Ferras		1ooUooo
79	Dito José Maria Henriques		1ooUooo
80	Dito José Gomes d'Oliveira		5oUooo
81	Dito José Antonio Leite Guimarães		5oUooo
82	Dito José Joaquim da Silva		5oUooo
83	Dito Manoel José de Paiva		5oUooo
84	Dito Geral Simões da Fonseca		5oUooo
85	Armador Pedro José Maria de Mello		4ooUooo
86	Varredor Antonio Pinto Beira		115U2oo
87	Dito José Diniz		115U2oo
88	Dito Manoel Fernandes Bicho		115U2oo
89	Dito Joaquim José		115U2oo
90	Dito Hypolito Pires		115U2oo
91	Sineiro Miguel José do Carmo		96Uooo
92	Dito José Maria		96Uooo
93	Dito Antonio José Ferreira		96Uooo
94	Mestre da Capella, e Compositor Marcos Portugal		625Uooo
95	Dito Fortunato Maziotti		625Uooo
96	Dito José Mauricio		625Uooo
97	Musico Antonio Cicoui		99oUooo
98	Dito João Francisco Paccioti		745Uooo
99	Dito Angelo Timeli		745Uooo
100	Dito Francisco Riali		745Uooo
101	Dito Pascoal Tani		625Uooo
102	Dito Marcelo Tani		625Uooo
103	Dito Antonio Pedro Gonçalves		5o5Uooo
104	Dito José Maria Dias		5o5Uooo
105	Dito João Maziotti		5o5Uooo
		Rs.	43:229Uooo

Septima Parte. LI.

		Transporte	43:229U000
106	Musico José Mendes Sabino		325U000
107	Dito Carlos Maziotti		325U000
108	Dito Geraldo Ignacio Pereira		385U000
109	Dito Manoel Rodrigues Silva		225U000
110	Dito João dos Reys Pereira		621U800
111	Dito José Antonio Tigua		165U000
112	Dito Luiz Gabriel Ferreira Lemos		265U000
113	Dito Manoel Rodrigues Manso		125U000
114	Dito Lucio Antonio Fluminense		120U000
115	Dito Salvator Salvatori		720U000
116	Dito Nicoláo Majoranini		720U000
117	Dito Antonio Gomes Cardozo		95U000
118	Dito Francisco da Luz Pinto		193U000
119	Dito Elias Antonio da Silva		225U000
120	Dito José Maria da Silva Rodrigues		169U000
121	Dito Alexandre José Leite		75U000
122	Dito Feliciano Joaquim		65U000
123	Dito José Ferreira		45U000
124	Dito Augusto Cesar d'Assis		45U000
125	Dito Francisco de Paula Pereira		505U000
126	Instrumentista Francisco Ausaldi		346U850
127	Dito Aleixo Bak		260U450
128	Dito Francisco Tani		260U450
129	Dito Ignacio Pinheiro da Silva		260U450
130	Dito José Joaquim da Silva		260U450
131	Dito Joaquim d'Almeida		260U450
132	Dito João Liberali		260U450
133	Dito Luiz Folia		260U450
134	Dito Manoel Joaquim Correa dos Santos		260U450
135	Dito Pedro Teixeira de Seixas		260U450
136	Dito Pedro Lafroqi		260U450
137	Dito Quintiliano José de Moura		260U450
138	Dito Policarpo José de Faria Beltrão		260U450
139	Dito Antonio José de Araujo		660U450
140	Dito Alexandre Baret		404U050
141	Dito Francisco da Mota		404U050
142	Dito José Fernandes da Trindade		414U050
143	Dito Lino José Nunes		260U450
144	Dito Joaquim Luciano		260U450
145	Dito Francisco Augusto Fremel		200U000
146	Dito Christovão Tani		260U450
147	Dito Eliodoro Norberto Florival da Silva		260U450
148	Dito Domingos Francisco		260U450
149	Dito Francisco Manoel da Silva		260U450
150	Dito Tertuliano de Sousa Rangel		120U000
151	Dito Nuno Alvares Pereira		260U450
152	Dito José Muraglia		260U450
		Rs.	56:307U059

	Transporte	56:307U050
153 Copista Francisco Manoel Chaves		480U000
154 Dito João Antonio da Silva		480U000
155 Encrespador Fr. Antonio da Madre de Deos		360U000
156 Andador José Joaquim da Silva		75U000
	Rs.	57:702U050

RELAÇÃO DA FOLHA ECCLESIASTICA.

Ao Provisor, e Juiz das Habilitações de Genere deste Bispado, o Reverendo Doutor Francisco Correa Vidigal de Congrua Rs. 120U000

Ao Capelão da Igreja de S. Sebastião, antiga Sé, o Reverendo João Nepumoceno de Albuquerque,
de Congrua por anno . . . . Rs. . . . 145U200
Para cuidar na limpeza da Igreja 14U800
Para Guisamento 5U000

165U000

Ao Capellão da Igreja de S. Ignacio, denominada Collegio desta Cidade o Reverendo Manoel Trajano de Oliveira . . . . Rs . . . 100U000
Para Guisamento e festas 88U000
Para pagar a hum Sacristão 40U000

228U500

Ao Cura Collado da Freguezia do Santissimo Sacramento, o Reverendo Conego José Luiz de Freitas 200U000

Ao Vigario Collado da Freguezia de N. S. da Candelaria d'esta Cidade, o Reverendo Luiz Mendes de Vasconcellos Pinto e Menezes, e Guisamento Rs. 223U920
Para os Officios da Semana Santa 36U800
Para a lavagem da roupa da Sacristia 12U000

272U720

Ao Vigario Collado da Freguezia de S. José desta Cidade, o Reverendo Bernardo José da Silva e Veiga, Congrua . . . . Rs . . . 200U000
Para Guisamento 23U920

223U920

Ao dito da Freguezia de S. Rita desta Cidade o Reverendo José Caetano Ferreira de Aguiar Rs. 200U000
Para Guisamento 23U920

223U920

Segue Rs 1:434U060

Transporte......Rs...   1:434U060

Ao Coadjutor da Freguezia de S. Rita , o Reverendo João Duarte
do Amaral................................Rs...   25U000
Ao Vigario Collado da Freguezia de S. Anna desta
Cidade o Reverendo Antonio Ferreira Ribeiro Rs.   200U000
Para Guisamento 23U920
                                   223U920

Dito de S. João da Lagoa , o Reverendo Manoel
Gomes Souto . . . . Rs. . .   200U000
Para Guisamento 23U920
                                   223U920

Ao Coadjutor da dita , e Capelão da Fabrica da Polvora , o Reverendo Pedro Pinto de Miranda 120U000
Ao Vigario Collado da Freguezia de N. S. do Lo-
reto de Jacarepaguá , o Reverendo José Luiz
de S. Boaventura . . . . Rs. . .   200U000
Para Guisamento 23U920
                                   223U920

Dito de S. Salvador do Mundo da Guaratiba, o Reverendo Bernardo do Espirito Santo Abreu Rs.   200U000
Para Guisamento 23U920
                                   223U920

Dito de N. S. da Gnia da Mangaratiba, o Reverendo
Eugenio Martins da Cunha de Congrua Rs. . .   200U000
Para Guisamento 23U920
                                   223U920

Dito de N. S. dos Remedios de Paraty, o Reverendo
Antonio Jorge da Costa . . . . Rs. . .   200U000
Para Guisamento 23U920
                                   223U920

Dito N. S. da Conceição de Campo Alegre, o Reverendo José Antonio Martins de Sá . . . . . . Rs . . .   200U000
Para Guisamento 23U920
                                   223U920

Dito da Freguezia de S. João Marcos , o Reverendo
José Joaquim Botelho , de Congrua . . . . . . Rs . . .   200U000
Para Guisamento 23U920
                                   223U920

Dito de S. Francisco Xavier de Taguahy , o Reverendo
Antonio Dias Rebello . . . . Rs . . .   200U000
Para Guisamento 23U920   223U920
                        Segue Rs 3:594U340

Transporte Rs . .   3:594U340

Ao Vigario Collado de N. S. da Conceição de Marapicú,
o Reverendo José de Mattos Silva , de Congrua Rs.   200U000
Para Guisamento 23U920

        223U920

Dito de N. S. da Conceição dos Alferes, o Reverendo Joaquim José de Macedo. . . . . Rs . . .   200U000
Para Guisamento. 23U920

        223U920

Dito de S. Pedro e S. Paulo da Parahiba, o Reverendo José Cardoso de Mesquita de Congrua Rs.   200U000
Para Guisamento 23U920

        223U920

Dito de N. S. da Piedade de Inhomerim, o Reverendo
Manoel José de Azevedo Souza . . . . . Rs . . .   200U000
Para Guisamento. 23U920

        223U920

Dito da Sagrada Familia de Tinguá, o Reverendo
Francisco Salinas de Lima de Congrua. Rs. . .   200U000
Para Guisamento 23U920

        223U920

Dito de N. S. da Piedade do Aguassú, o Reverendo
Miguel de Azevedo Santos de Congrua. Rs. . .   200U000
Para Guisamento 23U920

        223U920

Dito de N. S. do Pilar do Aguassú, o Reverendo
Joaquim Soares d'Oliveira . . . . Rs. . .   200U000
Para Guisamento 23U920
Para ter huma Canoa 30U000

        253U920

Dito da Freguezia de S. Antonio de Jacutinga , o Reverendo Marianno José de Mendonça, de Congrua Rs. 200U000
Para Guisamento 23U920

        223U920

Dito Encommendado da Freguezia de S. João de
Merety , o Reverendo Fr. João de N. S. da
Agonia . . . . Rs. . .   200U000
para Guisamento 23U920

        223U920

Segue R 5:639U620

Transporte Rs...		5:639U620
Ao Vigario Collado da Freguezia de N. S. do Desterro de Campo Grande, o Reverendo Antonio Rodrigues do Valle.................Rs...	200U000	
Para Guisamento	23U920	
		223U920
Dito de N. S. da Appresentação de Irajá, o Reverendo Manoel Francisco Rosa.........Rs...	200U000	
Para Guisamento	23U920	
		223U920
Dito de S. Tiago de Inhahuma, o Reverendo Domingos Bernardino de Athaide.........Rs...	200U000	
Para Guisamento	23U920	
		223U920
Dito de S. Francisco Xavier do Engenho Velho, o Reverendo André de Mello Botelho, de Congrua Rs.	200U000	
Para Guisamento	23U920	
		223U920
Ao Coadjutor da Freguezia de S. Francisco do Engenho Velho, o Reverendo Manoel Joaquim Rodrigues Dantas............ Rs.	25U000	
Ao Vigario Collado da Freguezia de N. S. da Ajuda da Ilha do Governador, o Reverendo Manoel de Santa Anna de Macedo............Rs...	200U000	
Para Guisamento............................	23U920	
		223U920
Dito de N. S. da Guia de Pacobahiba, o Reverendo Carlos Dantas de Vasconcellos.........Rs...	200U000	
Para Guisamento...........................	23U920	
		223U920
Dito da Freguezia de S. Nicoláo de Seruhy, o Reverendo Joaquim Valerio Lisardo e Rego. Rs.	200U000	
Para Guisamento.........................	23U920	
		223U920
Dito de N. S. da Piedade de Magé, o Reverendo José Gomes Sardinha ....Rs...	200U000	
Para Guisamento	23U920	
		223U920
Segue Rs.........		7:455U980

Transporte......Rs...		7:455U980
Ao Vigario Collado da Freguezia de N. S. d'Ajuda de Guapemerim, o Reverendo João Antonio d'Abreo Pereira...............................Rs...	200U000	
Para Guisamento	23U920	
		223U920
Dito Collado do S. Sacramento do Arraial de Cantagallo, o Reverendo Francisco Dias da Silva . Rs..	200U000	
Para Guisamento	23U920	
		223U920
Dito da Santissima Trindade de Macacú, o Reverendo Antonio Joaquim Marianno......Rs....	200U000	
Para Guisamento	23U920	
		223U920
Dito de Santo Antonio de Sá da Villa de Macacú, o Reverendo Antonio Leodoro d'Avilla Bitancourt ... . Rs...	200U000	
Para Guisamento	23U920	
Para os Officios da Semana Santa..........,.	36U800	
		260U720
Dito de N. S. da Conceição do Rio Bonito, o Reverendo Joaquim Pereira dos Reis.,.....Rs...	200U000	
Para Guisamento...........................	23U920	
		223U920
Dito de S. João de Itaborahy, o Reverendo Francisco Xavier Pina ....Rs...	200U000	
Para Guisamento..........................	23U920	
		223U920
Dito de N. S. do Desterro de Tamby, o Reverendo Joaquim José da Costa ....Rs...	200U000	
Para Guisamento. , ...	23U920	
		223U920
Dito da Freguezia de S. Bernabé da Villa Nova de S. José d'El-Rey, o Reverendo Joaquim José da Silva.................................Rs...	200U000	
Para Guisamento ....,,.....	23U920	
		223U920
Dito na Freguezia de S. Gonçalo, o Reverendo Carlos dos Martires Nunes de Araujo......Rs...	200U000	
Para Guisamento .,................	23U920	
Para ter huma Canoa	30U000	
		253U920
Segue Rs......		9:538U060

Transporte Rs.   9:538U060

Ao Vigario de S. João de Carahy , o Reverendo José
Joaquim d'Avilla......................Rs...   200U000
Para Guisamento...........................   23U920
                               223U920

Dito de S. Sebastião de Itaipú , o Reverendo Antonio Brandão de Mello...............Rs...   200U000
Para Guisamento...................   23U920
                               223U920

Dito de N. S. do Amparo de Maricá, o Reverendo
José Custodio Gonçalves....... ....Rs...   200U000
Para Guisamento.................   23U920
                               223U920

Dito de N. S. de Nazareth de Saquarema, o Reverendo Miguel Gomes Torres...........Rs...   200U000
Para Guisamento.....................   23U920
                               223U920

Dito de S. Pedro da Aldéa de Cabo Frio o Reverendo Manoel Luiz Gomes............Rs...   200U000
Para Guisamento.....................   23U920
                               223U920

Dito de S. Sebastião de Araruama, o Reverendo João Manoel da
Costa e Castro...................Rs...   200U000
Dito da Sacra Familia de Ipuca, o Reverendo Jero-
nimo Ferreira de Souza.............Rs...   200U000
Para Guisamento..........................   23U920
                               223U920

Dito de N. S. das Neves , e S. Rita de Macahé o
Reverendo João Bernardo da Costa......Rs...   200U000
Para Guisamento......................   23U920
                               223U920

Dito de N. S. do Desterro de Capivary, o Reverendo José Antonio de Souza...............Rs...   200U000
Para Guisamento..........................   23U920
                               223U920

Dito Encommendado da Freguezia de N. S. da Lapa
de Capivary, o Reverendo Fr José da Expecta-
ção Ayres...............................Rs...   200U000
Guisamento..............................   23U920
                               223U920

Segue Rs............ 11:753U340

Transporte Rs. ... 11:753U340

Vigario Collado da Freguezia de S. Anna da Villa da
Ilha Grande, o Reverendo Bernardo de Souza
Guerra ....Rs.... 200U000
Para Guisamento 23U920

223U920

Dito de S. João Baptista da Villa da Nova Friburgo,
o Reverendo Jacob Joye, de Congrua...Rs... 300U000
Para Guisamento 23U920

323U920

Dito de S. João de Macahé, o Reverendo João Luiz
Bezerra...............................Rs... 200U000
Para Guisamento 23U920

223U920

Dito de N. S. da Gloria n'Aldéa de Vallença, o
Reverendo Joaquim Claudio de Mendonça Rs.
Para Guisamento........................ 20U000

220U000

Dito de S. Anna de Paraty, o Reverendo José Theo-
dorio de Souza.......................Rs... 200U000
Para Guisamento....................... 25U600

225U600

Dito de N. S. do Rosario de Mambucoba, o Reverendo Francisco Antonio da Silva.....Rs... 200U000
Para Guisamento........................ 23U920

223U920

Ao Religioso Eremita de S. Agostinho, da Provincia de Portugal,
Fr. João Jaques, de Patrimonio.......................Rs... 25U000
Dito da reformada Provincia de N. S. do Monte do Carmo, da
Cidade de Pernambuco, Fr. Antonio de S. Alberto, de Pa-
trimonio 25U000
Dito da 3.ª Ordem de S. Francisco, Fr Tiburcio José da Ro-
cha 25U000
Ao Capellão da Imperial Capella, o Reverendo Pedro Nolasco de
Amorim Valladares 25U000
Ao Padre Antonio Corréa de Carvalho.......................... 25U000
A Joaquim Francisco do Livramento, de Congrua, por anno para
as despezas do Seminario da Casa Pia, no Districto de Jacuti-
canga da Ilha Grande.. 400U000
Aos Carmelitos do Convento de N. S. do Monte do Carmo........ 90U000
Aos Beneditinos do Mosteiro de S. Bento, de Ordinaria......... 90U000
Aos Capuchos do Convento de S. Antonio desta Cidade, de Or-
dinaria 00U000

Segue Rs. 13:989U620

Transporte Rs. 13:989U620

Aos Capuchos do Convento de S. Boaventura da Villa de Macacú . .   90U000
Idem de S. Bernardino da Villa da Ilha Grande 90U000
Idem de N. S. dos Anjos da Cidade de Cabo Frio . . . . ,   50U000
Idem de S. Antonio da Villa de Santos 40U000
Idem de S. Clara da Villa do Taboaté 40U000
Idem da Aldéa de S. João 25U000

Rs . . .   14:324U620

RELAÇÕES DOS ORDENADOS DOS DIFFERENTES EMPREGADOS.

RELAÇÃO

Dos Vencimentos, que percebem os Pencionarios:

A' Marqueza d'Aguiar	Rs.	4,500U000
A' Condeça d'Escragnoles		115U000
Dita Beaurepaire		288U000
Dita Roquefeuil		36uU000
Dita da Ponte		800U000
O Visconde da Villa Real da Praia Grande		1,400U000
Dito de Maceyo		1,400U000
Dito Mirandella		150U000
Dito Taubaté		608U000
Dito Cunha		1,000U000
A' Viscondeça de Tagoahi		660U000
O Barão de S. João Marcos		2,000U000
Dito Pati do Alféres		400U000
A Baroneza de dito		500U000
Dita Itapagipe		600U000
Monsenhor Duarte Mendes de S. Paio Fidalgo		400U000
Dito Antonio José da Cunha		80U000
Francisco de Paula Magessi Tavares de Carvalho		150U000
Vicente Delgado Freire de Castilhos		200U000
Francisco Gonçalves, para desfrutar sua mulher		57U060
Manoel Pinto Coelho, repartidamente por suas quatro filhas, D. Josepha Leodovina, D. Heleua Mathildes, D. Marianna Ricarda, e D. Maria Barbara Pinto Peixoto		400U000
Henrique José Pinto de Vasconcellos		240U000
Bernardo José de Souza Queiros		240U000
Joaõ José de Mello		200U000
Rodrigo Antonio de Moraes, dividida por suas quatro filhas, D. Maria Benedicta, D. Maria, D. Anna, e D. Maria do Carmo Rebello de Lamare		300U000
João Henriques de Carvalho e Mello		150U000
Bernardo José da Cunha Gusmaõ, e Vasconcelles		100U000
Padre Luiz Rafael Soyé		240U000
Dito José Mauricio Nunes Garcia		25U000
Dito Francisco José Pereira		25U000
Isidoro José Francisco		120U000
Joaquim Francisco da Cunha Pontes		240U000
José Antonio da Camara		175U000

Segue Rs.   17,925U000

	Transporte Rs.	17,925U000
João Antonio Vigier		120U000
Hercules Octaviano Muzzi		200U000
Manuel Ventura Domingues		25U000
José de Souza Santos		200U000
Porcino Duarte Malha		100U000
Joaquim José de Santa Anna		180U000
Adriano Duarte Malha		120U000
Domingos Cyriaco Avendano		170U000
Frei Manoel da Rainha dos Anjos		200U000
José Roberto de Lacerda da Cunha		120U000
Frei Francisco Xavier Penna		150U000
Pedro Dillon		800U000
Simão Pradier		800U000
Pedro José da Camara		127U750
Luis Francisco Leal, como cabeça de sua mulher D. Maria José da Ca-		
mara		144U000
José Francisco Moreira		150U000
Luiz Barroso Pereira		200U000
Francisco de Assis Cabral Terve		100U000
O Pintor Trich		400U000
José Kammerlecher		800U000
Estevão Maria Ferraó Castel Branco		200U000
Roque Schuch		960U000
Frederico Selou		600U000
Jorge Guilherme Freireiss		400U000
Tristão José d'Araujo		153U600
José dos Santos Lopes		192U000
José Alves Maria		200U000
Carlos Gustavo Heiberg		600U000
João Prestes Barreto da Fontoura		200U000
João Olinto de Carvalho		248U000
Jacinto Roque de Souza Pereira		200U000
Luiz Augusto May		200U000
Francisco Manoel de Selisa, e Mello		36U000
Manuel Maria Bregaro		120U000
Custodio José Ferreira Guimaraens		140U000
D. José Maria da Silveira		150U000
D. Joaquim José da Silveira		150U000
José Esteves Grondona		408U000
Miguel Pereira Muniz		128U000
Frei Antonio da Arrabida		400U000
João Francisco de Britto Villar		320U070
Manuel Maria de Britto Villar		400U000
José Xavier Pereira		80U000
José Maria Heredia		120U000
Carlos Maria Heredia		120U000
José Villela de Barros		150U000
José Maria Bomtempo		200U000
José Bonifacio de Andrade, e Silva		1,200U000
Antonio Carlos Ribeiro de Andrade		1,200U000
José Joaquim da Rocha		1,200U000
Martins Francisco Ribeiro		1,2 0U000
Francisco José Acciaba Montezuma		1,200U000
Padre Belchior Pinheiro d'Oliveira		600U000
John Taylor		2,316U000
José Antonio de Seixas Souto Maior		240U000
Antonio, e Maria, filhos de Francisco Xavier Pereira		300U000
	Segue Rs.	39,689U420

Transporte Rs. 59,689U420

D. Catharina Ramos da Silva d'Eça de Montaury 1,200U000
D. Maria Marinha Cabral da Cunha Godolfim 200U000
D. Maria Emilia 80U000
D. Maria Brizida Freire de Castilho 200U000
Josefa Rosa 90U000
D. Theresa Joaquina de Velasco 120U000
D. Margarida de Ataide 240U000
D. Francisca Candida de Mattis Corte Real 240U000
D. Gertrudes Maria do Carmo 80U000
D. Joanna Eugenia Theresa de Noronha, e Mello 152U000
D. Maria Gertrudes de Portugal da Silveira 336U000
Esperança Luiza da Conceição 73U000
D. Maria Jeronima Correa Lemos, e suas Irmãas, D. Francisca The-
  reza, e D. Bernarda Joaquina Correa Lemos 600U000
D. Clara Delfina Cabral de Mello, e D. Ignacia Gertrudes Cabral de
  Mello 400U000
D. Joanna Rosa Correa 140U000
D. Ignez Rosa da Puclude Correa 66U666
D. Anna Maria do Sacramento 66U666
D. Narcisa Angelica Perpetua Rosa 100U000
D. Izabel Germana Salesio 60U000
D. Maria Ignacia de Azevedo Sonto Maior 38U000
D. Maria Violante da Cunha, e Vasconcellos 170U000
D. Maria Francisca Romana 320U000
D. Maria Joaquina da Cunha e Vasconcellos 238U000
D. Marianna Carlota de Verna 150U000
D. Joanna Francisca da Silva Lisboa 120U000
D. Anna Felicia 320U000
D. Anna Luiza Verquem 100U000
D. Marianna Mathildes Gurgel do Amaral 320U000
D. Maria Joanna Heredia 80U000
D. Anna Joaquina Rosa de Bastos, e suas filhas, D. Marianna Col-
  lecta Policarpa de Bastos; D. Joanna Maria da Conceição Bastos; e
  D. Maria Brizida da Assumppnõ Bastos 250U000
D. Marta dos Prazeres de Andrade e Silva 80U000
D. Justina Theodora Garcia 100U000
D. Francisca Esmeria dos Santos 80U000
D. Annais Sofia da Fonseca Noronha 60U000
D. Anna Rita Pereira 80U000
Marianna Rita 45U000
D. Maria Clara Rita de Moraes 40U000
D. Maria Henriqueta de Mello Corte Real 50U000
D. Helena Perpetua da Silva Pinto 184U000
D. Antonia Rosa Monteiro 120U000
D. Maria Lina Varga de Ataide 100U000
D. Modesta Augusta Rodrigues Lisboa 120U000
D. Luisa Maria Soares de Mello 100U000
Joaquina Rosa 120U000
Joanna Frederica 60U000
Familia de Antonio dos Santos Cruz 320U000
D. Anna Isabel Rita Laranja 120U000
D. Maria Margarida Laranja 120U000
Ignacia Maria 120U000
Anna Joaquina (preta forra) 36U000
D. Mathilde Wolfe 384U000
D. Propicia Velloso da Fontoura 800U000
Thereza Angelica, Anna Ignacia, e Maria Sebastiana 400U000

Segue Rs. 49,083U715

	Transporte Rs.	49,084U718
D. Maria Thereza, Justa, e Isabel Maller		135U000
D. Mathildes Henriqueta de Palma, e Silva		120U000
D. Gertrudes Magna da Silva		180U000
D. Thereza Luisa d'Abreo		800U000
Honoria, Bernarda, e Hermenegilda filhas de Clemente José Ribeiro		40U000
Ritta Jacinta de Cassias		120U000
D. Maria Thomasia da Varda		120U000
Carlota Tompson, Daniel José Tompson, Amalia Tompson, Henrique Isidoro Tompson, João Carlos Tompson, e José João Tompson		180U000
D. Maria do Nascimento		68U000
D. Leonina Maria da Silva Pimentel		200U000
D. Maria Joaquina Simplicia Fortes, e sua irmã D. Maria Francisca Romana		270U000
D. Maria Joaquina Simplicia Fortes		80U000
D. Ricarda Rosa		50U000
D. Joanna Ritta Bravo Cardoso Pereira de Lacerda		600U000
D. Ritta Fielding Pacy		135U320
D. Maria Pacy		135U320
D. Anna Pacy		135U320
D. Maria do Carmo Alexandrina		80U000
D. Josaquina Bernarda Sardinha		200U000
D. Francisca Joaquina Rosa Pestana Vasconcellos Xavier		120U000
D. Anna Joaquina		99U000
Ritta Joaquina de S. Anna Pereira		200U000
D. Anna Joseſa de Vasconcellos		60U000
D. Barbora Thereza de Vasconcellos		60U000
D. Joaquina Ritta Campello		180U000
D. Rosa Joaquina da Silva Valente		50U000
D. Joaquina Rosa de Azevedo		800U000
D. Anna Maria de Bom Sucesso		200U000
D. Luisa Cadwel		800U000
D. Maria Luisa da Piedade		190U000
D. Maria do Reigate Franco Correa da Silva		120U000
D. Felicia Rosa Jacob		210U000
D. Laurianna Maria do Carmo Silva Hoffman		200U000
D. Maria Genoveva		100U000
D. Luisa Isabel dos Santos Branco		300U000
D. Cathariina Eſigenia dos Santos Branco		300U000
D. Luisa Rosa Carneiro da Costa		1,600U000
D. Maria Roemen de Campos Silva		350U000
D. Josefa Joaquina Petra		187U498
D. Maria Gertrudes Petra		187U098
D. Francisca Ritta de Azevedo Freire		200U000
Isabel Lobek		200U000
D. Ritta Josefina de Azevedo		200U000
D. Joanna Maria da Fonseca Costa		50U000
D. Anna Victoria Xavier de Lima e Silva		50U000
D. Maria Joanna de Lima e Silva		50U000
D. Joanna Maria de Lima e Silva		50U000
D. Marianna Emilia de Lima e Silva		50U000
D. Thereza Camilla de Lima e Silva		50U000
Soſia Rosa d'Oliveira		146U000
Maria Miguel		146U000
Maria Francisca		146U000
D. Maria Benedicta de Oliveira Velasco e Molina		300U000
D. Joaquina Maria de Sá		290U000
D. Maria Jesuina da Graça		146U000

	Transporte Rs	60,317U674
Amande Francisca Calaart		600Uooo
Ritta Maria do Sacramento		79U992
D. Thereza Joanna Fortier		100Uooo
D. Francisca de Borges Fortier		100Uooo
D. Anna Mafalda Corte Real, e D. Maria José Corte Real		180Uooo
D. Felicia Duraigue Frangi		400Uooo
D. Catharina Henlet		140Uooo
Catharina Beryot		100Uooo
D. Joanna Freire Pereira da Cunha		73Uooo
D. Anna Victoria Pessoa de Carvalho		192Uooo
D. Thereza Joaquina Felisberta Caldeira Brant		400Uooo
D. Maria Clara Foorte		146U008
D. Maria Torquata Lobo		373U220
D. Jesuina Mathildes da Conceição		199Uooo
D. Barbara Emilia Adelaide Fernandes Pinheiro		930Uooo
D. Joanna Emilia Velloso de Oliveira		600Uooo
D. Isabel Pires de Faria		50Uooo
D. Martha Maria da Silva		240Uooo
Sofia Tiola		240Uooo
D. Isabel Felisberta Brochat Picomsodal		300Uooo
O Visconde de S. Amaro		630Uooo
Theotonio José da Cruz		120Uooo
José Alberto da Silveira		60Uooo
Francisco Antonio Pires		59U600
Bento Manuel Besteiros dos Santos		120Uooo
Antonio José Pereira		75Uooo
Antonio Ferreira Cordeiro		57U600
Antonio dos Santos		67U600
Antonio d'Almeida		419U950
D. Anna Luiza de Azevedo		200Uooo
Maria Angelica		76U800
Francisco Antonio Pires		115U200
Estacio Maria da Costa e Abreu		400Uooo
Manuel Ferreira de Andrade		474U590
Antonio José de Andrade		75Uooo
José Joaquim de Calaioms		146Uooo
D. Maria Francisca Isabel de Roux		312Uooo
D. Joaquina Ritta Porciana		65Uooo
Josuna Frederica		54oUooo
João Jacques Lisboa		400Uooo
Caetano José Januario		76U800
João Amancio de Abreu		38Uooo
Justino José Pires		115Uooo
Antonio Miguel		116Uooo
Antonio Alves de Britto		400Uooo
José Maria da Costa Mattos		100Uooo
Maria Angelica Ferreira de Andrade		240Uooo
D. Anna Sabina de Noronha Torresão		1,800Uooo
D. Antonia Leocadia Baretto		400Uooo
José Caetano Gomes		400Uooo
Maria do Carmo Mira		100Uooo
Gertrudes Carlota Mira		100Uooo
Joanna Fortunata de Mira		100Uooo
Ritta Libania de Mira		100Uooo
Alexandre Eloi Portelli		1,200Uooo
P. Maria Leonor de Lacerda		640Uooo
D. Joanna Flavia do Azevedo		330Uooo
	Segue Rs.	74,880U746

Transporte Rs.	74:880U746
D. Maria Joaquina Maciel	118U200
D. Francisca Eufemia de Magalhaens	144U000
D. Rita Joaquina de Parreira Freire de Andrade . . .	150U000
D. Libania Paula da Conceição Brito , D. Florencia Joaquina Roza , e D. Maria Porfiria Faustina de Brito	228U000
D. Custodia Balbina da Silveira	192U000
D. Gertrudes Margarida de Fontoura	195U000
D. Luiza Gonzaga de Oliveira Carneiro , D. Joanna Roza de Oliveira Carneiro e D. Julia Constança de Oliveira Carneiro .	216U000
D. Maria Ignacia da Conceição Moreira	120U000
Antonio Francisco Lima	150U000
Antonio Gomes Moura	360U000
Rodrigo Pinto Guedes	500U000
João da Costa Guerra	200U000
Francisco Antonio da Silva Pacheco	200U000
Antonio Manoel de Souza	6uU000
Domingos Francisco de Souza	73U000
D. Lucianna Peregrina de Souza	120U000
D. Francisca Candida Lomba , e D. Anna Angelica Lomba .	120U000
D. Maria Henriqueta de Mello Corte Real	90U000
D. Maria José Gutierres de Figueredo	240U000
D. Marianna Augusta de Souza , e D. Maria Victorina de Souza	240U000
D. Maria Arrabida de Carvalho	80U000
D. Maria do Carmo de Carvalho	80U000
D. Francisca de Paula Villarinhos Lemos	120U000
D. Roza Thereza Schaifel	108U000
D. Delfina Roza de Souza , D. Marianna da Conceição de Souza , e D. Luiza Maria de Souza	144U000
D. Maria da Conceição Correa	328U500
D. Laurianna Roza Rangel	24U000
D. Joaquina de Santa Rita	470U000
D. Anna Joaquina	115U200
Antonia Ignez	180U000
Joaquina Rosa	180U000
Claudina Roza dos Innocentes	180U000
Maria Carlota	72U000
Umbelina Rita	36U000
Gertrudes da Conceição	180U000
Henriqueta Emilia do Carmo	30U000
Silvana Maria das Dores, Carlota Joaquina do Espirito Santo e Jose Joaquim Raposo	90U000
Quiteria Francisca	144U000
Maria Joanna	180U000
Thomasia Maria	156U000
Luiza Caetana	116U800
Anna Joaquina	50U000
Maria Angelica do Nascimento	97U332
Rs.	81:767U778

Transporte Rs.	81:767U778
Marianna Roza	72U000
Anna das Dores	156U000
Francisca de Paula de Jesus	48U666
Maria José	24U000
Maria Ayres da Cruz	100U000
Anna Mathildes da Piedade	60U000
Antonio José de Moura	116U000
Hesmenia das Virgens Morinel	36U5b0
Eulalia Maria Rita	29U200
Conego Eleuterio José Ferrão	50U000
Conego Pedro Nolasco de Amorim Valladares	50U000
Claudianno José da Cruz	50U000
José Tiburcio (Sacrista)	100U000
Padre José Simões da Fonseca	100U000
Conego José Luiz de Freitas	100U000
Conego Francisco dos Santos Moreira	116U800
Fr. Francisco de Assiz	36U500
Padre Francisco José de Oliveira	100U000
Padre Sebastião Paes de Miranda	50U000
Conego José de Araujo Landim	100U000
Izabel Maria	120U000
Clara Maria Ramos	100U000
Gertrudes Victorina Lucia do Carmo, e Anna Placida do Coração de Jesus	233U600
Francisca da Assumpção	36U500
Antonio de Almeida	109U5b0
Fr. José de S. Boaventura Benevente	73U600
Bibiano Antonio de Barros	146U000
João Dias	73U000
Luiz Pereira	73U000
Manoel Lopes da Costa	73U000
Antonio Pedro Fortuna	87U600
Maria Theresa, viuva de José Lazaro de Carvalho	141U600
Eugenia Roza	94U800
Maria Theresa, viuva de Antonio de Oliveira	96U720
Marianna José	87U600
Dionizia Roza Alves	60U000
Alexandrina Maria do Carmo Esteves	36U500
Maria Magdalena	36U500
Maria Carlota Fortuna	36U500
Joanna Benoldea Queiroz	36U500
Maria Margarida	36U500
Augusta Clara das Dores Leite	36U500
Marianna Antonia do Espirito Santo	36U500
Maria Onoria Espozel	36U500
Anna Roza d'Oliveira	36U500
Genoveva Maria	36U500
D. Maria Francisca Rita Lapa de Mello	
Rs.	85:466U664

PARECER

DA COMMISSÃO DE FAZENDA

DA CAMARA DOS DEPUTADOS

DA

ASSEMBLÉA GERAL LEGISLATIVA

DO IMPERIO DO BRASIL,

SOBRE

O RELATORIO DO MINISTRO E SECRETARIO DE ESTADO DOS NEGOCIOS DA
FAZENDA ENVIADO A' MESMA CAMARA; EM QUE SE EXPOEM O ESTADO
DA ADMINISTRAÇÃO, ARRECADAÇÃO E DISTRIBUIÇÃO DAS RENDAS NA-
CIONAES, E ORÇAMENTO DAS DESPEZAS PARA O ANNO DE 1827.

LIDO NA SESSÃO DE 18 DE AGOSTO DE 1826,

E PUBLICADO A 28 DO MESMO MEZ.

RIO DE JANEIRO,

NA IMPERIAL TYPOGRAPHIA DE PLANCHER, IMPRESSOR-LIVREIRO DE
SUA MAGESTADE O IMPERADOR, Rua d'Ouvidor, N. 95.

1826.

Transporte Rs.	85:406U664
Anna Roza Lampreia	187U500
Silveria Maria	187U000
Margarida Roza d'Abreu	67U500
Maria de Jezus e Castro	67U500
Theotonio José da Cruz	146U000
João Pinho de Carvalho	150U000
Miguel Ferreira	87U600
Ignacio Joaquim João	73U000
Antonio José Pereira	58U400
Braz Lopes	36U500
Miguel Antonio Formiga	36U500
Marianna Henriqueta de Brito	240U000
Maria Roza	175U200
Antonia Maria	73U000
Maria Angelica	73U000
Anna Margarida da Solidade	58U400
Luiza Maria Baptista	58U400
D. Maria Peregrina de Figueiredo	58U400
D. Maria Dorotheia	58U400
Maria Roza da Paz	58U400
D. Maria Roza d'Oliveira	43U200
Gertrudes Maria	36U500
Marianna Maria d'Alencastro	36U500
Maria do Carmo	36U500
Mathildes Roza	36U500
Quiteria Roza	36U500
Roza das Denominações	36U500
Anna de Jezus	29U200
Anna Joaquina da Assumpção	29U200
Maria Joanna	29U200
Maria da Trindade	29U200
Roza Maria	29U200
Carlota Maria do Carmo	18U250
Maria José da Conceição	18U250
Rita Maria do Carmo	18U250
Maria dos Prazeres	18U250
Maria do Espirito Santo	18U250
Alexandre Furtuna	294U200
Antonio José da Cunha Gusmão e Vasconcellos	150U000
Antonio Joaquim Vaz Pinto	120U000
Antonio Fernandes Pereira de Campos	60U000
Amaro Antonio Maciel	120U000
Albino dos Santos Pereira	120U000
Domingos Mendes	175U000
Eloy João da Fonseça e Andrade	120U000
Francisco da Silva Guimarães	120U000
Francisco Wales	292U000
Segue Rs.	89:488U714

		Transporte	Rs.	89:488U714
Joaquim de Almeida	.	.	.	36Uooo
Joaquim José da Silva	.	.	.	36Uooo
Joaquim Pedro da Silva . .	.	.	.	174U200
Joaquim Antonio da Cruz . .	.	.	.	6oUooo
José de Bragança . . .	.	.	.	6oUooo
José Amancio . . .	.	.	.	6oUooo
João da Purificação Mendes Perdigão . . .	.	.	.	150Uooo
João Pedro de Alcantara . . .	.	.	.	120Uooo
João Carvalho Raposo . .	.	.	.	16Uooo
Isidoro José Francisco . . .	.	.	.	115U200
Manoel Bernardes Chaves . .	.	.	.	120Uooo
Fr. Manoel Joaquim da May dos Homens . .	.	.	.	40Uooo
Fr. Manoel de S. Anna Macedo . . .	.	.	.	25Uooo
Manoel José Rodrigues . .	.	.	.	120Uooo
Manoel Antonio Pimentel . .	.	.	.	120Uooo
Miguel Marques da Rocha . .	.	.	.	6oUooo
Policarpo Dias da Cruz . . .	.	.	.	73Uooo
Pedro Hyppolyto de Figueiredo . . .	.	.	.	175Uooo
Salvador Antonio Luiz Ferreira . . .	.	.	.	120Uooo
Sebastião José Garcia . . .	.	.	.	240Uooo
Thomaz Antonio Januario . .	.	.	.	115U200
Anna Eugenia . . .	.	.	.	96Uooo
Anna Roza da Conceição . .	.	.	.	73Uooo
Anna Miquilina de Seixas . .	.	.	.	120Uooo
Brasia Antonia Moural . .	.	.	.	184Uooo
Cardina Frederica de Albertina . .	.	.	.	29U200
Catharina Maria Heating . .	.	.	.	96Uooo
Eugenia Harris Heredia . . .	.	.	.	207U025
Francisca das Chagas . .	.	.	.	6oUooo
Francisca Martins d'Abreu . .	.	.	.	57U600
Fellipina Pacifica Buicine . .	.	.	.	120Uooo
Gertrudes Clara Gomes . .	.	.	.	16Uooo
Gertrudes Maria do Carmo . .	.	.	.	360Uooo
Joaquina Amalia . . .	.	.	.	76U800
Ignez Gomes . . .	.	.	.	16Uooo
Januaria Evarista . .	.	.	.	150Uooo
Leocadia Maria Leno do Cabo . .	.	.	.	120Uooo
Marianna Joaquina da Paz Xavier Pontes . .	.	.	.	240Uooo
Marianna Joaquina de S. Anna . .	.	.	.	6oUooo
Marianna Roza da Assumpção . .	.	.	.	113Uooo
Marianna Theodora da Silva . .	.	.	.	48Uooo
Margarida Joanna . . .	.	.	.	6oUooo
Margarida Luiza da Silva . .	.	.	.	57U600
Maria Joaquina Simplicia Fortes . .	.	.	.	130Uooo
Maria Roza dos Santos . .	.	.	.	120Uooo
Maria do Carmo Gomes da Silva . .	.	.	.	90Uooo
Maria Francisca Romana . .	.	.	.	30Uooo
		Segue	Rs.	94:358U739

	Transporte	Rs.	94:358U739
Manoel Carneiro de Campos			3ooUooo
Anna Varner			146Uooo
Joanna Henriqueta de Lima			36U5oo
		Rs.	94:841U239

RELAÇÃO DOS ORDENADOS QUE VENCEM OS EMPREGADOS

Da Casa da Suplicação.

Ao Regedor da Justiça o Barão de Alcantara	4,oooUooo
Ao Chanceller da Casa da Supplicaçaõ o Doutor José Albano Fragozo . .	1,95oUooo
Ao Procurador da Coroa, Soberania, e Fazenda Nacional o Doutor José Joaquim Nabuco de Araujo	2,15oUooo
Ao Desembargador Agravista da Casa da Supplicaçaõ Agostinho Petra Bitancourt	1,65oUooo
Dito dito Luiz José de Oliveira	1,65oUooo
Dito dito José da Cruz Ferreira	1,65oUooo
Dito dito Joaquim Ignacio da Silveira da Motta	1,65oUooo
Dito dito José Bernardo de Figueiredo	1,65oUooo
Dito dito Antonio Garcez Pinto de Madureira	1,65oUooo
Ao Ouvidor do Crime da Casa da Supplicaçaõ o Desembargador José Teixeira da Mota Bacellar	1,65oUooo
Ao Juiz da Chancellaria da Casa da Supplicaçaõ o Desembargador João Evangelista de Faria Lobato	1,65oUooo
Ao Promotor das Justiças o Desembargador José de Medeiros Gomes . .	2,65oUooo
Ao Desembargador Aggravista da Casa da Supplicaçaõ Manoel Caetano de Almeida e Albuquerque	1,65oUooo
Ao Desembargador Extravagante da Casa da Supplicaçaõ José Gomes de Campos	1,35oUooo
Dito dito José Paulo de Figueiredo Nabuco de Araujo	1,35oUooo
Dito dito José Ricardo da Costa Aguiar de Andrade	1,35oUooo
Dito dito Luiz Rodrigues do Canto Ferraz	1,35oUooo
Dito dito Francisco José de Freitas	1,35oUooo
Dito dito Luiz José Fernandes de Oliveira	1,35oUooo
Dito dito João Carlos Leal	1,35oUooo
Dito dito José Francisco Leal	1,35oUooo
Dito dito Antonio Monteiro da Rocha	1,35oUooo
Dito Aggravista da Casa da Supplicaçaõ, aposentado Ignacio José de Sousa Rebello	1,1ooUooo
Dito dito dito Manoel Pedro Gomes	1,1ooUooo
Dito Extravagante da dita aposentado, Joaquim Procopio Picaõ Salgado .	1,35oUooo
Ao Capellaõ da dita o Reverendo João Carneiro Pinto de Castro . .	189Uooo
Ao Guarda Mór da Casa da Supplicaçaõ Antonio Justino de Brito e Lima, por anno	29oUooo
Como Thesoureiro da Receita e Despeza da mesma Casa .	4oUooo
De propina	3ooUooo
Para guizamento do Oratorio	12Uooo
Para lavagem da roupa do Altar	1oUooo
Para a conducçaõ dos trastes para a festa da Justiça . . .	3Uooo
	695Uooo
	Segue Rs. 41,104Uooo

Transporte Rs.   41,104U000

Ao primeiro Guarda menor da dita Antonio Martins de Sá, por
anno . . . . Rs. 20U000
Como 'solicitador 80U000
De propinas 61U000

      161U000

Ao Guarda menor da dita Manoel Chavier de Barros . . . Rs. 20U000
De propina 61U000

      81U000

Ao Escrivaõ da Chancellaria da dita Marcos Antonio Portugal 80U000
Ao dito do Juizo dos Feitos da Coroa e Fazenda , e Porteiro
da Chancellaria da dita Lourenço Manoel Botelho de Mo-
raes Sarmento a saber :
Como Escrivaõ do Juizo dos Feitos da Coroa e Fazenda . Rs. 400U000
Como Porteiro da Chancellaria 120U000

      520U000

Ao Medico da Caza da Supplicaçaõ o Doutor Antonio Francisco
Leal, por anno . . . . Rs. 127U000
De propinas 32U000

      159U000

Ao Cirurgiaõ da dita Joaõ Antonio Damaceno , por anno . Rs. 59U000
De propina 16U000

      75U000

Ao Meirinho das Cadeas desta Corte Antonio do Espirito Santo Araujo .   240U000

      Rs. 42,420U200

*Relaçaõ dos Empregados na Administração de diversas Rendas Nacionaes estabe-
lecidas na Mesa do Consulado d'Alfandega desta Corte.*

Administrador , Luiz Manoel Alves de Azevedo . . . . Rs. 1,000U000
Escrivaõ , José Benedicto de Cespes 1,000U000
Francisco Pereira Monteiro , Thesoureiro 1,000U000
Escrivaõ do Consulado Antonio de Castro Alves 800U000
Escripturario da Administraçaõ José Maria Targine 300U000
Feitor , Antonio José de Sousa Neto 600U000

      R. 4,700U000

Relaçaõ dos Ordenados que vencem os Empregados do Correio Geral.

Ao Administrador do Correio Geral desta Corte , Caetano Luiz
de Araujo , como Administrador . . . . Rs. 800U000
Para o Expediente da Administraçaõ 150U000

      950U000

Ao Ajudante da Administraçaõ Marianno José Martins 400U000
Ao Escripturario Anacleto José Heitor 300U000
Ao Oficial do peso das cartas Francisco Firmino dos Guimarães . . . 200U000
Ao dito Papelista Braz Martins dos Guimarães 160U000
Ao Escripturario Aposentado Francisco Joaquim da Silva Nazareth , . . 150U000

      Rs. 2,160U000

RELAÇÃO DOS EMPREGADOS NA REPARTIÇÃO D'ALFANDEGA

Desta Corte, e seus respectivos Ordenados.

Juiz d'Alfandega ,	O Desembargador Antonio Gerardo Curado de Menezes......................	40U000
Escrivães da Meza Grande	Miguel João Meyer..................	130U000
	Narciso Luiz Alves Pereira...........	800U000
	Joaquim Claudio Pereira de Carvalho...	800U000
	Bernardo José Vianna................	
Administrador	Luiz de Menezes Vasconcellos de Brumond..........................	1:600U000
Thesoureiro interino	José Maria Velho da Silva............	1:600U000
Ajudantes das diversas Escripturações.	Paulo Rodrigues Gomes	400U000
	Joaquim Nunes......................	400U000
	José Alves do Nazareth..............	400U000
Guarda Livros	Domingos Cardozo Marques	600U000
Ajudante do Interprete	Leopoldo Augusto da Camara Lima....	234U000
Escrivão da Meza da Abertura	José Maria Velho da Silva...........	
Dito dos Bilhetes	Sabino Joaquim da Silva Neves........	400U000
Feitores	Francisco Antunes Marcello...........	480U000
	Vasco Manoel da Camara	480U000
	Miguel Alves Dias Villela	600U000
Ajudante de differentes Escripturações e serve de Feitor	Dezidorio Pereira Guimarães..........	400U000
Juiz da Balança.	José Antonio de Miranda Ramalho ...	480U000
Escrivão da dita	Antonio Marianno dos Santos	400U000
Feitor da dita	José Vieira da Costa Homem.........	400U000
Porteiro	José Pedro d'Oliva	1:600U000
Conferentes da Porta	João Ribeiro de Carvalho	600U000
	Francisco Antonio de Carvalho........	600U000
	Francisco Antonio dos Guimarães......	300U000
	Francisco José dos Reis.............	300U000
Guarda mor	José Antonio Pinheiro	
Escrivão da descarga	Bernardo José de Figueiredo	
Feitor da Marinha	José Ricardo de Andrade............	360U000

Segue. Rs. 14:404U000

Oitava Parte. LVI.

	Transporte Rs.	14:404U600
Escrivão de Guarda Costa , Antonio José de Faria		400U000
Ajudante das diversas Escripturações, e no serviço da lacração dos Navios,	Ignacio Joaquim Luiz de Villanova	400U000
Meirinho do mar, e Alfandega	Luiz Mendes de Vasconcellos	400U000

Mesa da Estiva.

Administrador	Paulo Fernandes Vianna	1:200U000
Escrivão	Manoel José de Souza Castro	800U000
Feitores	Luiz José de Vasconcellos Dantas	600U000
	João Nepomoceno de Sá	600U000
Ajudante de diversas Escripturações	Joaquim Diogenes Maximo Roza	400U000
Conferentes	Joaquim Pedro da Silva	400U000
	Domingos José Francisco Braga........	400U000
Ajudantes dos Feitores	Francisco Antonio de Aguiar	300U000
	Francisco José Velloso Rabello	300U000
Medidor	Joaquim de Azevedo Lobo Peçanha	400U000

Rs. 21:004U600

RELAÇÃO DOS ORDENADOS

Que vencem , o Presidente , Desembargadores do Paço , Deputados da Mesa da Consciencia e Ordens , Secretarios , e Officiaes das respectivas Secretarias.

Presidente.

Marquez de S. João da Palma 3:200U000

Desembargadores do Paço , e Deputados da Mesa da Consciencia e Ordens.

Pedro Machado de Miranda Malheiros		1:600U000
José Joaquim Nabuco d'Araujo		1:600U000
Bernardo José da Cunha Gusmão de Vasconcellos . . .		1:600U000
José Albano Fragoso		1:600U000
Barão de Cairú		1:600U000
Antonio José de Miranda		1:600U000
Sebastião Luiz Tinoco da Silva		1:600U000
Claudio José Pereira da Costa		1:600U000

Segue Rs. 16:000U000

Transporte Rs. 16:000U000

Deputado da Meza da Consciencia e Ordens.

José de Souza Azevedo Pizarro e Araujo 1:600U000

Secretaria do Desembargo do Paço.

José Caetano d'Andrade Pinto, Escrivão da Camara na Meza
do Desembargo do Paço 1:000U000
Luiz Antonio de Faria Souza Lobato, Escrivão Supranume-
rario 500U000
Amaro José Vieira, como Escrivão do Registo . . 150U000
                     Idem idem da Receita 160U000
                                                           310U000
Manoel Marques de Macedo, Meirinho 200U000
Luiz Sauster, Continuo 200U000
João Antonio Tavares, idem 200U000
Joaquim José da Silveira, Official Maior Graduado 300U000
Henrique Anastacio de Novaes, Official Menor 300U000
José Manoel Verani, Official Papelista 150U000
Francisco Gil Vaz Lobo 150U000
José Francisco Medella 150U000
João Pedro Maynard d'Afonseca e Sá, Aposentado 400U000

Secretaria da Meza da Consciencia.

João Pedro Carvalho de Moraes, Secretario 1:000U000
Faustino Maria de Lima da Fonseca Gutierres, Official Maior . 400U000
João Gaspar da Silva Lisboa, Official 300U000
Firmino Herculano de Brito, Official Supranumerario . . . 300U000
Luiz Joaquim de Govea, Official Papelista 200U000
Joaquim Valerio Tavares, idem 200U000
Claudio Joaquim Ferreira, idem 200U000
Bernardino de Sena Chaves, Praticante 150U000
Manoel José Duarte Braga, idem 150U000
Joaquim Bandeira de Govea, Official Aposentado 150U000

Rs. 24:510U000

RELAÇÃO DOS ORDENADOS

Que vencem os Conselheiros da Fazenda, e mais Empregados nas respectivas Secretarias.

Conselheiros.

Visconde d'Aracaty	1:800U000
Leonardo Pinheiro de Vasconcellos	1:800U000
Diogo de Toledo Lara Ordonhes	
Francisco Lopes de Souza de Faria Lemos	1800U000
Luiz Barba Alardo de Menezes	1800U000
Francisco Baptista Rodrigues	1:800U000
Doutor Antonio Saraiva de Sampaio	1:800U000
Doutor Luiz Thomaz Navarro de Campos	1:800U000
José Fortunato de Brito Abreu Souza e Menezes	1:800U000
José da Silva Magalhães (Aposentado)	1:800U000
Jacinto Manoel d'Oliveira (idem)	1:800U000
Visconde da Villa Real da Praia Grande (idem)	1:800U000
Manoel Ferreira da Camara (idem)	900U000
Escrivão Supranumerario Antonio Feliciano Serpa	1:000U000
Porteiro Alexandre José da Fonceca 400U000	
Como Thesoureiro das Despezas 200U000	600U000
Corrector Ignacio Alves Pinto d'Almeida	140U000
Solicitador dos Feitos José Antonio Ferreira	320U000
Meirinho José Leal da Fonceca	200U000
Escrivão do Meirinho João Ferreira Louzada	200U000
Dito das Justificações Ernesto Frederico de Verna Magalhães Coutinho	160U000
Inquiridor José Pedro d'Oliva	80U000
Official Maior do Assentamento Antonio Bernardo dos Santos Pereira	400U000
Official menor José Caetano de Brito	300U000
Dito do Registo Victorino Ribeiro d'Oliveira	250U000
Dito Papelista José Alves Ribeiro de Mendonça	200U000
Official Maior da Secretaria do Expediente Manoel José de Souza França	400U000
Official menor da Secretaria do Expediente Luiz Carlos Correa Lemos	300U000
Dito do Registo Luiz Francisco Mein	250U000
Dito do Assentamento Manoel do Nascimento Monteiro	200U000
Dito Papelista Bernardo José Pereira da Silva	200U000
Official Maior Aposentado Simeão Estellita Gomes da Fonseca	400U000

Segue Rs. 28:100U000

	Transporte	Rs. 28:100U000
Contínuo, José Ferreira Ribeiro.		240U000
Dito, Antonio Joaquim de Carvalho		240U000
Porteiro dos Leilões, José Joaquim Pinheiro		40U000
Dito da Secretaria, João Liberali		200U000
	Rs.	28:820U000

RELAÇÃO DOS QUE VENCEM ORDENADOS,

E Gratificações pela Folha extraordinaria.

Hercules Octaviano Muzzi Ajudante da Vacina, vence por anno de gratificação	200U000
Antonio José da Lança, dito, idem	200U000
Florencio Antonio Barreto, dito, idem	200U000
José Joaquim de Lima Pestana, dito, idem	200U000
O Conego José d'Araujo Landim, Capellão da Imperial Quinta da Boa Vista, de ordenado por anno	500U000
José Francisco dos Santos, Apontador Geral das obras Publicas.	200U000
José Verissimo dos Santos, Interprete nas visitas dos Navios Estrangeiros, de ordenado por anno	400U000
Monsenhor José de Souza e Azevedo Pizarro, de ajuda de custo annual	520U000
Angelo Bissum, Mestre e Administrador, que foi da Fabrica das cartas de jogar, annualmente	200U000
José Cactano de Barros, encarregado da Regencia do Laboratorio Chimico, de gratificação annual	400U000
O Collegio dos Orfãos na Ilha Grande de diario por anno . .	1:200U000
Renato Pedro Boiret, vence de ordenado annual, como se fosse jubilado na Cadeira de Professor da Lingua Franceza do Collegio dos Nobres, pelo exercicio, que teve da mesma Cadeira no Seminario de S. José desta Corte	400U000
João Pereira de Souza Commissario arbitro da Commissão Mixta de ordenado por anno	1:000U000
Braz Martins da Costa Passos, Secretario da dita Commissão, idem	600U000
Theofilo de Mello, Interprete da dita Commissão, idem . .	600U000
Joaquim José Leite de Carvalho, que foi Boticario do Hospital Militar por anno	400U000
Domingos Ribeiro dos Guimarães Peixoto, de ordenado por anno.	342U000
Fr. Leandro do Sacramento, Director do Jardim Botanico, por anno	240U000
João Harris, primeiro Jardineiro do Jardim Botanico, idem.	480U000
Segue	Rs. 8:262U000

Transporte Rs. 8:26aU000

José da Silva Escripturario do Muzeo, idem 36oU000
João da Silveira Caldeira, Director do dito Muzeo, idem . . 6ooU000
João Ribeiro da Silva Guimarães, Escrivão da instituição vac-
cinica nesta Corte 2ooU000
João Carneiro de Campos, Commissario Juiz interino da Com-
missão Mixta, vence de ordenado annual 1:2ooU000
Fr. José Maria de Sardinha, Religioso Barbadinho destinado
á pregação Evangelica, vence annualmente a rasão de 48o
reis diarios 175U2oo
Luiza Liberata Xavier da França, vence annualmente de ali-
mentos a rasão de 8U09o rs mensaes 96U000
Jeronimo José Pupe Correa, Continuo da Commissão Mixta,
vence de ordenado annual 2ooU000
João Felippe da Silva, Continuo da Commissão Mixta, idem . 2ooU000
G. Laserre, em quanto não for empregado no serviço do Imperio, vence de subsidio annual 2ooU000

Rs. 11:403U2oo

RELAÇÃO DOS QUE VENCEM TENÇAS

Pela Folha da Obra Pia.

D. Maria José Barbora Muniz, por anno 4oU000
D. Anna Innocencia Vellosa da Costa, idem 3oU000
Camillo de Lelis, idem 4oU000
Camillo Maria Tonelet, idem 44oU000
D. Eugenia Maria Pinto Alpoim, idem 3ooU000
D. Maria Rita, idem 166U666
D. Joaquina de S. Rita, idem 166U666
D. Victoria Maria do Nascimento, idem 5oU000
D. Maria Luiza dos Santos Nogueira, idem 5oU000
D. Raimunda dos Santos Nogueira, idem 5oU000
D. Gertrudes Eufrazia dos Reys 3oU000
D. Francisca Joaquina de Brito, idem 12oU000
D. Anna Felizarda Caldeira, idem 12oU000
D. Maria Eugnes Franco Barreto Falcão, idem 6ooU000
D. Anna Joaquina, idem 5oU000
D. Francisca Maria d'Appresentação, idem 4oU000
D. Escolastica Joaquina Buena, idem 3oU000
Pedro Joaquim de Santa Barbora Pereira de Sousa, idem . 3oU000
D. Marianna Tiburcia Valdetaro, D. Joaquina da Transfigu-
ração Valdetaro, e D. Josefa Perpetua Valdetaro, idem . 4ooU000
D. Lucianna Peregrina de Souza e Sepulveda, idem . . . 4oU000
Sebastião Barbosa de Menezes, idem 8oU000

Segue Rs. 2:853U33.

Transporte Rs.	2:853U332
José Pedro Nolasco, idem	3oUooo
Genoveva Maria	16oUooo
Manoel Moreira Lirio, idem	4oUooo
João da Silva, idem	3oUooo
D. Marianna Rita de Oliveira, idem	15oUooo
D. Maria Clementina e Sonza, idem	75Uooo
D. Maria Ignacia de Azevedo Souto-Maior, idem . . .	20oUooo
D. Maria Genoveva de Azevedo Souto-Maior, Joaquim Fran-	
cisco de Azevedo Souto-Maior, Francisco Vicente de Azevedo	
Souto-Maior, Antonio Pedro de Azevedo Souto-Maior, Luiz	
Antonio de Azevedo Souto-Maior, e Pedro Maria d'Aze-	
vedo Souto-Maior, idem	20oUooo
Antonio Xavier de Souza Saião, idem	138Uooo
D. Anna Isabel de Souza Fragoso, idem	3oUooo
Manoel Joaquim dos Reys, idem	7oUooo
José Manoel Barhoza, idem	25Uooo
D. Anna Bernarda de Parreiras Paes da Silva, e suas duas	
filhas, idem	20oUooo
D. Brites Anna de Azeredo Coutinho, idem	20oUooo
D. Maria José de Jezus Rocha, idem	8oUooo
D. Catharina Sanches del Campo, idem	25oUooo
D. Francisca Candida Munin Corte Real, idem	40oUooo
D. Emerenciana Maria da Fonseca Silva, idem	10oUooo
João Pimentel do Vabo, idem	10oUooo
Caetano Pimentel do Vabo, idem	10oUooo
Joaquim Pimentel do Vabo, idem	10oUooo
D. Maria do Nazareth Pimentel do Vabo, idem	10oUooo
José Maria de Almada, idem	12oUooo
D. Libania Paula Theresa da Conceição e Brito, idem . .	53U333
D. Florencia Joaquina Roza de Brito, idem	53U333
D. Maria Profiria Faustina de Brito, idem	53U333
Luiz Venancio Octoni, idem	10oUooo
D. Francisca Joaquina Pereira Pinto, idem	30oUooo
João Thimotheo Leite Pacheco, idem	16oUooo
Joaquim Alberto de Souza da Silveira, idem	30oUooo
José dos Santos Lopes, idem	10oUooo
D. Anna Rebello de Scalea, idem	15oUooo
Joaquim José Ferreira, idem	20oUooo
D. Anna Peregrina Rangel de Caldas Pello, idem . . .	8oUooo
Patricio José Correa da Camara, idem	60oUooo
D. Maria Alexandrina da Fonseca, idem	10oUooo
Luiz Antonio Neves de Carvalho, idem	22oUooo
D. Margarida Agostinha Keating, e seus filhos, quinhentos mil	
reis, idem, a saber:	
Para si só 20oUooo	
Para si, e seus filhos 30oUooo	
	50oUooo
Segue Rs.	8:721U331

| | Transporte | Rs. | 8:721U331 |

D. Ignacia Umbelina de Mello, idem	270U000
D. Anna Pulcheria, idem..................................	100U000
D. Marianna Leucadia, idem	100U000
D. Joanna Iguacia, idem.................................	100U000
José da Nobrega Botelho, idem	300U000
D. Maria Joanna da Penha de França, idem	100U000
D. Clara Narciza d'Oliveira, idem	120U000
Antonio Manoel Pires, idem	120U000
Bernardo Antonio Moreira Freire, idem	240U000
D. Mathildes Roza Damasceno, idem	80U000
José Joaquim do Couto, idem	220U000
José Caetano Bartelet, idem	240U000
Bruz Cardoze Barreto Pimentel, idem	400U000
Custodio José da Silva e Menezes, idem	240U000
Manoel Vaz de Barros, idem	120U000
Paulo Barboza da Silva, idem	228U000
Iguez de Jezus Maria José, idem	50U000
D. Maria Passi, idem	120U000
D. Anna Passi, idem	120U000
João Huet de Bacellar Pinto Guedes Souto-Maior, idem ...	80U000
Elias Alexandre da Silva Correa, idem	200U000
Joaquim Dias Bicalho, idem	50U000
D. Rita Florentina Flavia, idem	76U8oo
D. Rita Joaquina Euzebia da Costa, idem	60U000
D. Margarida Ignacia de Figueiredo, idem	60U000
José Antonio d'Oliveira Guimarães, idem, a saber:	
A Titulo do Habito da Ordem de Christo. 12U000	
De Tença 208U000	220U000
Felippe José Maria, por anno	100U000
Diogo Garcez Palha, idem	120U000
D. Antonia Jacinta Velloso Souto, idem	60U000
D. Joaquina Marques Portelli, idem	200U000
D. Joanna Marques d'Oliveira, idem	200U000
D. Anna Marques de Souza, idem	200U000
Antonio Machado de Carvalho, idem....................	650U000
D. Joaquina Thereza Caetana da Silva, idem	200U000
D. Roza Luiza Caetana, idem	200U000

| | Rs. | 14:666U131 |

RELAÇÃO DOS ORDENADOS,

Que vencem os Empregados da Secretaria das Mercês.

Ao Official Maior Luiz de Faria Souza Lobato 400U000
Idem do Registo Joaquim José da Silva 200U000
Idem . . . » Bernardo Joaquim da Costa Ribeiro 200U000
Ao Porteiro Bernardo Pires Loureiro 150U000

                                                         950U000

RELAÇÃO DOS PROFESSORES PUBLICOS DESTA CORTE,

E Provincia do Rio de Janeiro.

O Professor Jubilado de Filosophia o Bacharel Agostinho Correa da Silva Goulão 460U000
Dito dito de lingoa Latina o Reverendo Luiz Antonio de Souza 500U000
Dito dito Manoel Marques............................... 500U000
Dito dito o Reverendo Luiz Gonçalves dos Santos 500U000
Dito dito na Ilha Grande o Reverendo Antonio José de Lemos 240U000
Dito de Filosophia, o Reverendo Januario da Cunha Barboza. 660U000
Dito de Rethorica, e Poetica o Bacharel João José Valim... 540U000
Dito de lingoa Grega, Fr. Custodio de Faria............. 540U000
Dito de dita Franceza, Luiz Carlos Franche 400U000
Dito de dita Ingleza, Guilherme Paulo Tilbury.......... 400U000
Dito de Economia Politica, o Barão de Cairù............. 400U000
Dito de Desenho, e Figura, Manoel Dias d'Oliveira 560U000
Dito de lingoa latina, João Baptista Soares de Meirelles... 500U000
Dito dita na Cidade de Cabo Frio, José Theodoro da Roza Gama 240U000
Dito dita na Villa de Paratí, o Reverendo Manoel Antonio da Silva 240U000
Dito na Villa de Magé o Reverendo Agostinho Marques de Gouvea 240U000
Dito na Villa Real da Praia Grande o Reverendo Ignacio Felizardo Fortes 240U000
O Substituto da Cadeira de lingoa Grega, o Reverendo Pedro Bandeira de Gouvea 270U000
Dito dita Latina Agostinho José Gaspar 200U000
O Professor, João Alves de Souza 500U000

                                    Segue. Rs. 8:030U000

Transporte Rs.	8:030U000
Dito Jubilado de primeiras letras da Freguezia da Candelaria Luiz Joaquim Varella de França.	240U000
Dito da Freguezia de Inhomerim Antonio José da Silva Chaves.	100U000
Dito da Freguezia do Sacramento , Antonio Alves Branco Muniz Barreto	240U000
Dito das ditas na Freguezia de S. Rita, Venancio José da Costa	240U000
Dito na Freguezia de N. S. da Candelaria Felizardo Joaquim da Silva Moraes	240U000
Dito na dita de S. José Luiz Antonio da Silva	240U000
Dito na dita de S. Anna, João José Peira Sarmento	240U000
Dito na dita de N. S. d'Appresentação de Irajá, Francisco José Moreira	100U000
Dito na dita de N. S. do Loreto do Campo Grande Antonio Pereira Bonerate	100U000
Dito na dita de S. Antonio de Jacoúnga, João Caetano Moreira	100U000
Dito na dita de N. S. do Pilar do Aguassú, José Joaquim Rodrigues	100U000
Dito na dita de N. S. da Piedade da Villa de Magé , Ambrosio Maria Ferreira	100U000
Dito na Freguezia de N. S. do Desterro de Tamby , Antonio de Medeiros Gomes	100U000
Dito na Freguezia da Madre de Deos do Rio Bonito , Antonio José de Amorim	80U000
Dito na Freguezia de S. João de Carahy , José Raimundo da Silva	100U000
Dito na Freguezia de N. S. do Ampara de Maricá	100U000
Dito na Freguezia da Cidade de Cabo Frio , Henrique Martins d'Oliveira	100U000
Dito na Freguezia da Villa d'Angra dos Reis da Ilha Grande, Sabino José de Castro	100U000
Dito na Freguezia da Villa de Parati , Matheus Gomes de Andrade	100U000
Dito Aposentado na Freguezia da Sé , Manoel Xavier de Castilhos	150U000
Ao Lente de Geometria do Collegio dos Nobres em Lisboa, residente nesta Corte , Thomaz Barbarino da Cunha	450U000
Rs.	11:350U000

RELAÇÃO DOS ORDENADOS

Que percebem os Empregados de diversas Repartições.

Ao Juiz do Crime dos Bairros de S. José , e da Sé , o Bacharel Nicoláo da Silva Lisboa 400U000

Segue Rs. 400U000

| | Transporte | Rs. | 400U000 |

Ao Juiz do Crime dos Bairros de S. Rita, e Candelaria, o Bacharel Henrique Velloso d'Oliveira 400U000

Ao Juiz de Fóra das Villas da Ilha Grande e Paraty; o Bacharel João Capristano Rebello 400U000

Idem da Villa Real da Praia Grande, o Bacharel Joaquim José do Amaral 400U000

Ao Desembargador João José da Veiga como Promotor Fiscal da Fazenda dos Defuntos, e Auzentes 200U000
Como Accessor do Fisico Mor do Imperio. 150U000

350U000

Ao Accessor do Juizo do Cirurgião Mor do Imperio, o Desembargador José Paulo de Figueiroa Nabuco d'Araujo.... 150U000

Ao Fiel do Registo da Parahibuna, Crispiniano de Souza Coutinho 300U000

Rs. 2:400U000

RELAÇÃO DOS ORDENADOS
Que vencem os Empregados da Intendencia do Ouro.

Ao Intendente Geral do Ouro o Desembargador Antonio Luiz Figueira da Cunha, a saber:
De ordenado 1:400U000
De Aposentadoria 200U000

1:600U000

Ao Meirinho Manoel Antonio das Neves 300U000

Ao Thesoureiro da Caza do Registo do Ouro do Arrial de Cantagallo, Joaquim José de Souza, ... 300U000

Rs. 2:200U000

RELAÇÃO DOS ORDENADOS,
Que percebem os Empregados na Casa da Moeda desta Corte, por anno.

O Juiz Conservador dos Moedeiros . . . . Rs. . . . 30U000

Ao Provedor, José Maria da Fonseca Costa, de Ordenado por anno 1:000U000
Moradia 200U000

1:200U000

Segue Rs. 1:230U000

Transporte. Rs. 7	1:230U000
Ao Escrivão da Receita e Despeza José Joaquim de Moura Telles.	500U000
Ao Thesoureiro , Antonio Martins da Costa	500U000
Ao Escrivão da Conferencia e Registo , Theodoro José da Silva.	
Ao 1.º Juiz da Balança , Bernardo Antonio Pereira	400U000
Ao 2.º Dito José de Souza Santos	400U000
Ao Escrivão das Ligas , e contas do Ouro e Prata , José Joaquim da Costa.	400U000
Ao Dito das Entradas do Ouro, João Marcianno de Azevedo , de Ordenado. 400U000	
Ajuda de Custo 100U000	
	500U000
Ao Fiel do Thesouro , Candido Venancio dos Guimaraens . .	120U000
Ao Porteiro , e Guarda Livros , Luiz José dos Reis	200U000
Ao Continuo	116U300
Ao Mestre do Fundição , João Vicente Pereira Tavares . . .	584U000
Ao 1.º Fundidor , Prospero Gomes Lisboa	438U000
Ao 2.º Dito Antonio Joaquim da Silveira	438U000
Ao 3.º Dito Francisco Antonio de Mello.	438U000
Ao Ajudante da Fundição Cipriano José de Carvalho	365U000
Ao Dito Joaquim de Brito e Oliveira.	365U000
Ao Dito Joaquim Rodrigues dos Santos	365U000
Ao Dito Jacinto José dos Reis	365U000
Ao Dito José Joaquim de Brito	365U000
Ao Dito José Joaquim das Virgens	365U000
Ao Dito José Maria Monteiro.	365U000
Ao Dito Antonio Joaquim da Silva e Veiga	365U000
Ao 1.º Ensaiador Antonio Gonçalves do Cunha	730U000
Ao 2.º Dito Luiz Gularte de Oliveira	365U000
Ao 3.º Dito Floriano d'Oliveiro e Araujo	365U000
Ao Ajudante do Ensaio, Cezario Joaquim da Costa	292U000
Ao Dito Antonio Joaquim d'Oliveira	292U000
Ao Dito José Maria Coelho Saldanha	292U000
Ao Fiel das Feiras, Francisco Agostinho Guillobet, de Ordenado. 300U000	
Moradia. . . . . Rs. . . . 200U000	
	500U000
Ao Ajudante do Dito , Joaquim Martins Pinheiro	2000U000
Ao Guarda Cunhos, Manoel Rodrigues d'Araujo Silva . . .	480U000
Ao 1.º Cunhador , João Antonio da Silva Leitão	365U000
Ao 2.º Dito , Antonio Rodrigues de Moura Telles.	292U000
Ao Ajudante do dito , João Lopes Ribeiro Guimarães. . . .	200U000
Ao Dito , Luiz de Moura Telles	200U000
Ao Dito Anselmo José Pereira	200U000
Ao Dito , Joaquim José Louzada	200U000
Segue Rs...	14:557U800

	Transporte Rs. .	14:557U800
Ao Ajudante, Manoel Gonçalves Dias		200U000
Ao Mestre d'Abrição, e 1.º Abridor, Thomé Joaquim da Silva Veiga		547U500
Ao 2.º Dito, Carlos Custodio de Azevedo		328U500
Ao Ajudante d'Abrição, José Joaquim Marques		292U000
Ao Dito, Venerando Correia Damaceno		292U000
Ao Dito, José Alvares Pinto Campello		292U000
Ao Dito, José Francisco da Cunha		292U000
Ao Mestre da Ferraria		547U500
Ao Official da Ferraria, Ignacio José Monteiro		350U400
Ao Dito, Caetano José Gomes		350U400
Ao Dito Marcianno José Pedro		350U400
Ao Dito, Francisco Alves de Santiago		350U400
Ao Dito, Francisco Travassos da Costa		350U400
Ao Dito Joaquim José de Proença		350U400
Ao Fundidor Aposentado, José Antonio da Costa		438U000
Ao Ajudante do Ensaio Aposentado, João Paulo da Silva Correa		146U000
Ao 2.º Abridor Aposentado, Manoel Delfim Silva		273U750
	Rs...	20:309U450

ORÇAMENTO DOS ORDENADOS, E MAIS DESPEZAS PELA SECRETARIA D'ESTADO DOS NEGOCIOS ESTRANGEIROS.

ORÇAMENTO

Das Despezas, Ordenados da Secretaria d'Estado dos Negocios Estrangeiros, Legações nas diversas Cortes estrangeiras, e mais Repartições suas subalternas.

O Excellentissimo Ministro d'Estado	4:800U000	
Official Maior	830U000	
Nove Officiaes a 400U000 reis cada hum . . . . ;	3:600U500	
Guarda Livros . . . . ;	350U000	
Porteiro	350U000	
		10:514U000
Folha das Despezas da Secretaria d'Estado (N. B. são pagos pela folha os 4 Correios da diaria de 1,280 reis ?	4:064U000	
O Ordenado do Official Maior aposentado	830U000	
Segue Rs...	4,894U000	10:514U000

Transporte Rs...	4:894U000	10:514U000
Dito ametade , á Viuva do Official .Antonio Cunha	200U000	
		5:094U000
		15:608U000

Commissão Mixta no Rio de Janeiro.

O Commissario Juiz (Ordenados)	1:200U000	
Dito Arbitro	1:200U000	
Secretario	600U000	
Porteiro	300U000	
Dous Coutinuos a 200U000 reis cada hum....	400U000	
Meirinho	200U000	
Quantia que se arbitrou para o expediente..,,	200U000	
		4:700U000
		20:308U000

Commissão Mixta em Londres.

O Commissario Juiz......................	2:400U000	
Dito Arbitrio.........................	2:000U000	
		4:400U000
Rs.		24:708U000

Tabella dos Ordenados Diplomaticos.

Inglaterra.

O Enviado Extraordinario e Ministro Plenipotenciario...........................	12:000U000	
Secretario de Legação	2:400U000	
Addiado	1:600U000	
Consul Geral............................	1:000U000	
Consul	600U000	
		17:600U000

França,

O Enviado Extraordinario e Ministro Plenipotenciario	9:600U000	
Secretario de Legação...................	1:600U000	
Addido	1:600U000	
Consul Geral...........................	1:000U000	
Consul	600U000	
		14:400U000
Segue Rs...		56:708U000

Transporte Rs... . 56,708U000
Russia.

O Enviado Extraordinario e Ministro Plenipo-
tenciario.................................... 12:000U000
Secretario de Legação 2:400U000
Addido 1:600U000
Consul Geral............................... 1:000U000
Consul 600U000

17:600U000

Austria.

Enviado Extraordinario e Ministro Plenipoten-
ciario 9:600U000
Secretario de Legação....................... 1:600U000
Addido 1:600U000
Consul Geral............................... 1:000U000
Consul 600U000

14:400U000

Portugal.

Enviado Extraordinario e Ministro Plenipoten-
ciario 10:000U000
Secretario de Legação....................... 2:400U000
Addido..................................... 1:600U000
Consul Geral............................... 1:000U000
Consul 600U000

15:600U000

Hespanha.

Enviado Extraordinario e Ministro Plenipoten-
ciario 12:000U000
Secretario de Legação....................... 2:400U000
Addido 1:600U000
Consul Geral 1:000U000
Consul 600U000

17:600U000

Paizes Baixos.

Encarregado de Negocios.................... 4:000U000
Secretario de Legação...................... 1:600U000
Consul 600U000

6:200U000

Segue Rs... 128:108U000

Transporte Rs... 128:108U000

Roma.

Encarregado de Negocios...................	4:000U000	
Secretario de Legação....................	1:600U000	
Consul Geral...........................	600U000	

6:200U000

Prussia.

Encarregado de Negocios.................	4:000U000	
Secretario de Legação....................	1:600U000	
Consul Geral...........................	600U000	

6:200U000

Suecia, o mesmo acima....................	6:200U000
Dinamarca dito dito.....................	6:200U000
Sardenha » »............................	6:200U000
Napoles » »........................	6:200U000
Tuscana » »........................	6:200U000
Parma » »........................	6:200U000

Estados Unidos d'America.

Encarregado de Negocios.................	4:000U000	
Secretario de Legação....................	1:600U000	
Consul Geral...........................	600U000	

6:200U000

Columbia, o mesmo acima................	6:200U000
Lima dito dito...............	6:200U000
Chili » »........................	6:200U000
Buenos-Ayres » »...................	6:200U000

203:708U000

Despezas Extraordinarias.

Para alguma Embaixada, e outras despezas de
prezentes, e Tratados aos Ministros Diploma-
ticos 30:000U000

233:708U000

N. B. Todos os Ministros, Secretarios, e
Addidos, recebem aqui 3 Quarteis adiantados
para serem descontados pela quinta parte do Ordenado, e hum Quartel de Ajuda de custo.
Secretaria d'Estado dos Negocios Estrangeiros em 20 de Maio de 1826 ≡ Na
auzencia do Official Maior ≡ Bento da Silva Lisboa.

ORÇAMENTO DAS DESPEZAS, SOLDOS E ORDENADOS

Pela Secretaria d'Estado dos Negocios da Marinha.

Orçamento das Despezas que faz a Pagadoria da Marinha mensalmente, calculada pelos mezes atrazados, em proporção a todos os vencimentos da Armada Naval; Ferias de operarios do Arsenal, Ordenados dos Empregados civis, Compras de generos, e outras mais extraordinarias; a saber:

Soldos dos Officiaes da Marinha desembarcados incluindo o do Primeiro Almirante..Rs....	7:110U000
Dito de Artilharia da Marinha..............	1:955U595
Monte Pio do Corpo da Marinha...........	476U099
Dito d'Artilharia da Marinha, ou Brigada...	241U573
Soldos, e mais vencimentos aos Soldados, e Inferiores reformados da mesma Brigada...	133U100
Importancia dos Prets da dita	1:838U875
Com a Companhia dos Guardas Marinhas, e Ordenados dos Lentes................	826U670
Os Ordenados dos Empregados Civis pela Folha	1:957U832
Para hum Capitão de Fragata ás Ordens do Excellentissimo Ministro da Marinha, augmento de Soldos, e Comedorias...........	76U600
Para hum dito encarregado das facturas das Barcas Artilheiras em Santos............	152U000
Para hum dito encarregado do Registo do Porto augmento de Soldos, e Comedorias	76U600
Para hum Capitão de Mar, e Guerra, encarregado dos Cortes das Madeiras em Cabo Frio	66U000
A hum dito Intendente da Marinha em Santa Catharina...................	109U400
Com o Excellentissimo Inspector, e mais Officiaes empregados no Arsenal, e augmento de Soldos, e mais vencimentos	894U456
Aos Officiaes de Fazenda de Embarque.......	247U000
Ditos de Nautica...................	94U000
Ditos de Cirurgia...................	95U500
Ditos de Apito...................	376U500
Para a Feria dos Operarios do Arsenal	15:559U200
Para as Soldadas dos Algarves, Remeiros, e Patroens das Galeotas	2:451U735
Comedorias para os ditos com ração por conta dos Sallarios	681U000
Gratificações a varios Empregados, e Pensões á Viuvas	282U548
Para Commedorias dos Escravos da Fazenda Publica	
Segue Rs...	35:720U283

Oitava Parte. LX.

	Transporte Rs...	35:720U283
blica........................		677U300
Salarios á Maruja dos Navios desarmados....		3:73U880
Dito dos que guarnecem as Prezas..........		457U500
Para o Corte das Madeiras na Ilha de Santa Catharina, Cabo Frio, São Sebastião, e com o fabrico das Barcas Artilheiras em Santos		2:500U000
Do Aluguer do terreno da Tanuaria , e o foro do terreno da Cordoaria		14U916
Para a Consignação mensal da Amortização da divida atrazada.......................		1:500U000
Para compra de Generos e consumo dos Armazens calculado pela mão d'Obra , com mais hum terço para medicamentos e sobrecellentes..........................		20:559U200
Para despezas extraordinarias de carretos, fretes, e feitios , e mais misteres............		104U760
		61:907U839

Orçamento para as differentes Embarcações Armadas, seguindo o que está Determinado.

Náo	Pedro Primeiro......, Praças	650	9:360U000	
Fragatas	Imperatriz.............. »	500	7:200U000	
	D. Paula.............. »	500	7:200U000	
	Piranga............... »	500	7:200U000	
	Paraguassú .... »	330	4:752U000	
	Thetis................ »	330	4:752U000	
	Nictheroy............. »	230	4:320U000	
Curvetas	Maria da Gloria......... »	230	3:312U000	
	Carioca............... »	172	2:472U000	
	Itaparica............... »	150	2:160U000	
	Massaió .... »	140	2:016U000	
	Liberal .... »	140	2:016U000	
Bergantins	Guarany ···.......... »	80	1:152U000	
	Caboclo............... »	109	1:569U600	
	Maranhão............. »	109	1:569U600	
	Cassique.............. »	109	1:569U600	
	Pirajá................ »	110	1:584U000	
	Beaurepaire............ »	104	1:497U600	
	Rio da Prata........... »	61	878U400	
	Paquete da Bahia........ »	61	878U400	
	Bom Fim............. »	20	288U000	
Escunas	Leopoldina............. »	84	1:209U600	
	Pará................. »	56	806U400	
	Atalante.............. »	37	532U800	
	Maria da Gloria......... »	24	345U600	
	Januaria.............. »	31	446U400	
	Providencia............ »	14	201U600	
	Segue Rs...		71:290U400	61:907U839

	Transporte Rs...		71:290U400	61:907U839
	Conceição.......... Praças.	16	230U400	
	Independencia ou Morte... »	48	691U200	
Charruas.	Animo Grande.......... »	60	864U000	
	Armonia.............. »	57	820U800	
	Jurujuba............. »	38	547U200	
Galera Lecor............... »		28	413U200	
Bergantins de	Atrevido.............. »	30	432U000	
Transporte	Falcão................ »	25	360U000	
ou Correios	Independencia Feliz...... »	20	288U000	
	Ororão................ »	36	518U400	
	Real João............ »	36	518U400	
Barca ou	Correio Imperial........ »	20	288U000	
Ditas de Artilheria de 11 a 19 praças. »		209	3:009U600	
A Não Principe Real que serve de Presiganga para				
os nella empregados.....................			564U560	

	80:836U160
Rs.	142:743U999

N. B. Importando a compra de Embarcações nos
tres annos de 1823, 1824 e 1825 130:966U518
He o seu termo medio.................... 43:655U506
E o fretamento de differentes Embarcações para
transportes nos ditos annos 188:941U970
Vem a ser o seu termo medio................ 62:980U656

Rs. 106:636U162

Contadoria da Marinha em 14 de Dezembro de 1825. — José Lino de Moura. — Está conforme Joaquim Francisco Leal.

N. B. A quantia acima de 142:743U999 corresponde a hum
méz, fazendo o seu total no anno..................... 1,712:927U988
Com outra addição tambem indicada.................... 106:636U162

Importancia total do anno... 1,819:564U150

ORÇAMENTO

*Da Depeza que poderá fazer a Secretaria d'Estado dos Negocios da Marinha, no
anno de 1826, calculada pelas que se fizerão nos 4 annos passados.*

Para Ordenados do Ministro, e Secretario d'Estado, Official Maior, Official
Maior Graduado, 9 Officiaes, Officiaes Apo, Porteiro, Guarda
Livros, e 2 Ajudantes do Porteiro . . . . Rs. 12,804000
Para as despezas miudas da mesma Secretaria d'Estado, entrando os venci-
mentos dos 4 Correios, pouco mais ou menos 3,145U320
Rs. 15,949U320

Secretaria d'Estado, em 28 de Abril de 1826.
Assignado = MANOEL ANASTACIO XAVIER DE BRITTO.

ILLUSTRISSIMO, E EXCELLENTISSIMO SENHOR,

Em observancia da Portaria de 28 d'Abril proximo passado, em que V. Ex. manda que eu remetta á essa Secretaria d'Estado hum Orçamento das despezas desta Repartiço para o presente anno, devo dizer a V. Ex. que sendo as mesmas despezas parte permanentes, e parte variaveis, conforme as circunstancias, julgo reduzir o dito Orçamento á quantia de hum conto setecentos e noventa mil réis, para os seis Empregados filhos da Folha, e quanto ás despezas miudas montáo ordinariamente á quantia de duzentos e oitenta a trezentos mil reis em cada hum anno; o que tudo prefaz a soma total de dous contos e sesenta mil réis, que deve orçar-se para a despeza geral desta Repartição no corrente anno. ═ Deos Guarde a V. Ex. Rio de Janeiro, 2 de Maio de 1826. Ilustrissimo e Excellentissimo Senhor Visconde de Paranaguá. O Fiscal Francisco Lopes de Souza. ═ Está conforme ═ No impedimento do Official Maior ═ Joaquim Francisco Leal.

ORÇAMENTO

Dos Ordenados, Soldos, e mais Despezas pela Secretaria d'Estado dos Negocios da Guerra.

Calculo da Importancia á que pode montar a Despeza, pela Thesouraria Geral das Tropas da Corte, e Provincia, no anno presente de 1826.

Estado Maior do Exercito . . . . Rs.	120,000U000
Thesouraria Geral das Tropas	11,700U000
3 Corpos de 1.ª Linha, a saber 1 2.ª, 5.ª, e 18.º Batalhões de Caçadores á 43,000U000	129,00sU000
3 Ditos d'Estrangeiros á 50,000U000	150,000U000
1.º Corpo d'Artilharia de Posição	50,000U000
2.º, e 7.º Corpos ditos a 40,000U000	80,000U000
1.º, e 6.º Corpos d'Artilharia Montada	60,000U000
Divisão Militar da Policia	45,000U000
Corpo de Veteranos	40,000U000
Imperial Corpo d'Engenheiros	50,000U000
Fortalezas, incluindo as diarias aos Presos d'Estado . .	43,000U000
Praças Avulças	15,000U000
Secretaria do Conselho Supremo Militar	7,000U000
Academias Militar, e Medico-Cirurgica	10,000U000
Corpos de 2.ª Linha da Corte	56,000U000
Batalhões de Caçadores de 2.ª Linha N.º 21 e 24 . . .	50,000U000
Reformados	90,000U000
Penções, e Monte Pio	26,000U000
Alugueres de Cazas	10,000U000
Obras Militares	69,600U000
Consignação para o pagamento da divida antiga	12,000U000
Rs.	1.104,300U000

Secretaria d'Estado em 30 de Maio de 1826.

JOSÉ IGNACIO DA SILVA.

ORÇAMENTO

DOS DINHEIROS PRECISOS PARA FORNECIMENTO DA TROPA

Em hum mez , calculado pelos preços correntes em o presente , e segundo as rações fornecidas no de Março ultimo.

	Ráis.
Para compra de Generos	22:838U218
Transporte dos mesmos	91U430
Costeamento.	38U340
Expediente	8U000
Soldos dos Empregados	258U000
Comedorias, e Despezas eventuaes	400U000
	23:633U988

GENEROS PRECISOS EM CADA MEZ PARA AS RAÇÕES MENCIONADAS.

55:110	Rações	de pão.	a 60 rs.	3:306U600
194:192	ditas	de farinha de ½ 4:854 ¼ alqr. . .	1:200	5:825U760
199:346	ditas	de carne de ¼ lib. 99:673 lib. . . .	40	3:986U920
99:673	ditas	de feijão de ¼ 1:038 ½ alqr. . .	2:000	2:076U020
99:673	ditas	de toucinho de ½ } 725 arr. 22 l. ¼	2:400	1:741U690
67:972	ditas	de dito de ¼ }		
67:972	ditas	de arroz de ½ 531 arr. ½.	1:400	743U443
229:877	ditas	de sál de ½ 224 ½ alqr. . . .	720	161U640
229:877	ditas	de lenha de ½ 2652½ feixes	35	928U340
10:393	ditas	ditas de milho de ½ 1:299 alqr. .	800	1:039U300
10:393	ditas	ditas de capim	145	1:506U985
5:704	ditas	de forragens a dinheiro	240	1:368U960
	643 ½	medidas de azeite para luzes dos Corpos, fortalezas, etc.	200	128U700
67	libras	de fio de algodão	320	21U440
8	duzias	de vellas de sebo para as fortalezas de Sta. Cruz, e Conceição	240	1U920
			Rs...	22:838U218

N. B. — Esta quantia hé para hum mez , e por tanto corresponde a 274:058U616 por anno.

RAÇÕES A FORNECER AOS CORPOS ABAIXO DECLARADOS,
Segundo as Livrancias, e Recibos de Março do corrente anno, que se achão em meu poder.

	Paõ.	Farinha.	Etape.	Forragens. Em genero.	Forragens. A dinheiro.
Ao Estado Maior............	»	3:472	»	»	2:542
Aos Engenheiros............	»	124	»	»	124
A' Repartição de Saude......	»	217	»	»	279
Artilheria.................	840	61:233	58:700	3:279	682
Cavalleria de Minas.........	»	3:568	3:568	3:537	31
Aos Caçadores..............	24:470	43:842	66:633	»	372
Granadeiros................	29:490	»	27:875	»	155
A' Policia.................	»	11:317	10:542	1:906	186
Aos Veteranos.............,	»	13:748	12:229	»	»
Ao Deposito de Recrutas......	»	16:883	16:883	»	»
As Milicias da Corte e Provincia.	»	2:922	1:682	1:671	1:116
Ditas da Provincia de Minas...	310	25:248	25:558	»	155
Fortalezas.·...............	»	1581	»	»	»
Guarda Costas.............	»	62	»	»	62
Aos Destacamentos..........	»	155	»	»	»
Prézos....................	»	9:820	6:207	»	»
	55:110	194:192	229:877	10:393	5:704
Sendo de pezo de lb. as rações de carne para os Hospitaes d'Artilharia, que no presente Mez vencerão 1:170 rações., e os dos Corpos d'Artilharia da Bahia Cavallaria, e Milicias de Minas, Batalhão de São Paulo, e dito de Pernambuco, acrescem mais nas rações de Etapes.........	»	»	69:142	»	»
Estes Corpos recebem mais ¼ d'arros, e ¼ de toucinho, por se acharem destacados, e no presente mez vencerão 67:972 rações.................	55:110	194:192	299:019	10:393	5:704

Rio de Janeiro, 3o de Abril de 1826. — ALBINO GOMES GUERRA D'AGUIAR, Commissario Geral do Exercito.

Está conforme — JOSÉ IGNACIO DA SILVA,

CALCULO DA IMPORTANCIA·

A que pode montar a Despeza do Hospital Militar da Corte no corrente anno de 1826

Arroz para Doentes, e Empregados . . . . Rs.	1,800U000
Arame novo, e concertado	250U000
Azeite para a illuminaçaõ interna do Hospital	800U000
Banha de Porco para a cozinha	200U000
Barbeiro	153U600
Carne de Vaca para Doentes, e Empregados	11,800U000
Cutileiro, e Ferreiro	150U000
Capim para colxoens, e trasesseiros	800U000
Cobre novo, e estanhado	380U000
Caffé para Doentes, Empregados, e Pensionarios	130U000
Cal para caiar o Hospital	100U000
Carretos para o Hospital, e deste para fora	350U000
Chocolate para Doentes, e Empregados	500U000
Colxoeiro, obra nova, e concertada	250U000
Dentista	50U400
Enterros a Officiaes, e Empregados	200U000
Farinha de Guerra para Doentes, e Empregados	1,600U000
Farinha de Trigo para a cozinha	80U000
Frutas para Doentes	600U000
Funileiro folha nova, e concertada	450U000
Fundas para Doentes no Hospital, Batalhões, e Fortalezas	250U000
Galinhas para Doentes	6,800U000
Igreja com o guizamento em Geral	120U000
Impressaõ para o Hospital, e Batalhões	150U000
Lenha, e Carvaõ (despeza em outro tempo de 1,600U000 rs.) . . .	650U000
Lavagem, e concerto da roupa	1,600U000
Marmellada para dietas	500U000
Ordénados de Empregados em geral	14,400U000
Pano para curativo no Hospital, Batalhões, e Fortalezas	1,900U000
Pensionarios, sendo 11 que ora existem a 9,600 rs. por mez . . .	1,267U000
Paõ para Doentes e Empregados	11,800U000
Papel, Pennas, Tinta, Livros, etc., para Escripturaçaõ	450U000
Remédios para Doentes no Hospital, Batalhões, e Fortalezas . . .	9,698U889
Rações a diversos, pagas a dinheiro	619U920
Talheres de ferro, Tigelas, Canecas pó de pedras, etc., etc.	50U000
Tanoeiro obra nova, e concertada	160U000
Toucinho para Doentes e Empregados	680U000
Temperos em geral, salsa, sebolas, etc.	520U000
Vellas de sebo para Empregados	350U000
Vinagre para a cozinha e fumigaçoes	500U000
Vinho para Dietas, e raçoes dos Empregados	3,600U000
	Rs. 76,000U000
Para Deposito de roupas, ambulancias, etc. que deve haver no Hospital	12,000U000
Somma Rs.	88,000U000

Secretaria d'Estado em 30 de Maio de 1826.

JOSÉ IGNACIO DA SILVA.

CALCULO DA IMPORTANCIA

A que pode se montar a Despeza do Arsenal do Exercito no corrente anno de 1826.

Despeza Geraes, e ordinarias do Arsenal, pagaveis pela Consignação mensal, que se recebe do Thesouro Publico.

Compra de Generos em grosso para provimento dos Armazens	Rs.	125,312U390
Dita de ditos por miudo		10,000Uooo
Dita de Cervão de páo		1,800Uooo
Despezas Miudas		2,540Uooo
Jornaes dos operarios das diversas Officinas 40,868U460		
Ditos dos operarios avulsos das mesmas Officinas Rs. 10,001U440		41,869U900
Ditos dos Moços, e serventes dos Armazens 2,100Uooo		
Ditos dos Sargentos empregados nas Ordens, e diligencias 250U980		2,350U980
Ditos dos Artifices, e Soldados, que trabalhaõ no Laboratorio dos Fogos artificiaes de Guerra		3,430Uooo
Salarios do Patrão, e Remadores do Escaller do Arsenal		1,100Uooo
Descontos dos Bilhetes d'Alfandega, que se recebem do Thesouro Publico		2,576U730

Despezas Geraes, e ordinarias da Fabrica, e Casa das Armas da Fortaleza da Conceição.

Jornaes dos operarios das diversas officinas d'aquella Fabrica . . . . Rs. 15,640Uooo		
Compra de materiaes primas para o consumo das mesmas 3,100Uooo		
Despezas com as obras dos Armazens, } Jornaes . 1,580Uooo		
e reparos da Fortalezas da Conceição { Materiaes . 1,800Uooo		22,120Uooo
	Rs.	211,060Uooo

N. B. Naõ vai contemplada n'este calculo a importancia dos Ordenados, Gratificações, e mais vencimentos dos Empregados do Arsenal por serem pagos pelo Cofre da Polvora. 2.ª Igualmente se naõ contemplon a importancia de armamentos, munições, e petrechos de Guerra, os quaes são pagos pelo Thesouro Publico; nem taõ pouco os fardamentos para a Tropa.

Secretaria d'Estado em 30 de Maio de 1826.

JOSÉ IGNACIO DA SILVA.

Calculo da Importancia á que pode montar a Despeza da Secretaria d'Estado dos Negocios da Guerra, no corrente anno de 1826.

Pela Folha das Despezas.

Despezas miudas feitas pelo Porteiro	Rs.	360U000
Dita de Papel , Pennas , Tinta , e Lacre		100U000
Dita com o Livro da Porta , Livros de registo , coseiros , e Pastas . . .		334U800
Dita com a Cera para Luminarias , e serviço da Secretaria		164U600
Dita com Passaportes estampados , e renovaçaõ das Chapas		140U800
Dita com os 4 Correios		668U800
Ditas eventuaes		200U000
	Rs.	4,069U000

Pela Folha dos Ordenados.

Ordenados ao Excellentissimo Ministro , e Secretario d'Estado , e aos Officiaes , e mais Empregados		13,931U000
Total	Rs.	18,000U000

Secretaria d'Estado em 30 de Maio de 1826.

JOSÉ IGNACIO DA SILVA.

ORÇAMENTO

Dos Ordenados , e mais Despezas pela Secretaria de Estado dos Negocios do Imperio.

O Excellentissimo Ministro , e Secretario d'Estado , de Ordenado	Rs. 4,800U000	
O Conselheiro Official Maior (paga a Decima)	830U000	
O Official Maior Graduado Remão José Pedroso , Idem	630U000	
Onze Officiaes de Secretaria a 400U rs . . .	4,400U000	
O Porteiro , e Guarda Livros da Secretaria . .	438U000	
Idem , e idem Graduado	292U000	
Dous Ajudantes do Porteiro , e Guarda Livros a 292U rs	584U000	11,974U000
A Folha das Despezas da mesma Secretaria d'Estado , pertencente ao anno de 1825 , importa em	4,832U395	
Segue Rs.	4,832U395	11,974U000

Oitava Parte. LXII.

Transporté Rs.   4,83aU395   11,974Uooo

As Folhas seguintes hão de ser Augmentadas
com os vencimentos dos quatro Correios
da dita Secretaria d'Estado, que importa-
raõ pouco mais, ou menos em   2,030U13a
E com a Diaria de 4U rs., ao
Conselheiro, e Official Maior
Graduado Francisco Gomes
da Silva, Empregado no Ga-
binete de S. M. I. 1,460Uooo   3,490U13a   8,3aaU5a₇

Total de Ordenados e Despezas . . . .   Rs. 20,206U527

THEODORO JOSÉ BIANCARDI.

ORÇAMENTO

Das Despezas annuaes das Repartições dependentes da Secretaria d'Estado dos Negocios do Imperio.

Pela Administraçaõ das Imperiaes Quintas; e Fazendas, comprehendendo
taõbem o Palacio da Imperial Fazenda de Santa Cruz, Nova Capella de
S. Pedro d'Alcantara, e Novo Palacete da Imperial Fazenda de San-
tarem . . . .   Rs. 60,oooUooo

Pela Repartiçaõ do Almoxarife dos Imperiaes Paços,
comprehendendo o Paço da Cidade, o da Boa Vista,
Palacete da Praia Grande, Sallas de Respeito, e sua
mobilia, Capella Imperial, Bibliotheca, Cavalha-
rices, Cosinhas, Montearias, e concertos das Casas,
em que habitaõ os Criados, e mais Familia . . .   120,276U480

Pela Repartiçaõ do Thesoureiro da Imperial Casa,
comprehendendo os Ordenados dos Criados de S.
M. I., os meios Ordenados de S. M. F., e os Ordenados, e Commedorias das Criadas 41,877U676

Academia Imperial das Bellas Artes 6,980Uooo

Museo Imperial, e Nacional 2,880Uoo9

Bibliotheca Imperial, e Publica comprehendendo as
Despezas inalteraveis de Gratificaçaõ, aos Empregados; e aluguer de huma Loja; as Ordinarias, e
miudas, em que entraõ Salarios d'Escravos, e as Extraordinarias 4,485U3a4

Jardim Botanico da Lagoa de Rodrigo de Freitas, e
do Passeo Publico 4,007U816

Rs. 240,507U296

THEODORO JOSÉ BIANCARDI.

AVISO AO ENCADERNADOR.

Segue aqui o Orçamento da Despeza de 1827.

INDEX.

Nona Parte. LXIII.

TERCEIRA PARTE.

QUARTA PARTE.

N. B. — Por hum erro typographico aconteceu ser a compaginação da Folha IX a mesma que a Folha VIII. Roga-se aos Leitores terem attenção a numeração das Folhas, abaixo da primeira pagina de cada huma d'ellas.

INDEX D'ORÇAMENTO.

FIM.

ORÇAMENTO DE DESPEZAS

PARA O ANNO DE 1827.

ORÇAMENTO DA RECEITA , E DESPEZA

Ordinaria, e extraordinaria do Thesouro Nacional do Rio de Janeiro, para o Anno futuro de 1827 , combinado pelo Orçamento do corrente Anno.

~ RECEITA ORDINARIA.

Alfandega................................Rs.	2:400:000U000
Meza do Consulado................................	800:000U000
Chancellaria Mor................................	50:000U000
Correio................................	12:000U000
Passagens de Rios, e Serras........................	40:000U000
Ancoragem de Navios Estrangeiros....................	26:000U000
Meios Soldos , Direito de Escravos, que vão para Minas; Emolumentos das Guias dos Viandantes, e Donativos de Officios........................	54:000U000
Decima, incluida a atrasada........................	200:000U000
Dizimo do Pescado , e Bancas........................	20:000U000
Diversas Receitas miudas, incluida a Cobrança de Impostos , Novos, e Velhos Direitos........................	80:000U000
Imposto da Carne verde : Subsidio litterario..............	86:000U000
Sello do Papel, Decima de Heranças, e Legados..........	40:000U000
Producto das Chapas de cobre cunhadas..................	500:000U000
Senhoriagem de Ouro , e Prata........................	20:000U000.

Rs. 4:328:000U000

RECEITA EXTRAORDINARIA.

Subscripção para augmento da Marinha. Rs.	10:000U000
Cofre de Defuntos e Auzentes.............	10:000U000
Subsidio que se pode esperar das Provincias da Bahia, Pernambuco, Maranhão, Minas Geraes , e São-Paulo, para pagamento dos seus Senadores , e Deputados...........	242:400U000
Producto da venda do Pau Brasil, computado em 24:000 quint., a 12U Rs...........	288:000U000

Rs. 550:400U000   4:328:000U000

Orçamento Nº. I.

Transporte..... Rs. 550:400Uooo   4:328:000Uooo
Producto de Diamantes brutos , verificando-se a
remessa annual em 10:500 quilates, a 8U Rs...   84:400Uooo   634:800Uooo

Rs. 4:962:800Uooo

N. B. Não se pode orçar o Saldo no fim do corrente anno , ainda mesmo em proporção do existente , que houve no ultimo de Junho, pelas muitas despezas a fazer neste 2º Semestre.

De mesma forma não se pode dizer a quantia de Lib. Est., que no fim do corrente anno deve existir: porque constando dos Officios ultimamente recebidos , haver disponivel L. St. 705:687»9»10» deve-se suppor, absorvida grande parte dellas nos ultimos mezes deste anno , em pagamento das eucomendas de objectos para a Marinha, Guerra , e outras ; applicando-se o restante para pagamento dos Juros , e por conta do capital do Emprestimo, que se hade vencer em 1827 : não só para satisfação das 60:000 Lib., a que esta obrigado o Thesouro do Rio de Janeiro , como para servir de crução a qualquer falta , que possa haver , nas remessas das outras tres Provincias da Bahia , Pernambuco, e Maranhão, importantes em Lib. 180:000.

DESPEZA.

Dotação de S. M. o Imperador................   200:000Uooo
Dita do Serenissimo Principe Imperial, e das Serª⁵
   Princezas................................   12:000Uooo
Mezadas de S. M. a Imperatriz................   19:200Uooo
Guarda Imperial dos Archeiros..............   5:536U400
Porteiros da Camara de cavallo do numero......   5:522Uooo   242:258U400

Secretaria de Estado dos Negocios do Imperio, pelo Orçamento remettido ao Thesouro em 4 do corrente.

Ordenados da Secretaria...................Rs.   11:974Uooo
Folha das Despezas...........·............   8:322U527
Pela Administração das Imperiaes Quintas, e Fa-
  zendas , comprehendendo o Palacio da Imperial
  Fazenda de Santa-Cruz , nova Capella de São-
  Pedro d'Alcantara , e novo Palacete da Imperial
  Fazenda de Santarem.....................   120:000Uooo
Pela Repartição do Thesoureiro da Imperial Caza ,
  comprehendendo os Ordenados dos Criados de S.
  M. o Imperador, os meios Ordenados dos de S. M.
  F., e os Ordenados, e Comedorias das Criadas...   41:877U676
Pela Repartição do Almoxarife dos Imperiaes Paços ,
  comprehendendo o Paço da Cidade , o da Boa-
  Vista , com o novo Torreão, Palacete da Praia
  Grande , Sallas de Respeito , e suas mobilias ,
  Capella Imperial, Bibliotheca, Cavallarices , Cozi-
  nhas , Mantiarias , e Concertos de Cazas , em que
  habitão os Criados , e mais familia............   216:276U480

Segue Rs...   398:450U683   242:258U400

Transporte.... Rs. 398:450U683   242:258U400

Capella Imperial, Congruas , Ordenados,. e Despezas....................................	74:450U009	
Bibliotheca Imperial e Publica; ordenados e despezas....................................	4:485U324	
Muzeo Nacional e Imperial, ,...... idem.....	4:512U800	
Provedoria Mor da Saude......... idem.....	5:400U000	
Fizicatura Mor do Imperio........ idem.....	315U600	
Academia medico-chirurgica...... idem.....	6:782U800	
Jardim Botanico da Lagoa de Rodrigo de Freitas.	2:902U396	
Jardim do Passeio Publico , a saber : Sallarios, e despezas ordinarias........... 1:105U420		
Despezas extraordinarias........ 800U000	1:905U420	
Registo Geral das Mercês : Ordenados........	1:350U000	
Academia Imperial das Bellas Artes...... idem	61:980U000	
Junta da Instituição Vaccinica......... idem	1:000U000	
Chancellaria Mor do Imperio........ despezas	250U000	
Chancellaria das três Ordens Militares.... idem	30U000	
Repartição do Chirurgião Mor do Imperio. idem	153U400	508:968U423

Secretaria de Estado dos Negocios da Guerra, pelos Orçamentos remettidos ao Thesouro em 3 , e 7 do corrente.

Soldo , e mais despezas desta Repartição.....	1:030:146U366	
Commissariado Geral do Exercito............	283:591U356	
Hospital Militar pelo Orçamento do corrente anno..................................	88:000U000	
Arsenal do Exercito , e Fabrica da Polvora.....	277:854U770	
Ordenados , e Despezas da Secretaria.........	18:239U800	
Despeza com a Caza do Tribunal, e Secretaria do Conselho Supremo Militar...................	1:003U200	

Despezas não comprehendidas no Orçamento.

Ordenados dos Lentes do Hospital.. 6:240U000		
Ditos dos Aposentados......... 1:080U000		
Telegraphos................. 4:000U000	11:320U000	

Despezas extraordinarias não comprehendidas no Orçamento.

Caixa do Fundo de Fardamento de Artilharia de Posição , resto.. 8:800U000		
Tropa de Montevideo suprida pelo Banco , calculada pela despeza do 1º. Semestre..... 1:110:388U708		

Segue Rs.. 1:119:188U708   1:710:155U486   751:226U823

Transporte Rs. 1:119:188U708 1:710:155U486 751:226U823

Agio da Prata, premio, commis-
sões, fretes, e seguros relativos
ás Remessas................ 22:877U884
Abastecimento de viveres, se con-
tinuar a Guerra........... 120:000U000
Consignações do que se deve a
Gonçalo Gomes de Mello da
Provincia de Montevideo, pelo
resto illiquidado de suprimentos 40:000U000
Tropa do Rio Grande, suprida
pelo Thesouro, se continuar a
Guerra................... 330:000U000
Fazenda da Cordoaria........ 12:857U260
Obras dos Quarteis a cargo do
Quartel-Mestre General..... 28:800U000
Amortisação da divida da Pol-
vora.................... 4:000U000 1:677:723U852 3:387:879U338

*Secretaria de Estado dos Negocios Estrangeiros,
pelo Orçamento remettido ao Thesouro em 29
de Julho.*

Ordenados do Corpo Diplomatico............Rs. 210:800U000
Ditos da Secretaria, e despezas............ 17:944U000
Commissão mixta do Rio de Janeiro........... 4:700U000
Dita em Londres......................... 4:400U000

Rs.... 237:844U000
Despeza extraordinaria.................... 50:000U000 287:844U000

*Secretaria de Estado dos Negocios da Marinha,
pelo Orçamento remettido ao Thesouro em
3 do corrente.*

Prets, Soldos, Ordenados, feria dos operarios, e
outras...............................Rs. 2:614:870U248
Ordenados, e despezas da Secretaria.......... 16:160U000

Rs.... 2:631:030U248
Despeza extraordinaria.................... 106:636U162
Para pagamento do resto dos Armazens do Sal in-
corporados na Marinha, fora do Orçamento ... 30:000U000

Segue Rs..... 2:767:666U410 4:426:950U161

Transporte Rs. 2:767:666U410 4:426:950U161

Não se pode orçar a quantia, que de mais se ha de
pagar pela encomenda de diversos generos para
a Marinha ultimamente feita, conforme foi
participado ao Thesouro, e por elle pedido este
Orçamento, e para não se demorar o Orçamento Geral se aponta para taes dispezas a
quantia de.............................. 240:000Uooo 3:007:666U410

Secretaria de Estado dos Negocios da Justiça,
e Ecclesiasticos.

Ordenados, e despezas da Secretaria........... 12:652Uooo
Congruas..................................... 14:324U620   26:976U620

Ordenados dos Empregados Publicos, Pensões,
Tensas, Despezas do Expediente dos
Tribunaes, Repartições, e outras.

Conselheiros de Estado....................... 22:400Uooo
Camara dos Senadores........................ 180:000Uooo
Dita dos Deputados........................... 242:400Uooo
Dezembargo do Paço.......................... 24:510Uooo
Conselho da Fazenda......................... 28:820Uooo
Supplicação.................................. 42:420U200
Thesouro Publico............................. 51:470Uooo
Chancellaria Mor............................. 4:160Uooo
Cruzeiro..................................... 1:000Uooo
Professores Publicos.......................... 11:350Uooo
Intendencia do Ouro.......................... 2:200Uooo
Caza da Moeda............................... 20:309U450
Tachigraphos, e mais Empregados nas Secretarias
  das Camaras dos Senadores, e Deputados..... 27:478U400
Alfandega.................................... 21:004U600
Meza do Consulado........................... 4:700Uooo
Diversas, que não tém assentamento em Folha... 2:400Uooo
Correio...................................... 2:160Uooo
Folha extraordinaria.......................... 111:493U200
Tensas....................................... 14:666U131
Pensões...................................... 94:841U339
Ditas do Bolsinho do Snr. D. João VI......... 7:752U650
Amortisação por conta do principal, e juro do Em-
  prestimo de 1822............................ 58:137U920
Dita do Emprestimo da Colonia dos Suissos.... 2:150Uooo
Pagamento dos Juros vencidos em hum anno do
  Emprestimo de 1796......................... 18:105U790
Extracção diamantina......................... 70:000Uooo
Compra de Remedios, e despezas da Enfirmaria dos
  Criados de S. M. o Imperador, e do Sr. D.

Segue Rs. 965:929U480 7:661:593U191

Orçamento Nº. II.

Transporte Rs. 965:929U680 7:461:593U191

João VI.............................	3:800U000	
Azeite para illuminação da Cidade.............	3:800U000	
Ajudas de Custo, Gratificações, Papeis correntes dos que não entrão em Folha, e outros do Trato successivo...........................	50:000U000	
Expediente das duas Camaras.......·.......	5:000U000	
Dito do Dezembargo do Paço..............	1:060U000	
Dito da Chancellaria Mor.................	286U000	
Dito do Thesouro.·....................	6:230U000	
Dito do Conselho da Fazenda..............	1:440U000	
Dito da Caza da Moeda..................	29:600U000	
Dito do Correio.......................	2:250U000	
Dito da Fabrica de lapidar diamantes......	7:400U000	
Dito da Alfandega............·........,...	55:300U000	
Dito da Meza do Consulado.............	3:560U000	
Dito com a arrecadação de diversas Rendas...	12:000U000	

Obras.

Na Academia das Bellas Artes..............	14:000U000	
Na Capella de São-Christovão.............	10:000U000	
No Passeio Publico, e Aqueducto da Carioca..	16:000U000	
No Encanamento do Maracanãa.............	12:000U000	
Na Alfandega.........................	40:000U000	

Rs. 1:239:655U680 1:239:655U680

Despezas extraordinarias.

Transporte de Allemães....................	20:000U000	
Compra da Caza do Conde dos Arcos, hoje Camara dos Senadores, resto..............	36:660U000	
Dita na rua do Lavradio, onde estão os Tribunães, que se mandou comprar, e ainda não consta da avaliação, que talvez possa chegar á	20:000U000	
Consignação para a Provincia de Santa-Catharina.	48:000U000	
Dita para a do Espirito-Santo, e Aldeamento dos Indios.............................	45:670U000	
Dita a diversos por conta da divida atrazada....	240:000U000	
Dita ao Banco para ser applicada ao juro do anno, levando-se o restante á conta do Capital......	600:000U000	
Por conta da divida de Auzentes.............	40:000U000	
Pagamento das quantias liquidas entradas no Thesouro por sequestro...................	356:734U396	
Amortisação de divida redusida a sedulas correspondentes ao anno que acaba.............	4:720U179	1:411:684U575

Rs.... 10:112:933:446

RECAPITULAÇÃO.

Receita .... Rs. 4:962:800U000
Despeza 10:112:933U446

Deficit .... Rs. 5:150:133U446

Não se apresentão da mesma forma os Orçamentos das Provincias para o anno de 1827, por não ter o Thesouro sufficientes dados, na falta dos seus proprios Orçamentos de Receita, e Despeza do corrente anno, sobre que podesse formalisar aproximadamente tal, ou qual Orçamento; podendo-se com tudo affirmar, que ainda no futuro anno, não poderão melhorar de Rendas, como era de dezejar; e consta dos Officios recebidos das Juntas, por que humas continuão em lamentar os males, que ainda existem; e outras apresentão difficuldades no pronto pagamento das suas indispensaveis despezas, alem das extraordinarias, que pesão sobremaneira : por que no Artigo — Marinha na Provincia da Bahia — foi orçada esta despeza para o anno que corre em 363:972U341 Rs.; e em Santos, ou São-Paulo em 33:831U840 Rs.

O mesmo acontece a respeito das despezas da Tropa, que nas Provincias absorve huma consideravel parte da sua Renda.

Rio de Janeiro, em 8 de Agosto de 1826.

ANTONIO HOMEM DO AMARAL.

ORÇAMENTO DAS DESPEZAS DA SECRETARIA D'ESTADO DOS NEGOCIOS DA GUERRA PARA O ANNO DE 1827.

DESPEZA QUE PELA THESOURARIA GERAL

Das Tropas da Corte, se deverá fazer no proximo futuro anno de 1827, calculada com o actual, menos as extraordinarias, mas sim com os Corpos, e Classes existentes abaixo relacionadas

	Mensal.	Annual.
Estado Maior .... Rs.	8:960U880	107:530U560
Imperial Corpo de Engenheiros	2:585U000	31:020U000
Artilheria, e Fortalezas	1:635U082	19:620U084

Segue Rs. .... 13:180U962 ou 158:171U544

	Mensal.	Annual.
Transporte........................Rs.	13:180U962	158:171U544
Corpos da 2.ª Linha.....................	4:796U071	57:552U852
Officiaes Reformados....................	5:739U167	68:870U604
Thesouraria Geral das Tropas............	1:015U988	12:191U856
Secretaria do Conselho Supremo Militar......	536U162	6:433U044
Academia Imperial Militar...............	730U161	8:761U932
Alumnos da Academia Medico Chirurgica.....	115U000	1:382U400
Viuvas, e Orfãas Pensionistas...........	1:227U452	14:729U424
Ditas que gosão Monte-Pio...............	698U246	8:378U952

CORPOS DA CORTE, E NELLA EXISTENTES.

	Mensal	Annual
2.º Batalhão de Granadeiros..............	775U310	9:303U720
3.º Dito.............................	862U000	10:344U000
2.º Dito de Caçadores....................	784U000	9:408U000
27.º Dito.............................	622U000	7:464U000
1.º Corpo de Artilheria de Posição.........	1:569U000	18:828U000
2.ª Dito.............................	596U000	7:152U000
1.º Dito de dita Montada.................	604U021	7:248U252
Corpo da Policia......................	717U000	8:604U000
Dito de Veteranos.....................	1:494U230	17:931U960

CORPOS DAS PROVINCIAS DESTACADOS NA CORTE.

	Mensal	Annual
5.º Batalhão de Caçadores de S. Paulo......	1:013U000	12:156U000
18.º Dito de Pernambuco.................	781U600	9:379U200
21.º, e 23 da 2.ª Linha de Minas Geraes.....	847U000	10:164U000
7.º Corpo de Artilheria de Posição da Bahia..	776U000	9:312U000
6.º Dito de Montada da dita.............	446U000	5:352U000
Esquadrão do 2.º Regimento de Cavallaria de Minas Geraes........................	179U667	2:156U004
A's familias dos Officiaes dos Corpos da Corte, destacados nas Provincias, parte dos seus respectivos Soldos..................... pectivos Soldos..................	800U000	9:600U000
Pret dos Corpos existentes, a cima declarados inclusive dos Officiaes Inferiores, e Soldados Reformados, Destacamentos de Registro, e Telegraphos......................	40:000U000	480:000U000
Alugueis de Casas.....................	752U193	9:026U316
Praças avulsas........................	887U000	10:644U000
Rs....	82:545U530	990:546U360
Obras Militares, por Aviso de 22 de Julho proximo passado, e Tabella junta, dever-se-ha despender mensalmente do 1.º de Setembro proximo futuro em diante.............	3:300U000	39:600U000
Rs.....	85:845U530	1:030:146U360

Rio de Janeiro 5 de Agosto 1826 =

IGNACIO VIEGAS TOIRINHO RANGEL.

ORÇAMENTO DO DINHEIRO PRECIZO PARA FORNECIMENTO DA TROPA

nesta Corte no anno futuro de 1827 calculado pelo fornecimento feito no mez de Junho de 1826, conforme a conta já entrada no Thesouro Publico.

	REIS.	
	Cada mez.	Anno.
— Para compras dos generos abaixo mencionados	21,151U103	253,813U236
— Transportes	58U170	698U040
— Costeamento	76U800	921U600
— Expediente	18U540	222U480
— Soldos dos Empregados	228U000	2,736U000
— Comedorias de embarque, e despezas eventuaes	2,100U000	25,200U000
	23,632U613	283,591U356

A quem tem de fornecer-se, segundo a conta de Junho acima referida.

Qualidades, e quantidades dos generos necessarios para o numero de rações em frente declarando.

CLASSES.	Fião	Farinha	Etape	FORRAGENS.				Reis.
				Genero	Dinheiro			
Ao Estado Maior . .	U	4270	U	U	3368	48514	Rações de pão a 60 rs.	2,910U840
Aos Engenheiros . .	„	60	„	„	240	174206	Dit. de far. que faz 4355 3/20 alq. a 1035 1/6	4,508U306
A' Repartições Civis	„	360	„	„	390	215085	Dit. de carne fresca de 1/2 lb. a 20 rs. .	4,305U790
A' Artilharia	1054	55047	63784	3804	660	62415	Dit. d'arr. de 4/0 que faz arr. 487 20/32 a 2400	68U675
A' Cavallaria	„	3488	6976	3549	30	45068	Dit. de feijão de 1/91 alq. 495 23/91 a 2000	990U5o5
Aos Granadeiros . .	27248	40216	82508	„	300	294738	Dit. de touc. de 1/0 arr. 5rô 33z/512 a 5260	1,473U660
Aos Caçadores . . .	19912	40216	82508	„	510	193089	Dit. de salde 1/0 alq. de 54 lb. 223 1/2 a 720	160U920
A' Policia	„	11097	10347	1518	180	179471	Dit. de lenha a 4 1/2ó }	8:18U867
Aos Veteranos . . .	„	12389	11007	„	„	2688	Feixes a 35 rs. }	
Ao Deposito de Recrut.	„	7611	7611	„	„	19777	Rações de milho de 1/8alq. 159 1/8 a 920 .	1,469U355
Aos Destacamentos .	„	150	„	„	30	22634	Dit. de capim a 145 rs.	1,817U430
A's Milicias	300	28451	51126	3906	1385	6301	Dit. de carne e peixe para os presos a 25	157U325
A's Fortalezas . . .	„	1111	„	„	„	7093	Dit. de forragens a 240	1,702U320
Aos Presos	„	10058	6301	„	„	646 1/2	Medidas de azeite a 200 para luzes da Tropa	129U300
						68	Libras de fio de algodão a 300 rs. . .	21U764
						8	Duzias de véas de sebo a 240 rs. . . .	1U920
	48514	174206	266655	19777	7093			21,151U103

N. B. Nas rações de Etape despendidas comprehendem-se 62,416 rações de carne de meia libra, as mesmas d'arroz, e toucinho de 4 onças, que além das rações ordinarias, que recebem, receberão os Corpos d'Artilharia da Bahia, Milicias de Minas (Batalhões 5, 8, e 18), que fazem a guarnição desta Corte.

N. M. A importancia deste Orçamento póde subir, se os generos subirem de preços, se o numero da Tropa se augmentar, e se houverem remessas de generos para o Sul, ou outra alguma despeza não prevista n'elle. Rio 29 de Julho de 1826.

(Assignado) **ALBINO GOMES GUERRA D'AGUIAR** ,

Commissario Geral do Exercito.

ORÇAMENTO DA DESPEZA,

Que poderá fazer o Arsenal do Exercito no anno futuro de 1827, calculada pela que fez em 1824, 1825; e no primeiro Semestre de 1826.

Despezas do Arsenal pagaveis pela Consignação que se recebe do Thesouro Publico.

Compra de Generos por grosso ....Rs.	124:000U000
Dito ditos por miudo	10:500U000
Despezas miudas	3:000U000
Jornaes dos Operarios das Officinas, e mais pessoas empregadas no serviço do Arsenal	55:000U000
Ditos dos Artifices, e Soldados que trabalhão no Laboratorio dos Fogos de Guerra	2:000U000
Ditos dos Opperarios das Officinas da Casa das Armas da Conceição	16:000U000
Compras de materias primas para o lavor das Officinas da mesma Casa	3:200U000
Jornaes dos Operarios, que trabalhão nas Obras dos Armazens e Reparos da Fortaleza da Conceição	1:500U000
Compras de materiaes para as mesmas Obras	1:600U000
Rs.	216:800U000

Despezas do Arsenal pagaveis pelo Cofre do Producto de Polvora da Fabrica da Lagoa de Freitas.

Ordenados dos Deputados da Junta, e dos mais Empregados das diversas Repartições Subordinadas á mesma	15:760U000
Gratificações a diversos	944U000
Salarios do Constructor de Reparos, e do Exfeitor do Arsenal	803U000
	17:507U000
Rs.	234:307U000

As Consignações que se recebem do Thesouro Publico importão annualmente em 192:000U000 rs., e por ellas devem ser pagas as Despezas que acima se mencionão, e que montão, como se vê, a 216:800U000 rs. Devendo notar-se, que as Despezas Extraordinarias de fardamento, compra de armamentos, e de petrexos bellicos, não vão contempladas neste Orçamento; por serem objectos, que ou não são pagos pelo Thesouro Publico, ou para isso se recebem Supprimentos Extraordinarios.

Orçamento III.

Os Ordenados, Gratificações, e Salarios dos Empregados do Arsenal são pagos pelo Cofre da Polvora, por não o poderem ser pelo do Arsenal, em conformidade do que Determinou a Portaria da Secretaria d'Estado dos Negocios da Guerra de 17 de Fevereiro de 1823.

Contadoria do Arsenal do Exercito, 29 de Julho de 1826.

Assignado — JOZE DE CUPERTINO FERREIRA.

ORÇAMENTO DA DESPEZA

Da Fabrica da Polvora da Lagoa de Rodrigo de Freitas, que se poderá fazer em o futuro anno de 1827, calculada pelos annos anteriores, a saber:

Compra de Salitre .... Rs.	20:000U000
Dita de Generos por grosso	8:000U000
Dita de ditos por miudo	4:600U000
Despezas miudas	500U000
Jornaes dos Operarios das Officinas da Fabrica	4:800U000
Ditos dos Trabalhadores das Obras ....'..........	3:400U000
Salario do Patrão, e Remadores do Barco	335U500
Despezas com Remedios, e Dietas dos Escravos enfermos	251U870
Ordenados dos Empregados da Fabrica	716U500
Gratificação, e Moradias dos mesmos	500U000
Alimentos concedidos á D. Ignacia Maria do Amor Divino, Viuva do Capitão Joze Antonio Gonçalves Guimarães	144U000
Salario do Fiel dos Armazens da Fabrica da Polvora em Bota-fogo	116U800
Jornaes do Mestre Ferreiro Apposentado, Antonio Soares Moreno	182U500

Rs. 43:547U770

Não se pode ainda calcular a Despeza que se poderá fazer com o Estabelecimento da nova Fabrica do Porto da Estrella; e por isso não vai contemplada neste Orçamento.

Contadoria do Arsenal do Exercito 29 de Julho de 1826.

Assignado — JOZE DE CUPERTINO FERREIRA.

CALCULO DA IMPORTANCIA

A que póde montar a Despeza da Secretaria de Estado dos Negocios da Guerra no anno de 1827.

Folha das Despezas.

Despezas miudas feitas pelo Porteiro	Rs. 380U000
Dita de Papel , Penas , Tinta , e Lacre	1:200U000
Dita com o Livro da porta , Livros de Registo , Conseiros , e Pastas	350U000
Dita com a céra para Luminarias , e serviço da Secretaria ...	170U000
Dita com Passaportes estampados , e renovação de Chapas	140U000
Dita com os 4 Correios	1:868U800
Despezas eventuaes	200U000
	Rs. 4:308U800

Pela Folha dos Ordenados.

Ordenados ao Excellentissimo Ministro e Secretaria de Estado , e aos Officiaes , e mais Empregados	13:631U000
Total ...... Rs.	18:239U800

Secretaria de Estado , 7 de Agosto de 1826

Assignado — JOZÉ IGNACIO DA SILVA.

ORÇAMENTO DAS DESPEZAS ORDINARIAS ,

Que se poderão fazer com a casa do Tribunal , e da Secretaria do Conselho Supremo Militar no futuro anno de 1827.

24 Resmas de Papel de Holanda	a 10U000	Rs.	240U000
12 Ditas .... de meia Hollanda	» 8U000		96U000
24 Ditas .... de Peso	» 5U000		120U000
		Segue Rs.	456U000

		Transporte Rs	456U000
6 Livros para Registos	a 20U000		120U000
1 Dito para á Porta			16U000
2 Pastas de Maroquim para Papeis	» 6U400		12U800
6 Ditas de Papelão	» 1U600		9U600
2 Milheiros de Pennas	» 12U000		24U000
2 Duzias de Pennas de Lapiz			1U600
30 Garrafas de Tinta	» 320		9U600
2 Sacos para conducção das Pastas			16U000
Ao Moço do Conselho para aceio ....'..			60U000
Ao Dito da Secretaria			60U000
365 Dias de Gratificação á Ordenança, que serve ao Conselho, e Secretaria	» 240		87U600
Almanaks, Folhinhas, e outros utencilios, assim como Hostias para Sellos, a quem as corta, Obreias Areia, Carretos, e mais despezas miudas			130U000
		Total .... Rs.	1:003U200

Observações.

Não entrão neste Orçamento os vencimentos dos differentes Empregados desta Repartição, por ter natureza de Soldo, que devem ser contemplados por aquellas, por onde são pagos.

Pode augmentar a despeza, se se destinar Casa para as Sessões do Conselho, por se fazerem na da Supplicação, e haver difficuldade de se continuar, por circunstancias, que tem occurrido, nesse caso para os utencilios, e preparo.

Se houver necessidade de reforma de Bancas, e Panos.

Se houver mudança da Secretaria, como tem acontecido pór quatro vezes, pela despeza da mudança, e preparação da Casa.

Se houver necessidade de augmentar algum Almario para o Arquivo da Secretaria conforme a accumulação de papeis que occorrerem.

Secretaria do Conselho Supremo Militar, 27 de Julho de 1826

Assignado — *O Conselheiro*

JOÃO VALENTIM DE FARIA SOUZA LOBATO.

ORÇAMENTO

DA SECRETARIA D'ESTADO DOS NEGOCIÓS ESTRANGEIROS, PARA O ANNO DE 1827.

ORÇAMENTO DAS DESPEZAS, ORDENÁDOS

Da Secretaria de Estado dos Negocios Estrangeiros, Legações, e mais Repartições suas subalternas, no Anno de 1827, a saber:

Secretaria d'Estado.

O Ministro d'Estado..........................	4:800Uooo	
O Official Maior.............................	830Uooo	
10 Officiaes, a 400Uooo réis cada hum............	4:000Uooo	
Guarda Livros...............................	350Uooo	
Porteiro....................................	350Uooo	
2 Ajudantes.................................	584Uooo	10:914Uooo
A Folha das despezas da Secretaria...............		6:000Uooo
Ordenado do Official Maior aposentado Simeão Estelita Gomes da Fonseca......................	830Uooo	
Dito da ametade á Viuva do Official Agostinho Rodrigues Cunha.................................	200Uooo	1:030Uooo
	Rs...	17:944Uooo

Commissão mixta no Rio de Janeiro.

Commissario Juiz.............................	1:200Uooo	
Dito Arbitro.................................	1:200Uooo	
Secretario...................................	600Uooo	
Interprete...................................	600Uooo	
Porteiro.....................................	300Uooo	
2 Continuos, a 200Uooo réis cada hum..........	400Uooo	
Meirinho....................................	200Uooo	
Quantia que se arbitrou para o expediente..........	200Uooo	4:700Uooo

Commissão mixta em Londres.

Commissario Juiz.............................	2:400Uooo	
Dito Arbitro.................................	2:000Uooo	4:400Uooo

	Segue Rs...	27:144Uooo

Orçamento IV.

Transporte Rs...   27:144U000

TABELLA DOS ORDENADOS DIPLOMATICOS.

Inglaterra.

Enviado Extraordinario, e Ministro Plenipotenciario	12:000U000	
Secretario de Legação.........................	2:400U000	
2 Addidos, a 1:600U000 Rs..................	3:200U000	
Consul Geral..............................	1:000U000	
Consul.......................................	600U000	19:200U000

França.

Enviado Extraordinario, e Ministro Plenipotenciario	9:600U000	
Secretario de Legação.......................	2:400U000	
3 Addidos, a 1:600U000 Rs..................	4:800U000	
Consul Geral..............................	1:000U000	
Consul....................................	600U000	18.400U000

Russia.

Enviado Extraordinario, e Ministro Plenipotenciario	12:000U000	
Secretario de Legação.......................	2:400U000	
Addido....................................	1:600U000	
Consul Geral.......................,......	1.000U000	17.000U000

Austria.

Enviado Extraordinario, e Ministro Plenipotenciario	9:600U000	
Secretario de Legação.......................	2.400U000	
2 Addidos..................................	2.600U000	
Consul Geral..............................	1.000U000	15:600U000

Portugal.

Enviado Extraordinario, e Ministro Plenipotenciario	10.000U000	
Secretario de Legação.......................	2.400U000	
Addido....................................	1.600U000	
Consul Geral..............................	1.000U000	
Consul....................................	600U000	15.600U000

Hespanha.

Enviado Extraordinario, e Ministro Plenipotenciario	10.000U000
Secretario de Legação.......................	2.400U000

Segue Rs...   112:844U000

Transporte Rs... 112:844U000 112:844U000

Addido.. 1:600U000
Consul Geral.................................... 1:000U000
Consul.. 600U000 15:600U000

Paizes-Baixos.

Encarregado de Negocios..................... 4:000U000
Secretario de Legação........................ 1:600U000
Consul Geral.................................... 1:000U000 6:600U000

Roma.

Enviado Extraordinario, e Ministro Plenipotenciario. 8:000U000
Secretaria de Legação......................... 1:600U000 9:600U000

Prussia.

Encarregado de Negocios...................... 4:000U000
Secretario de Legação......................... 1:600U000
Consul Geral.................................... 1:000U000 6:600U000

Suecia, o mesmo a cima 6:600U000
Dinamarca . . . . dito 6:600U000
Napoles . . . . . dito 6:600U000
Toscana . . . . . dito 6:600U000
Sardenha . . . . dito 6:600U000

Estados-Unidos d' America.

Encarregado de Negocios 4:000U000
Secretario de Legação 2:400U000
Consul Geral 1:000U000 7:400U000

Mexico.

Encarregado de Negocios 4:000U000
Secretario de Legação. 1:600U000
Consul Geral 1:000U000 6:600U000

Guatimala, o mesmo acima . .   6:600U000
Columbia . . . . . . dito . . .   6:600U000
Buenos-Ayres . . . . dito . . .   6:600U000
Chily . . . . dito . . .   6:600U000
Bolivia . . . . dito . . .   6:600U000
Peru . . . . dito . . .   6:600U000

Segue Rs... 237:844U000

Transporte Rs... 237:844U000

Nomeação de algum Embaixador Extraordinario, Presentes,
Joias, etc., e outras despezas extraordinarias.............. 5o:oooU000

Rs..... 287:844U000

N. B. Todos os Ministros, Secretarios, e Addidos recebem aqui tres quarteis
adiantados, para se descontarem pela quinta parte, e hum quartel de Ajuda de
custo.

Secretaria de Estado dos Negocios Estrangeiros, 29 de Julho de 1826.

Na Auzencia do Official Maior.

BENTO DA SILVA LISBOA.

ORÇAMENTO

DAS DESPEZAS DA SECRETARIA D'ESTADO DOS NEGOCIOS DA MARINHA PARA O ANNO DE 1827.

Illustrissimo e Excellentissimo Senhor,

Tenho a honra de remetter a Vossa Excellencia o Orçamento das Despezas da
Marinha, certas e provaveis, que se hão de fazer annualmente, calculado pela Contadoria da Marinha, para o anno de 1827, contando simplesmente com os Navios
que tem sido armados neste Porto, alem dos outros artigos que vão parcialmente
especificados no referido Orçamento. Devo porem observar a V. Ex., primo, que
inclue a Não *Pedro Primeiro*, e as Charruas *Anima Grande* e *Harmonia* como
Navios Armados, não o estando, por que segundo as Ordens que existem, devem
armar logo que acabem o fabrico em que estão : secundo, que a quantia em que
se orça a referida despeza, he partindo do principio, que os Navios Armados neste
Porto devem ser fabricados pelo Arsenal da Marinha desta Corte, e municiados e
pagas as suas garnições por esta Intendencia, e por consequencia as quantias, que
lhe são arbitradas no dito Orçamento, deverão ser deduzidas do total delle,
quando os referidos Navios se acharem destacados em outras Provincias, e que
pelo Thesouro destas, ou pelo Thesouro Nacional sejão pagas as suas despezas :
tertio, que no citado Orçamento não se comprehendende a despeza d'Artilharia e

muniçães de Guerra ; porque a polvora , e algúns outros objectos são recebidos da Repartição da Guerra , e por que mesmo eu não estou ao facto dos preços de muito d'aquelles objectos ; e de mais he summamente incerta semelhante Despeza.

Faço igualmente subir outro Orçamento das Despezas de Fretes de Navios, e compra delles , no qual , por isso que tal Despesa he muito variavel a Contadoria se regulou pelos dados que constão do mesmo Orçamento.

Ds. Gᵃ. a V. Exc.

Rio de Janeiro , 2 de Agosto de 1826.

Illmo. e Exmo. Snr. Visconde de Paranaguá.

JOZÉ MARIA DE ALMEIDA.

ORÇAMENTO DAS DESPEZAS

Dá Pagadoria da Marinha para o anno de 1827.

Soldos dos Officiaes de Marinha desembarcados	93:839U556
Ditos de Artilharia da Marinha , no estado completo	60:669U600
Importancia dos Prets da dita , e fundo de fardamento	88:408U800
Soldos e mais vencimentos aos Soldados e mais Inferiores e mais reformados da mesma Brigada	1:513U872
Monte Pio do Corpo da Marinha	5:583U192
Dito de Artilharia da Marinha , e Brigada ..	2:898U876
Companhia dos Guardas Marinhas , Ordenado dos Lentes	10:142U520
Ordenados dos Empregados Civis pela folha	24:009U988
Para hum Capitão de Fragata ás ordens do Excellentissimo Ministro da Marinha, augmento de soldo , e comedorias	919U200
Para hum dito encarregado das facturas das Barcas Artilheiras em Santos	1:824U000
Para hum dito encarregado do Registo do Porto , augmento de soldo , e comedorias ...	919U200
Para hum Capitão de Mar e Guerra encarregado do corte da madeira em Cabo frio ..	792U000

Segue 284:066U400

Orçamento Nº. V.

Transporte Rs.	284:066U400	
A hum dito Intendente da Marinha em Santa Catharina	1:312U800	
Com o Excellentissimo Inspector do Arsenal , e mais Empregados, augmento de soldos e mais vencimentos	10:733U472	
Aos Officiaes de Fazenda d'Embarque	4:485U996	
Ditos de Nautica	876U000	
Ditos de Cirurgia , Capelães, e Praticos	3:402U000	
Ditos de Apito	4:458U000	
Para feria dos Operarios do Arsenal	191:085U960	
Para as Soldadas dos Algarves, Remeiros , e Patrões das Galiotas	29:420U820	
Comedorias para os ditos como ração por conta de sallarios	8:172U000	
Gratificações á varios Empregados e Pensões á Viuvas	2:592U600	
Para comedorias dos Escravos da Fazenda Publica	8:127U600	
Salarios á Maruja de Navios dezarmados ...	5:868U720	
Ditos dos que guarnecem as Prezas	7:310U052	
Para o corte das madeiras na Ilha de Santa Catharina , Cabo frio , S. Sebastião , e com o fabrico das Barcas Artilheiras em Santos	30:000U000	
Do Aluguel do terreno da Tanoaria , e Foro do dito da Cordoaria	178U992	
Para a Consignação da amortização da divida antiga	18:000U000	
Para compra dos Generos , e consumo dos Armazens calculadas pela mão d'Obra , com mais hum terço para medicamentos , e sobrecelentes precizos	248:168U916	
Para despezas extraordinarias de carretos feito , e mais misteres	1:440U000	
		864:154U728

Orçamento para differentes Embarcações armadas segundo está determinado.

Náo	Pedro I.	praças	650	196:560U000
Fragatas	Imperatriz	»	500	151:200U000
	D. Paula	»	500	151:200U000
	Piranga	»	500	151:200U000
	Paraguassú	»	330	99:792U000
	Thetis	»	330	99:792U000
	Nictherohy	»	300	90:720U000
Curvetas	Maria da Gloria	»	230	69:552U000
	Carioca	»	172	52:012U800
	Itaparica	»	150	45:360U000

Segue 1017:388U800 Rs. 864:154U728

Transporte Rs. 1017:389U800 Rs. 864:154U728

	Genúl Americana	»	140	42:336U000
	Massaió	»	140	42:336U000
	Liberal	»	140	42:336U000
Bergantins	Cassique	»	109	32:961U600
	Guarany	»	80	24:192U000
	Caboclo	»	109	32:961U600
	Maranhão	»	109	32:961U600
	Pirajá	»	110	33:264U000
	Beaurepaire	»	104	31:449U600
	Rio da Prata	»	61	18:446U400
	Ororáo	»	60	18:144U000
	Real João..........	»	60	18:144U000
	Paquete da Bahia ...	»	61	18:446U400
	Bom fim	»	20	6:048U000
Escunas	Lepoldina	»	84	25:401U600
	Pará	»	56	16:934U400
	Atalante	»	37	11:188U800
	Maria da Gloria	»	24	7:257U600
	Januaria	»	31	9:374U400
	Providencia	»	14	4:233U600
	Conceição	»	16	4:838U400
	Independencia ou Morte	»	48	14:515U200
Charuas	Animo Grande	»	60	18:144U000
	Harmonia	»	57	17:236U800
	Jurujuba	»	38	11:491U200
Galera	Lecór	»	28	8:467U200
Brig. Transp. e Correios	Atrevido	»	30	9:072U000
	Independencia Feliz .	»	20	6:048U000
Barcas Correios	Correio Imperial Hibernia	»	20	6:048U000
	Dita Britania	»	30	9:072U000
Barcas Artilheiras 11 a 19 praças		»	209	63:201U600
Não Principe Real que serve de Presiganga para os nella Empregados				6:774U720	1:750:715U520

Rs. 2:614:870U248

Contadoria da Marinha 1 de Agosto de 1826.

JOZE LINO DE MOURA.

ORÇAMENTO DAS DESPEZAS

*Da Secretaria de Estado dos Negocios da Marinha para o anno de 1827,
calculadas pelas dos annos passados.*

Ordenados.

Do Ministro e Secretario de Estado .... Rs.	4:800Uooo
Do Official Maior	830Uooo
De nove Officiaes .... a 400Uooo	3:600Uooo
Do Porteiro	350Uooo
Do Guarda Livros	350Uooo
De dous Ajudantes do Porteiro .... a 292Uooo	584Uooo
De dous Officiaes Maiores Aposentados .... a 830Uooo	1:660Uooo
De hum dito dito dito	630Uooo
	12:804Uooo

Despezas miudas.

Estas Despezas feitas pelo Cofre que existe na Secretaria, nas quaes
entrão os vencimentos de quatro Correios, e huma Ordenança,
não poderão importar em menos de 3:356Uooo

Soma Rs. 16:160Uooo

Secretaria de Estado, 3 de Agosto de 1826.

No impedimento do Official Maior

JOAQUIM FRANCISCO LEAL.

ORÇAMENTO PARA AS DESPEZAS

Extraordinárias, tiradas das que tem sido em occorrencia a saber:

Importando a compra das Embarcações nos tres
annos de 1823, 1824, 1825. .... Rs. 130:966U518
He o seu termo medio 43:655U506
E o fretamento de differentes Embarcações para
transporte nos ditos annos 188:941U970
He o seu termo medio 62:980U656

106:636U162

Contadoria da Marinha, 1 de Agosto de 1826.

JOZE LINO DE MOURA.

ORÇAMENTO DA DESPEZA DA SECRETARIA D'ESTADO DOS
NEGOCIOS DO IMPERIO PARA O ANNO DE 1827.

ORÇAMENTO DAS DESPEZAS ANNUAES

Das Repartições dependentes da Secretaria d'Estado dos Negocios do Imperio para o anno de 1827.

Pela Administração das Imperiaes Quintas , e Fazendas ; comprehendendo o Palacio da Imperial Fazenda de Santa Cruz , Nova Capella de S. Pedro de Alcantara , e Novo Palacete da Imperial Fazenda de Santarem........................	120:000U000
Pela Repartição do Thesoureiro da Imperial Casa ; comprehendendo os Ordenados dos Criados de S. M. o Imperador , os meios Ordenados dos de S. M. Fidilissima , e os Ordenados , e comedorias das Criadas............................	41:877U676
Pela Repartição do Almoxarife dos Imperiaes Paços ; comprehendendo o Paço da Cidade , o da Boa Vista com o novo Torreão , Palacete da Praia Grande , Sallas de Respeito e suas mobilias , Capella Imperial , Bibliotheca, Cavalherices , Cosinhas , Mantearias , e concertos das casas , em que habitão os Criados e mais Familia /.....................	216:276U480
Capella Imperial, Congruas , Ordenados e Despezas..	74:450U000
Bibliotheca Imperial e Publica dito dito..........	4:485U324
Muzeo Nacional e Imperial dito dito	4:512U800
Provedoria Mor da Saude dito dito :..........	5:400U000
Fizicatura Mor do Imperio dito dito	315U600
Academia Medico-Chirurgica dito dito	6:782U800
Jardim Botanico da Lagoa de Rodrigo de Freitas.	2:902U396
Jardim do Passeio Publico , a saber : Sallarios e Despezas ordinarias....................... 1:105U420	
Ditas extraordinarias......................... 800U000	1:905U420
Registo Geral das Mercês: Ordenados	1:350U000
Academia Imperial das Bellas Artes dito......	6:980U000
Junta da Instituição Vaccinica dito........	1:000U000
Chancellaria Mor do Imperio dito........	250U000
Chancellaria das Tres Ordens Militares dito	30U000
Repartição do Chirurgião Mor do Imperio »	153U400
Soma Rs.	488:671U896

THEODORO JOSÉ BIANCARDI.
Orçamento N. VI.

ORÇAMENTO DOS ORDENADOS ,

E Despezas da Secretaria d'Estado dos Negocios do Imperio para o anno de 1827.

O Excellentissimo Ministro e Secretario de Estado tem de Ordenado......................... 4:800Uooo
O Conselheiro Official Maior, paga a Decima , dito.. 830Uooo
O Official Maior Graduado , Romão José Pedrozo , paga a Decima , tem de Ordenado............. 630Uooo
Officiaes da Secretaria 11 , á 400Uooo............. 4:400Uooo
O Porteiro e Guarda Livros da Secretaria , tem de Ordenado................................. 438Uooo
O Porteiro e Guarda Livros Graduado da Secretaria , tem de Ordenado......................... 292Uooo
Ajudante do Porteiro e Guarda Livros , 2 á 292Uooo 584Uooo

Soma dos Ordenados Rs...... 11:974Uooo   11:974Uooo

A Folha das Despezas da mesma Secretaria d'Estado pertencente ao anno de 1825 importou em 4:832U395
As Folhas seguintes hão de ser augmentadas com os vencimentos dos quatro Correios da dita Secretaria d'Estado, que importão pouco mais ou menos em... 2:030U132
E com a Diaria de 4Uooo réis ao Conselheiro Official Maior Graduado Francisco Gomes da Silva, empregado no Gabinete de S. M. o Imperador , e que importa annual 1:460Uooo   3:490U132   8:322U527

Total de Ordenados e Despezas Rs..   20:296U527

THEODORO JOSÉ BIANCARDI.

FIM DO ORÇAMENTO.

DEFEZA

DOS

NEGOCIADORES DO EMPRESTIMO BRASILEIRO

EM

LONDRES

CONTRA AS INVECTIVAS

DO

PARECER DA COMMISSÃO

DA

CAMARA DOS DEPUTADOS,

SOBRE

O RELATORIO

DO

MINISTRO DA FAZENDA.

PELO

Visconde de Barbacena.

RIO DE JANEIRO.

NA TYPOGRAPHIA IMPERIAL E NACIONAL. 1826.

(4)

Presumo outra vez pedir á V. Ex. de nam culpar á mim para esta nova exposiçam — Hé a seus amigos que V. Ex. tem que agradecer a participaçam publica que agora me vejo obrigado á fazer, e a qual V. Ex. sem duvida explicará ao Governo de S. M. I., que V. Ex. e o Baram de Itabayana perderam á sua Naçam pela negociaçam secreta de 3 milhoens de Libras (Cruzados 7:486:608), e ganháram por esta conducta huma MAIOR commissam de Cruzados 3:3:340, sendo a commissam total que receheram Cruzados 941:170.

Tendo de retirar-me para Inglaterra pelo Paquete, deixo esta carta para satisfazer aquelles que ainda podem duvidar da injustiça com que V. Ex. e o Baram de Itabayana me tratáram , e do enorme prejuizo que tem cauzado ao Imperio Brasileiro, mas prometto á V. Ex. e ao Respeitavel Publico de espreitar do meu recanto obscuro qualquer illusam que se possa querer impôr á respeito da importante materia do Emprestimo, movido nam só pelo desejo de mostrar a justiça de minha cauza, mas támbem por ser summamente interessado em tudo quanto toca ao Brasil, tendo nelle gasto minha mocidade ; tendo recebido de seu Magnanimo Imperador os maiores favores ; e tendo a honra de contar entre meus amigos alguns de seus Nacionaes, distinguidos pela sua Representaçam, Patriotismo, e Virtudes.   EDUARDO OXENFORD.

Rio de Janeiro , 17 de Setembro de 1826.

RIO DE JANEIRO, NA IMPERIAL TYPOGRAPHIA DE PLANCHER, RUA DO OUVIDOR , N°. 95.